Manfred Haas

# Ein Brückenbauer

von Unterfranken in die Mongolei

**Ein Brückenbauer von Unterfranken in die Mongolei**

Herausgegeben von
Manfred Haas

1. Auflage 2022

© Copyright dieser Ausgabe by
Gerhard Hess Verlag, 88427 Bad Schussenried
www.gerhard-hess-verlag.de

Printed in Europe

ISBN 978-3-87336-758-6

Manfred Haas

# **Ein Brückenbauer**
von Unterfranken in die Mongolei

Gerhard-Hess-Verlag

*Dieses Buch ist in erster Linie meinem mongolischen Freund Prof. Bat Erdenechuluun gewidmet, mit dem ich bis zu seinem Tod in inniger Freundschaft verbunden war.*

*Außerdem natürlich meiner Frau, unseren Kindern und Enkeln, sowie dem fränkischen Mundartdichter Hans-Jürgen Esser, ohne dessen Anstoß dieses Buch nicht zustande gekommen wäre.*

Für meinen deutschen Vater Mani, der fern von mir lebt und dennoch mir sehr nahe ist. Es war März 2002 als ich die Gelegenheit bekam, erstmals Deutschland zu besuchen. Damals war mein Vater Bat Erdenechuluun als Gastprofessor an der Universitäts-HNO-Klinik Würzburg kurzfristig beschäftigt. Eines Tages hat mein Vater uns gesagt, dass er uns mit einer beachteten Führungskraft der Klinik und mit einem Alleskönner bekannt machen möchte. Es war Herr Manfred Haas, der wirklich alles wusste und konnte. Es schien fast unmöglich, sich die Klinik ohne ihn vorzustellen. Alle Mitarbeiter der Klinik und insbesondere die ausländischen Ärzte holten sich bei ihm Ratschläge und Tipps. Er stand jederzeit Jedem, der ihn um Hilfe bat, zur Verfügung. Dabei nahm er die Rollen des Deutschlehrers, des Ingenieurs bzw. Technikers und des behandelnden Arztes ein. Seine Hilfsbereitschaft, ehrenhafte Persönlichkeit und vielseitiges Wissen haben mir sehr imponiert. Es sind schon 20 Jahre vergangen, seitdem ich Herrn Manfred Haas kennen und schätzen gelernt habe. In all dieser Zeit war er für mich ein enger Freund und eine Vaterfigur zugleich. In allen Lebenssituationen stand er mir stets helfend und aufbauend zur Seite. Er hat zahlreiche Spendenaktionen für gehörlose mongolische Kinder organisiert und kümmert sich um deren Behandlungen. In diesem Sinne ist er auch Großvater vieler mongolischer Kinder geworden. Für mich ist er ein waschechter Mongole, mit deutschem Aussehen.

Ich wünsche Dir, lieber Manfred alles erdenklich Gute und viel Gesundheit und Glück! Dein Freund und Sohn

Prof. Dr. Erdenechuluun Jargalkhuu

Direktor der Univ.-HNO-Klinik-EMJJ, UlanBator/Mongolei

Da es nie geplant war, ein Buch zum Thema Mongolei zu schreiben, habe ich mir nie Notizen auf meinen Reisen gemacht. Sollte sich gelegentlich ein chronologischer Fehler eingeschlichen haben, möge man mir das verzeihen, in der Sache ist aber alles korrekt.

Beginnen möchte ich analog zu Daniel Defoe's erschienenem Buch „Robinson Crusoe".

Ich, Manfred Haas, wurde 1950 als eines von drei Kindern in eine mittelständische Bäckerfamilie geboren. Meine Kindheit verbrachte ich als einziger Junge mit sechs Freundinnen sowohl im Kindergarten und in der Schule als auch auf der Straße. Unter diesen Freundinnen waren sogar Drillinge, damals eine Sensation. Noch heute verbinden mich sehr gute Kontakte zu diesen „Mädchen".

Mit fortschreitendem Alter musste ich zuhause tatkräftig mitarbeiten. Dann, mit 16 Jahren, hatte ich mich mit dem gleichaltrigen Hans-Joachim angefreundet. Wir begannen Wandergitarre zu spielen und übten regelmäßig um unser Können zu verbessern. Im Laufe der Zeit perfektionierte sich unser Spiel und wir gründeten eine Band, die in unserer Region bekannten „Magic Eyes".
*Siehe Bild 1*

Mit dieser Band erlebte ich die wohl schönste und sorgenfreieste Zeit. Der damals populären Beatmusik bin ich bis heute treu geblieben. Noch immer treffen wir uns ab und zu bei unserem ehemaligen Bandleader Sigi, um gemeinsam zu musizieren. Leider verstarb bereits ein Bandmitglied und uns anderen bereiten unterdessen gesundheitliche Schwierigkeiten immer wieder Probleme. Spaß und Freude sind uns aber erhalten geblieben.

Gegen den erklärten Willen meiner Eltern, hatte ich in einer Berufsfachschule den Beruf eines Maschinenbauers erlernt. Im Anschluss daran arbeitete ich knapp zwei Jahre in dieser Branche und wechselte dann in die Welt der Elektrotechnik. Bei der Firma SIEMENS, die ich nach fünfzehn Jahren verließ, lernte ich unheimlich viel für meinen neuen Beruf. Viele, heute noch aktive Verbindungen zu ehemaligen Kollegen, sind das Ergebnis einer fruchtbaren Beziehung zu dieser Firma. Nach meinem Wechsel in die Univ.-Klinik Würzburg, arbeitete ich zunächst in der Schwachstromabteilung um nach mehreren Jahren als Leiter der Elektronikwerkstatt in die HNO zu wechseln. Mein Hauptaufgabengebiet war die Entwicklung und Konstruktion von elektronischen Hilfsmitteln für den medizinischen Bereich. Natürlich wechselte ich auch mal eine Glühbirne oder führte andere einfache Elektroarbeiten durch. Die Arbeit bereitete mir unglaublichen Spaß. Bei meiner Abschlussfeier erwähnte ich dies auch in aller Deutlichkeit. In diesen knapp dreißig Jahren, gab es keinen Tag, an dem ich ungern zur Arbeit gegangen wäre. Es stimmte einfach alles: Der Umgang im Kollegenkreis, ein vorbildliches Betriebsklima und ein herausragender, verständnisvoller Chef Prof. Dr. J. Helms, ein weltbekannter HNO-Chirurg. Er war stets ansprechbar, wenn technische Probleme zu lösen waren. Die Zusammenarbeit mit meinem Kollegen Andreas, der die feinmechanische Werkstatt leitete, war hervorragend. Alles in allem fühlte ich mich äußerst wohl.

Im Jahre 1992 bat mich mein Chef, einem mongolischen Gast-Professor behilflich zu sein. Er kam mit der Bedienung seines Fernsehapparates nicht zurecht. Das Problem war rasch gelöst und ich wollte mich eilig – weil kurz vor Feierabend – verabschieden. Prof. Erdenechuluun (sprich Erdenschuluun) hielt das für keine gute Idee und verwies mich höflich, aber mit Nachdruck darauf, dass es mongolischem Brauch entspräche, jede Arbeit mit einem Glas Wodka zu krönen. Erst dann könne man von einem erfolgreichen Abschluss sprechen. Er beherrschte die deutsche Sprache vorzüglich, so dass es zu keinen Missverständnissen kommen konnte. Mein besorgter Hinweis, dass ich mit einem Auto unterwegs wäre, störte ihn nicht sonderlich. Er respektierte allerdings, dass ich mich mit einem symbolischen Schluck begnügte. Dieser kleine, der mongolischen Tradition geschuldete Schluck, sollte den Beginn einer langanhaltenden Freundschaft begründen.

Interessiert erfuhr ich in der Folgezeit von den Problemen seiner Heimat und dem Grund seines Aufenthaltes in Deutschland. Mit zunehmender Empathie begann ich mich in das Leben des mongolischen Volkes hinein zu versetzen. Am nächsten Morgen trat mein neu gewonnener Freund seinen Dienst zuerst in meiner Elektronikwerkstatt an und bat mich, meinen Computer verwenden zu dürfen, da er seit Tagen keine Möglichkeit fand, seine eingegangenen Emails abzuarbeiten. Gerne kam ich seiner Bitte nach.

Die Besuche in meiner Werkstatt häuften sich und so kamen wir uns auch menschlich näher. Erka, inzwischen „duzten" wir uns, erzählte mir von den gewaltigen Problemen, die es damals in seinem Heimatland gab. Er erzählte, dass er in Ulan Bator (verschiedene Schreibweisen) eine private HNO-Klinik betreibe und tagtäglich mit großen Schwierigkeiten zu kämpfen habe.

Ab 1993 schickte Erka immer wieder Personal aus seiner Klinik zur Weiterbildung in unser Krankenhaus. Meist waren dies Audiologen, aber auch Chirurgen, darunter sein Sohn Jargalkhuu (sprich Tschargalkhuu) und dessen Ehefrau Zaya (sprich Saya). Immer wieder schickte er auch Techniker zwecks Weiterbildung, vornehmlich zu mir. Seine Oberärztin Oyunchimeg (sprich Oyunschimeg) kam in dieser Zeit als Chirurgin mehrfach nach Würzburg. Prof. Helms war über diese Ärztin voll des Lobes. Oyunchimeg oder kurz Oyunaa war zusammen mit Zaya und anderen Ärztinnen auch mehrfach zu Gast bei uns zuhause. So weiteten sich die Kontakte und Freundschaften zur Mongolei und dessen wunderbaren Menschen aus.

Von Erka erfuhr ich auch, dass er seine Klinik mit Unterstützung seiner Frau Majiigsuren (sprich Matschigsuren) oder kurz Majig, aus einfachsten Anfängen mit geringsten Mitteln aufgebaut hatte. Seine Erzählungen bemächtigten sich meiner Gedanken und ließen mir keine Ruhe mehr, bis ich reichlich naiv den Entschluss fasste, veraltete, aber noch funktionsfähige Geräte zu sammeln und in die Mongolei zu schicken. Natürlich hatte ich zu diesem Zeitpunkt noch keine Ahnung, was solche Transporte an verwaltungstechnischen Arbeiten nach sich ziehen. Deshalb besprach ich mich mit einem Kollegen, der Leiter der Medizintechnik in unserem Krankenhaus war. Manfred so ebenfalls sein Name, erklärte sich sofort bereit, mich zu unterstützen. Er war mir dann zu einem unverzichtbaren Partner geworden. Für unser Vorhaben suchte ich einen brauchbaren Lagerplatz, der auch für sperrige Teile Platz hatte. Zunächst fand ich diesen Platz in der Scheune meiner Schwiegereltern, wo ich an die 30 ausrangierte Betten lagern konnte. Schließlich erklärte sich auch die Firma Pfister und Pfrang in Waldbüttelbrunn bereit, eine größere Fläche zur Lagerung zur Verfügung zu stellen. Diese Firma war eine nicht zu unterschätzende Hilfe und ich bin vor allem deren Geschäftsführer Herrn Erwin Pfrang, auch heute noch sehr dankbar.

Problematisch wurden die immensen Kosten für einen Großcontainer mit immerhin ca. 10.000 USD! Der Transport sollte mit der Transsibirischen Eisenbahn erfolgen und würde entsprechend lange (ca. 4 bis 5 Wochen) dauern. Die Zollpapiere sowie der zu zahlende Zoll im Empfängerland bedeuteten eine große logistische und finanzielle Herausforderung.

Das bange Warten auf die Ankunft der Container, bis zur Meldung „Ware gut angekommen", zehrte regelmäßig an unseren Nerven. Zweimalige jährliche Lieferungen in die Mongolei wurden zur Regel. Dazwischen schickten wir auch noch Kleincontainer oder Pakete mit der Post. Es erwies sich leider immer wieder, dass Gegenstände verschwanden, auch bei Postpaketen. Erschwerend kam hinzu, dass die verschickten Waren, die wir „zusammengebettelt" hatten, mit Einfuhrzöllen belegt wurden. Unsere Transporte umfassten unterschiedlichste Geräte und Hilfsmittel von der Operationsschere über Nachtschränkchen bis zu einem Computertomographie-Gerät und das über viele Jahre hinweg.

Zwangsläufig ergaben sich größere Probleme mit den von uns geschickten Geräten, da manche nicht installiert oder einfach nicht bedient werden konnten. Schwierig waren auch die klimatischen Verhältnisse. Temperaturen von -40°C bis +40°C, sind in der Mongolei absolut normal. Wie Erka uns erzählte, befand sich sein Lager in einem Ger (Jurte), dem mongolischen Rundzelt. Unsere Gerätschaften waren also vollkommen den gewaltigen Temperaturunterschieden ausgesetzt. Uns wurde immer mehr bewusst, dass wir wohl eine Reise nach Ulan Bator oder kurz UB wie die Mongolen sagen, antreten müssten. Ja, eine solche Reise war unabdingbar.

Erka kam mehrfach im Jahreslauf nach Würzburg. Wir besprachen unser Vorhaben mit ihm und er wiederum mit anderen, für eine solche Reise wichtige Personen, die er bereits kannte. Schließlich fand sich eine reisewillige Gruppe bestehend aus Ärzten, Hörgeräteakustikern und uns Technikern. Am 22. August 2004 war es dann so weit. Eine Gruppe bestehend aus 6 Personen fuhr nach Berlin um sich hier am Flughafen Tegel mit Martin und Gert, zwei Hörgeräteakustikern zu treffen.

Die mongolische Airline MIAT, flog damals ausschließlich von Berlin Tegel mit Zwischenlandung in Moskau. Mit vierstündiger Verspätung hoben wir Richtung Moskau ab. Unser Flugzeug mit dem treffenden Namen „Dschingis Khan" hatte zuvor einen Triebwerkschaden, daher die Verspätung. Der Flug mit Zwischenlandung in Moskau und mehrstündigem Aufenthalt gestaltete sich problemlos. Nach Ankunft am Dschingis Khan-Airport in Ulan Bator, sowie Pass- und Visakontrolle, wurden wir mit Wodka und allerlei Naschereien verwöhnt. Welchen Stellenwert Wodka für die Mongolen einnimmt, erlebten wir, indem unsere normalen Trinkgläser, randvoll mit Wodka gefüllt wurden. Kaum hatte man etwas getrunken, wurde auch schon wieder nachgefüllt. Eine Kontrolle über die konsumierte Menge, war unmöglich. Nach diesem fulminanten Empfang, chauffierte man uns in die ca. 30km entfernte Hauptstadt. Der Zustand der Straße war fürchterlich. Ein Schlagloch folgte dem nächsten. Die ersten Eindrücke wirkten irritierend. Nein, schön war diese Stadt wirklich nicht. Man sah und konnte es auch riechen, in dieser Stadt wohnten nicht die Reichen dieser Welt. Unzählige Gebäude, meist Blockbauten wie in Russland, wirkten heruntergekommen. Hässliche Pipelines, aus deren undichten Verbindungen Wasserdampf strömte, durchzogen die Stadt. *Siehe Bild 2*

Schön oder gar einladend wirkte dies alles nicht. Unser Hotel, äußerlich durchaus ansprechend, bot im Innern jedoch ein Spiegelbild der Stadt. Wir freuten uns auf eine Dusche. Diese Freude war nur von kurzer Dauer, denn das Wasser war eiskalt. Die Zimmer waren klein und mit einer Ausstattung, ähnlich der unseren aus den 50er Jahren. Auch die Sauberkeit ließ zu wünschen übrig. Die Realität der Mongolei hatte uns eingeholt.

Nach einer zweistündigen Ruhepause holte uns Erka ab, um mit uns seine Klinik zu inspizieren. Es zeigte sich, er hatte nicht übertrieben, ja, es war noch schlimmer als wir vermuteten. Das Krankenhaus mit dem Namen EMJJ-Hospital, war in einem angemieteten Komplex, eines bereits in die Jahre gekommenen riesigen Gebäudes integriert. Die für uns sichtbare technische Ausstattung entsprach in etwa dem Zustand des Gebäudes. Wir machten uns unsere Gedanken und stellten uns auf die Realität ein.

In einem armen Land, das wussten wir auch vorher, konnte man eigentlich nichts anderes erwarten. Ich spürte meinen trockenen Hals und empfand aus unerklärlichen Gründen einen großen Durst. Dabei fiel mir auf, dass die meisten Einheimischen mit Wasserflaschen in der Hand herum liefen. Kaum fertig gedacht, kam auch schon jemand von Erkas Mitarbeitern und drückte jedem von uns eine Wasserflasche in die Hand. Erka klärte uns auf. Da die Mongolei ein Binnenland ist, herrscht hier Kontinentalklima mit extrem trockener Luft. Für uns Europäer eine absolut ungewohnte Sache.

Erka führte uns durch die Räumlichkeiten und stellte uns seinem Personal vor. Inzwischen war es Abend geworden und er lud zum Essen. Dieses Procedere sollte bald zur Gewohnheit werden. Das ausgewählte Lokal mit dem Namen „Modern Nomades" war alles andere als ungemütlich oder antiquiert. Das Essen, typisch mongolische Gerichte, war sehr reichhaltig und äußerst geschmackvoll. Wir pflegten eine prächtige Unterhaltung und schmiedeten Pläne für die Gestaltung des nächsten Tages. Damit endete der erste Tag in Ulan Bator. Die Nacht verbrachten wir mit dem aufdringlichen Straßenlärm einer Großstadt. Die schlecht isolierenden Fenster ließen uns an den nächtlichen Bauarbeiten im Umfeld des

Hotels teilhaben. Um den tagsüber fast stehenden Verkehr durch die Baustellen nicht noch mehr zu belasten, wurde meist in der Nacht gearbeitet.

Den nächsten Morgen begannen wir mit einem durchaus akzeptablen Frühstück und in der spannenden Erwartung, was der neue Tag wohl für Überraschungen bereithalten würde. Nach dem Frühstück wurden wir von mehreren PKW's abgeholt und zur Klinik gebracht. Schon bei der Anfahrt sahen wir die Menschenschlange, die vor dem Krankenhaus geduldig wartete. Eckard und dessen Frau Gertrud waren inzwischen aus Peking angereist und gesellten sich zu uns. Wir verteilten uns in der Klinik um uns je nach Betätigungsfeld unserer zugedachten Arbeit zu widmen. Manfred und ich kümmerten uns um die vorhandene Technik, um zunächst den Ist-Bestand zu protokollieren. Diese Arbeit führte uns zwangsläufig durch den gesamten Klinikkomplex und schnell erkannten wir die zahlreichen Defizite.

Aus der Telefonbranche kommend, fiel mir natürlich auf, dass man nirgends einen Telefonapparat zu sehen bekam. Es stellte sich heraus, dass es in der ganzen Klinik nur einen Telefonapparat und ein (nichtfunktionierendes) Faxgerät gab. Das war natürlich für ein Krankenhaus ein untragbarer Zustand. Man behalf sich, indem pausenlos Boten von Büro zu Büro, von Abteilung zu Abteilung unterwegs waren, um irgendwelche Nachrichten zu überbringen. Es war erstaunlich, was das Personal trotz mangelnder technischer Ausstattung zu leisten vermochte.

Im Operationssaal dann Mängel ohne Ende. Es gab keine Notstromversorgung und wie man mir glaubhaft versicherte, fiel der Strom täglich mehrmals aus. Eine für Patienten wie auch für das medizinische Personal, untragbare Situation. Wir entdeckten manche unserer Geräte die wir einst gespendet hatten, leider ungenutzt in irgendwelchen Ecken. Es fehlte einfach das Knowhow, um mit diesen Gerätschaften zu arbeiten. Im OP arbeitete unser Oberarzt wie am Fließband, trotz komplizierter Fälle und einer sehr eingeschränkten Infrastruktur. Auch Kleinkinder waren unter seinen Patienten.

In der Poliklinik werkelte unser Assistenzarzt Robert. Auch er litt unter der mangelhaften Ausstattung. Unsere Hörgeräteakustiker kämpften hingegen mit schlecht eingestellten Hörgeräten, oftmals resultierend aus falschen bzw. nicht kalibrierten Audiometermessdaten.

Der Tag verging aufgrund der sich schnell wechselnden Eindrücke rasend schnell. Erka hatte nach dem Abendessen ein Abendprogramm vorgesehen, das wir aber nicht in Anspruch nahmen. Wir freuten uns lediglich auf unsere Betten – das Wasser blieb weiterhin kalt!

Erka hatte Manfred und mich auch zu seinem Neubau in unmittelbarer Nähe zur Klinik geführt. Dieser Neubau war dringend erforderlich. Das Mauerwerk, aus unzähligen Ziegelsteinen zusammengesetzt, wies 90 cm starke Wände aus, was aufgrund der strengen Winter unbedingt erforderlich war. Eine Außenmauer bestand eigentlich aus zwei Wänden, die in der Mitte durch eine 10 cm dicke Styroporschicht getrennt war. Schwachpunkt waren die Fenster, die lediglich zweifach verglast waren. Der gesamte Bau entsprach ganz und gar nicht unseren westlichen Vorstellungen. Die Treppenstufen waren so betoniert, dass sie im fertigen Haus unterschiedliche Stufenhöhen haben mussten. Erka darauf hingewiesen, verstand nicht was ich meinte.

Am nächsten Tag war ein Symposium in der Universität geplant, an dem auch renommierte mongolische Ärzte referieren sollten.

Auch hier gab es Schwierigkeiten, diesmal mit der Lautsprecheranlage. Der naheliegende Rundfunksender hatte sein Programm in den Verstärker geblasen. Dieses Problem sei nicht neu und würde immer wieder passieren wurde mir gesagt. Nach einer Stunde war der Fehler behoben und viele Mongolen winkten mir anerkennend zu. Die Lautsprecheranlage gab jetzt nur das wider, was in das Mikrofon gesprochen wurde.

Am späten Nachmittag in die Klinik zurückgekehrt, widmeten wir uns neuen Aufgaben. Die Patienten musterten uns, als kämen wir von einem anderen Stern. So oft hatten sie vermutlich noch keine German (so sprechen wie es sich liest, nicht die englische Ausdrucksweise!) – wie sie die Deutschen betiteln – zu Gesicht bekommen. Um diese Zeit war dann auch die Warteschlange vor der Klinik deutlich reduziert. Das Warten an sich bedeutete kein Problem. Niemand klagte oder drängelte. Auch für diesen Abend hatte Erka ein Abendprogramm organisiert. Doch niemand empfand Lust daran teilzunehmen. Wir waren zu sehr abgekämpft.

Für den nächsten Tag hatte ich mir vorgenommen, Videoleitungen zu installieren, wozu erst das benötigte Material besorgt werden musste. Von unseren Helfern erfuhren wir, dass der ganze Tag für die Einkäufe benötigt würde. Erka unser Chef, teilte uns ein Fahrzeug mit Fahrer zu. Ich freute mich zunächst auf die Fahrt, konnten wir uns auch so ein Bild von der Stadt machen. Kaum auf einer sechsspurigen Straße angekommen, standen wir allerdings im Stau. Ich dachte zuvor, in der armen Mongolei gibt es nur wenige Autos. Dies war ein Irrtum. Vielmehr erfuhr ich, dass ein jeder Mongole ein Auto besäße, der sich den Kredit dafür leisten könne. Ein Großteil der Einwohner von UB hat Verwandte auf dem Land. Um diese besuchen zu können, benötigt man eben ein Auto. Da es praktisch keine befestigten Straßen gibt, eher eingefahrene Spuren, fällt die erst Wahl in der Regel auf einen robusten Geländewagen.

Gefühlsmäßig standen wir mehr als wir fuhren und ich hatte den untrüglichen Eindruck gewonnen, dass die Fußgänger schneller unterwegs waren als die Autos. Schließlich nach langer Zeit, erreichten wir unweit unseres Krankenhauses, den Sukh-Bataar-Platz. Ein gewaltiges Areal umfasst den zentralen Platz im Herzen der Hauptstadt. U-förmig angelegt und von wichtigen Gebäuden wie Banken, dem Parlament und Theatern begrenzt. Dieser Platz wird für Kundgebungen, Ausstellungen und auch Festivals genutzt. Beliebt ist dieser Platz auch für bedeutsame Veranstaltungen und natürlich als Fotomotiv bei Einheimischen wie auch Touristen. Dominiert wird der Platz von einer großen Treppe, die zu einem riesigen Dschingis Khan-Denkmal führt, welches von vier bedeutsamen Generälen flankiert wird. Diese Anordnung erstreckt sich über die volle Breite des Platzes. Im Gebäude dahinter verbirgt sich ein sehr interessantes Museum. *Siehe Bild 3*

Die Fahrt ging schrittweise weiter, vorbei an der Hauptpost von Ulan Bator. Im Vorbeifahren entdeckte man immer wieder Menschen, die einen auffällig großen Telefonapparat mit sich schleppten. Der Grund dafür war, dass es in den Haushalten kaum ein Telefon gab. Man war daher auf diese mobilen Telefone angewiesen. Damals gab es noch keine Handys. Bei Bedarf konnte man sich von diesen „Telefonträgern" ein Gerät gegen Bezahlung mieten. Unterdessen gibt es diese mobilen Telefon-Vermieter nicht mehr. Heute ist es in der Mongolei wie beinahe überall auf der Welt, ein jeder trägt sein Handy mit sich.

Schließlich bogen wir rechts ab in eine Seitenstraße, vorbei an Müllhalden und große Schlaglöcher überquerend. Endlich las ich an einer großen Hauswand, in lateinischen Buchstaben geschrieben, „Computer World"! Dieses Geschäft war unser Ziel.

Einladend war die Computerwelt allerdings nicht. Aber das musste sie auch nicht sein. Unser Material wollten wir bekommen, das alleine war wichtig. Weiterfahren in ein anderes Geschäft, nein, daran wollte ich gar nicht erst denken. Das große Gebäude war in einzelne Parzellen mit unterschiedlichen Firmen unterteilt. Was ich nicht erwartet hatte, die Geschäfte waren stark frequentiert. Es dauerte, bis wir unser benötigtes Material fast vollständig beisammen hatten. Am Ende fehlten 10 Stecker. Alle Nachfragen blieben erfolglos, hier würden wir die Stecker nicht bekommen. Ohne Stecker würden wir aber die Kabel nicht anschließen können. Also doch weiterfahren, bis wir fündig würden.

Inzwischen war es schon später Nachmittag geworden und auch der Magen meldete unmissverständlich seinen Anspruch. Die Rückfahrt gestaltete sich jetzt noch dramatischer, denn wir waren mitten in die Rush Hour geraten. Nach Feierabend wollten die Menschen natürlich schnellstmöglich nach Hause. Entsprechend rücksichtslos gestaltete sich der Verkehr. Auch die Fußgänger überqueren kreuz und quer, ohne jede Rücksicht, die Straßen. Endlich angekommen, waren wir zwar völlig erschöpft, aber auch zufrieden, glaubten wir doch, dass die Arbeiten für den nächsten Tag gesichert waren.

Nachdem wir Erka überzeugen konnten, gab er sein Vorhaben für unsere Abendgestaltung auf. Es gab inzwischen sogar warmes Wasser im Hotel, so dass die Duscherei jetzt auch Spaß bereitete. Für uns unglaublich, dass es in einem Hotel für mehrere Tage kein warmes Wasser gibt. Man muss dazu wissen: Die Mongolei war ein sozialistischer Staat, eng an die Sowjetunion gebunden.

Dies hatte natürlich zur Folge, dass auch die Technik russischem Standard entsprach. So gab es in der Hauptstadt ein zentrales Heizkraftwerk, das via bereits gesagte Pipeline, die Wärme in die Gebäude beförderte. Litt dieses Heizkraftwerk und einer Störung, so gab es auch kein warmes Wasser und die Heizungen funktionierten ebenso wenig. Das riesige Rohrsystem, das durch die Stadt führte, war marode. Überall konnte man entweichenden Dampf bemerken. An vielen Stellen war die Isolation aufgerissen. Dies geschah oft unabsichtlich bei Reparaturen, aber auch gezielt durch Diebstahl von Isolationsmaterial.

Am darauf folgenden Tag wollten Manfred und ich uns der Installation diverser Videoleitungen widmen. Aber dann ergaben sich andere Prioritäten. Wir sollten uns unbedingt der Gerätschaften annehmen, die ungenutzt irgendwo gelagert waren. Bei vielen dieser Geräte waren schlichtweg nur die Batterien oder Akkus leer. Hier in Deutschland kein Problem, in der Mongolei hingegen erforderten diese Umstände eine erneute Fahrt mit den zuvor geschilderten Schwierigkeiten. Wahrscheinlich waren die leeren Batterien nur dem Wunsch geschuldet, nicht in die Stadt fahren zu müssen. Notwendigerweise hatten wir sämtliche leere Batterien erfasst und dokumentiert, um sie beim nächsten Einkauf zu ersetzen. Oftmals fehlten für die leeren Akkus die Originalladegeräte oder diese kamen zweckentfremdet bei einem anderen Gerät zum Einsatz. Wir mussten daher prüfen, welche Daten die neuen Ladegeräte erfüllen müssen. Auch die passenden Steckverbinder mussten wir notieren. Ob wir das alles in den hiesigen Geschäften bekommen würden, wussten wir natürlich nicht. Hinzu kamen auch Probleme, weil viele dieser Geräte chinesischer oder russischer Herkunft waren, an deren Beschriftung wir dann meist scheiterten. Unsere mongolischen Helfer konnten uns bei der Identifizierung der russischen Technik meist helfen. Mit den Geräten chinesischer Herkunft war das schon wesentlich schwieriger. Bis zum Nachmittag hatten wir uns dann so weit durchgekämpft. Da wir über keine Ersatzbatterien verfügten, wussten wir oftmals nicht, ob der Defekt nur durch die leere Batterie bedingt war, oder das Gerät einen anderen Schaden aufwies. Glücklicherweise hatte ich bereits zwei Jahre vorher ein einstellbares, elektronisches Netzteil an Erka übergeben. Dieses Gerät leistete uns jetzt hervorragende Dienste. Trotzdem, unsere gesamte Arbeit dauerte ein Vielfaches der Zeit, die wir zuhause benötigen würden. Eine produktive Arbeit in unserem Sinn war eigentlich nicht möglich. Hier musste Grundlegendes geändert werden. Wir besprachen das alles mit unserem Chef, der technisch vollkommen unbegabt, unserem Anliegen wenig Empathie entgegen brachte. Als wir beim Abendessen unsere Schwierigkeiten diskutierten, zeigte sich, dass es in anderen Bereichen ähnlich war. Die Installation der Videoleitungen wurde jedenfalls auf unseren Besuch im nächsten Jahr vertagt. Unsere weitere Arbeit widmeten wir dann vorzugsweise der Instandsetzung medizintechnischer Geräte.

Unser Oberarzt Konrad war hocherstaunt, was die vorhandenen Ärzte und das Pflegepersonal mit ihrer zur Verfügung stehenden Infrastruktur zu leisten vermochten. Praktisch alle Hilfsmittel waren veraltet, so z.B. ein russisches Narkosegerät. Der zuständige Anästhesist leistete trotzdem hervorragende Arbeit. Es gab keinen „richtigen" Autoklaven (Sterilisator). Die Instrumente wurden mehr oder weniger in einem Dampfbad sterilisiert. Auch eine Notstromversorgung war nicht vorhanden. Wenn der Strom ausfiel, was hier häufig geschah, musste der operierende Arzt, sich mit dem Licht von Taschenlampen begnügen. Untragbare Zustände! Wir notierten all diese Probleme, um später zuhause vorzugsweise solche Gerätschaften für den nächsten Transport zu ordern. Die EMJJ-Ärzte, aber auch das Pflegepersonal waren begierig, vom Können unseres Oberarztes zu lernen.

In der Poliklinik arbeitete unser Assistenzarzt Robert. Auch er hatte seine Schwierigkeiten und staunte über die Geduld seiner mongolischen Kollegen. Die Ausrüstung war spartanisch und veraltet. Auch hier schauten sich die mongolischen Ärzte manches Knowhow von ihm ab.

Unseren Hörgeräteakustikern Martin und Gert erging es nicht anders. Schlecht eingestellte Hörgeräte waren das Hauptproblem. Mangelhaft oder nichtkalibrierte Audiometer taten ihr Übriges. Der Norm entsprechende Messwerte zu erzielen, war beinahe unmöglich. Auch hier musste unbedingt Abhilfe geschaffen werden.

Ludwig (Luki) und Eckard widmeten sich hauptsächlich den Messverfahren der unabdingbaren Audiometer. Die Testworte in mongolischer Sprache waren in schlechter Qualität auf Musikkassetten gespeichert. Ein Sprachtest von internationalem Standard, war so nicht möglich. Ja, es gab noch viel zu tun.

Auf Grund mangelnder Schulungen und Informationen wussten die Mitarbeiter oftmals gar nicht, auf welch schlechtem Niveau sie arbeiteten. Aber Besserung war in Sicht!

Jargalmaa, kurz Jaagii (sprich Tschagi), Erkas Tochter, war von Beruf Zahnärztin. Sie hatte ihre Praxis im selben Gebäude und kam öfters mal bei uns vorbei, um sich über unsere Tätigkeiten zu informieren. Wir kannten uns bereits sehr gut, da sie wie ihr Bruder Jargalkhuu, kurz Jack (wie Tschack gesprochen) mehr als ein halbes Jahr lang in Würzburg ihr Wissen perfektionierte. Sie arbeitete in dieser Zeit in der Zahnklinik. Erka wollte seinen Kindern eine westliche Ausbildung zukommen lassen. Als ich jetzt Jaagii`s

Praxis betrat, stockte mir erst mal der Atem. Nein, hier möchte ich auf keinen Fall meine Zähne behandeln lassen. Als Jaagii in Würzburg war, muss sie das Erlebte dagegen wie in einer anderen Welt wahrgenommen haben.

Der Bezug ihres altmodischen Stuhles war total verschlissen, der Stuhl selbst funktionierte nur sehr eingeschränkt. Über dem Kopf des Patienten war eine Halogenlampe angeordnet. Die Fassung dieser Lampe saß in einer leeren Getränkedose. Die Innenseite der Dose diente als Reflektor. Auf meine Frage betonte Jaagii, dass diese Anordnung hervorragend funktioniere. Trotz guter Funktion gab es einen höchst gefährlichen Wermutstropfen. Genau senkrecht unter dieser Lampe befand sich der zugehörige Transformator. Leider war dieser Trafo ohne Gehäuse. Die Anschlussklemmen waren frei zugänglich. Über diesem Trafo befand sich nicht nur die Halogenlampe, sondern was auch verhängnisvoll hätte werden können, das Speibecken mit Spülung. Spuckte der Patient daneben, landete die Spucke mit hoher Wahrscheinlichkeit auf dem ungeschützten Transformator. Mit der Spülung konnte das Gleiche passieren. Es war eigentlich nur eine Frage der Zeit, bis es zu einem ernsthaften Unfall kam. Meine Bedenken lösten bei Jaagii und ihrem Vater lediglich verständnisloses Kopfschütteln aus. Erst als ich bei einer Demonstration den beiden vorführte, was passieren könnte waren auch sie einverstanden, für Abhilfe zu sorgen. Ich präsentierte die Gefahrenstelle meiner damaligen Ingenieurin Battsengel, die versprach, für Abhilfe zu sorgen. Zu meinem Bedauern musste ich ein Jahr später feststellen, dass sich leider nichts geändert hatte. Zu Battsengels Ehrenrettung muss ich feststellen, dass sie eine ganz ausgezeichnete Technikerin war. Ich gehe davon aus, dass ihr Chef diese Reparatur nicht für nötig hielt und sich damit die Angelegenheit erledigt hatte. Leider war die

Kommunikation mit Battsengel etwas schwierig, da sie weder Deutsch noch Englisch sprach.

Am Freitag ging es wieder auf Besorgungstor. Eine lange Reihe von Kleingeräten und Hilfsmitteln standen auf unserem Einkaufszettel. Diese Teile sollten in die defekten Geräte eingebaut und anschließend auf Funktion geprüft werden. Würde die Zeit nicht reichen, wollten Manfred und ich am Samstag eine Sonderschicht einlegen, was wir auch taten. Leider waren am Samstag in der Klinik viele Räume verschlossen, so dass wir nur mit großer Mühe und zeitraubender Schlüsselsuche unsere Arbeit erledigen konnten. Am Nachmittag ließen wir dann mit ruhigem Gewissen die Woche ausklingen.

Für das kommende Wochenende hielt Erdenechuluun natürlich ein Freizeitprogramm parat. Wir besuchten zunächst das Gandan-Kloster. Es gilt als wichtigstes Kloster der Mongolei und wurde 1727 gegründet. *Siehe Bild 4*

Im Hauptgebäude befindet sich die 26 Meter hohe Statue der Göttin Janraisig. 1938, während der Stalin-Zeit, wurde die Statue von russischen Truppen demontiert und eingeschmolzen. Im Jahr 1996 wurde die neu vergoldete Göttin mit Hilfe von Spenden der mongolischen Bevölkerung wiederum errichtet. Das Kloster wurde in den 1930er-Jahren, während der stalinistischen Ära, schwer beschädigt und einige Gebäude wurden restlos zerstört. Die Kommunisten schlossen das Kloster bis zum Jahr 1944. Danach wurde die Tempelanlage als einziges Kloster der Mongolei benutzt, wenn auch nur eingeschränkt. Heute wird das Kloster tagtäglich von gläubigen Buddhisten, aber auch von Touristen besucht. Im Innern des Haupttempels befinden sich buddhistische Exponate, darunter auch eine Gemäldesammlung. Der Vorplatz wird von einer Unzahl von Tauben bevölkert. Anschließend besuchten wir eine folkloristische Veranstaltung im Staatstheater am Sukh Bataar-Platz. Es war unglaublich, alleine die Farbenpracht der Kostüme, der Gesang oftmals Kehlkopfgesang, die Musikinstrumente und die unglaublichen Tanzeinlagen. Das was hier geboten wurde, entsprach Weltniveau. Erka hatte für uns Superplätze reservieren lassen. Das Publikum war international. Die Audio- wie auch Beleuchtungstechnik funktionierten optimal. Tief beeindruckt verließen wir das Theater um anschließend im nicht weit entfernten „Khan Bräu" unser Abendessen einzunehmen. *Siehe Bild 5*

Den Sonntag nutzten wir für uns. Wir besuchten erneut das renommierte Lokal Khan Bräu, dessen Eigentümer ein Deutscher war. Er bot ein sehr gutes Bier, nach deutscher Brauart gebraut, an. Selbst Rippchen mit Kraut und andere deutsche Spezialitäten waren auf der Karte zu finden. Dieses Lokal, war über Jahre hinweg zum Treffpunkt der Deutschen in Ulan Bator geworden. Dort spielten auch immer wieder Bands Lieder aus den 60er-Jahren, also genau meine Geschmacksrichtung. Leider gibt es das Lokal heute nicht mehr. *Siehe Bild 6 und 7*

Die folgende Woche hatte Erka für uns verplant. Er wollte uns eine besonders interessante Region seiner Heimat nahebringen. Am Montag in aller Frühe standen sechs Geländewagen vor unserem Hotel. Jedes Fahrzeug trug vier Ersatzreifen auf dem Dach. Erka stellte uns den Fahrern vor, die gewerbemäßig solche Touren anbieten. Einem jeden Fahrzeug waren drei Deutsche plus einem mongolischen Begleiter, der der deutschen Sprache mächtig war, zugeteilt. Wie wir bemerkten kamen drei russische Kleinbusse, ähnlich unseren VW-Bussen hinzu. Es handelte sich um russische Militärfahrzeuge mit dem Namen UAZ-Furgon oder auch einfach nur Furgon (russisch Purgon). Es sind äußerst strapazierfähige

Fahrzeuge, bei denen das Wort Komfort allerdings deplatziert ist. Der Vorteil, bei einer der seltenen Pannen, kann ein guter Fahrer fast alles, zumindest notdürftig, selbst reparieren. In einem so weitläufigen und menschenleeren Land wie der Mongolei ist das von unschätzbarer Bedeutung. Die Begleitpersonen dienten als Helfer für uns unerfahrene Touristen und führten Proviant, Zelte, Treibstoff und alles was nötig war, mit sich.

Das Wetter meinte es gut mit uns und wir waren bester Dinge. Unser erstes Ziel war das „Tal der kleinen Steine" wie Erka es nannte. Zum ersten Mal bekamen wir eine Ahnung von der Weitläufigkeit dieses riesigen Landes, bei gleichzeitiger Menschenleere. Straßen, entsprechend westlicher Vorstellung, gab es praktisch keine, allenfalls ausgefahrene Pfade. Den Fahrern bereitete es großen Spaß, sich Wettrennen zu liefern. Da brach vermutlich das wilde Reitergen der Mongolenstämme durch? Mehr als einmal schlugen unsere Köpfe gegen das Dach unseres Fahrzeuges. Dann, ein zischendes Geräusch und das Schlingern unseres Autos signalisierten einen Plattfuß. Ein großer Schaden für unseren Fahrer. Er hatte erst vor Fahrtantritt vier nagelneue Reifen aufgezogen.

Das Rad war schnell gewechselt und Erka hatte die Zeit zu einer Murmeltierjagd genutzt. Konrad, Robert und Manfred hatten sich ihm angeschlossen. Ihre Kleinkalibergewehre waren Schießprügel im wahrsten Sinne des Wortes. Robert glaubte ein Murmeltier erwischt zu haben, doch es war ein Wüstenadler. Offensichtlich hatte er nur die starken Federn gestreift, denn der Adler schwang sich, leicht benommen, in die Lüfte.

Die Fahrt ging weiter, bei wunderschöner mongolischer Musik, die aus einem Kassettenrekorder klang. Oyunaa, unsere Begleiterin, sang voller Begeisterung und klarer Stimme mit, was eine unbeschreibliche Atmosphäre schuf. Die herrliche Landschaft draußen, die Musik drinnen, einfach „wunderbar" wie ich öfters wiederholte. Meinen Freund Manfred regten meine wunderbar-Kommentare auf.

Dann wieder dieses verdächtige Zischen. Auch diesmal hatte es einen Reifen erwischt. Dem Fahrer, einem wortkargen Menschen, kullerten Tränen aus den Augen. Ein Gefühlsausbruch, den sich mongolische Männer selten leisten. Es half nichts, das Rad musste gewechselt und mit einem der Ersatzräder getauscht werden. Diese Ersatzräder waren allesamt mit bereits gebrauchten Reifen bestückt. Wie sich zeigen sollte, hatten die neuen Reifen offensichtlich eine ungeeignete Gummimischung, denn alle vier Neureifen, wurden durch die vielen Steine aufgeschlitzt und damit unbrauchbar. Die Ersatzräder hielten allesamt durch. Die anderen Fahrer hatten keinen einzigen Ausfall zu beklagen. Wie ich später erfuhr, hat unser Fahrer seinen Job aufgegeben. Diese Reise bedeutete seinen wirtschaftlichen Ruin. Nach dieser Reise habe ich ihn nie mehr gesehen. Leider!

Ab und wann wurden Pausen eingelegt. Diese nutzte ich, um die Umgebung näher zu inspizieren. Lautes Zirpen von Myriaden von Heuschrecken begleitete mich. Der Boden war übersät mit wildem Schnittlauch. Steppenlandschaft pur. Der wohltuende Geruch von Kräutern lag in der Luft. Über uns zogen Steppenadler ihre Kreise, einzige sichtbare Vögel hier, deren Eigenart es ist, mangels Bäumen oder hoher Felsen, auf dem Boden zu brüten. Gegen Ende der Pausen, wurden wir mit Wodka „verwöhnt". Dort wo sich die Möglichkeit bot, tauschte ich heimlich den Wodka, dem „mongolischen Wasser", gegen ordinäres Wasser aus. Ich mag nun einmal keinen Schnaps oder schnapsartige Getränke. Einigen meiner Kollegen erging es genau so, andere wiederum, sprachen dem Wodka gerne zu. So schnell wie wir unseren Pausenplatz einrichteten, war er auch wieder abgebaut. Wir hätten noch ein gutes Stück zu fahren wurde uns gesagt. Unser Ziel sollte noch vor Einbruch der Dunkelheit erreicht werden. Schließlich musste das Lager auch noch aufgebaut werden. Stellenweise entdeckten wir bei der Weiterfahrt Tierskelette. In extremen Wintern sterben mehr als 30% des Viehs, Schafe, Ziegen, Kühe und Pferde.

Überraschend zog Oyunaa eine Musikkassette aus ihrer Tasche und was stand auf dem Etikett? Modern Talking. Das war nun ganz und gar nicht meine Musik, aber Oyunaa zuliebe ließen wir sie gewähren. Leidenschaftlich und voller Inbrunst begleitete sie die Lieder.

Zusehends veränderte sich die Landschaft und es wurde noch steiniger. Immer wieder tauchten gewaltige Felsformationen auf. Endlich erreichten wir das Ziel im sogenannten Tal der kleinen Steine. Wenn das kleine Steine sein sollten, was waren dann erst große Steine? *Siehe Bild 8*

Wir errichteten unser Camp mithilfe unseres EMJJ-Personals. Sie halfen, wo sie nur konnten und richteten einige Feuerstellen ein. Das von ihnen zubereitete Essen, mongolische Leckereien, war äußerst schmackhaft. Es wurde gescherzt und die Stimmung war ausgezeichnet. Leider gab es etwas, was uns nicht gefiel. Das Krankenhauspersonal, unsere Helfer für alle Notlagen, musste im Abstand von vielleicht zweihundert Metern sein Lager aufschlagen. Erka ließ sich nicht beirren und blieb bei seiner Entscheidung. Später rechtfertigte er sich damit, dass dies in der Mongolei so Usus sei. Uns standen Zelte für jeweils zwei Personen zur Verfügung, die Angestellten hingegen schliefen in einem großen, schon etwas in die Jahre gekommenen Gemeinschaftszelt. Als ich mich später über dieses Thema mit den Leuten unterhielt, meinten sie, dass es absolut in Ordnung sei. Sie freuten sich, dass sie überhaupt an der Reise teilnehmen konnten. Ansonsten würden sie sich in ihrem Leben niemals eine solche Fahrt leisten können.

Nach dem Essen, unser Personal räumte ab um auch noch zu spülen, tauschten wir uns noch in geselliger Runde aus. Es war bereits dunkel, bei sehr angenehmen Temperaturen. Die Körperpflege war mangels Wasser ausgefallen. Unser Kontingent an Wasser reichte gerade so zur Zahnpflege. Später stellten wir fest, dass wir mehr Wodka als Wasser mit uns führten. Der Himmel präsentierte sich gleich einem Sternenmeer von unglaublicher Pracht. Die Milchstraße, bei uns nicht erkennbar, sah man hier sehr deutlich. Man musste sie niemand erklären, sie war einfach da, groß und mächtig von überwältigender Schönheit. Eine solche Sternenpracht habe ich weder in Afrika, Amerika oder Australien gesehen. Einfach traumhaft! Zu später Stunde, manche hatten sich schon in ihre Zelte begeben, war ein Geräusch zu vernehmen. Plötzlich, wie aus dem Nichts, stand ein Mann mit seinem Pferd vor uns. Mit einem Sain bain uu (ähnlich unserem Hallo) setzte er sich zu uns und genehmigte sich erst mal einen tiefen Schluck Wodka. Er unterhielt sich eine Weile mit Erka, um dann so schnell zu verschwinden, wie er aufgetaucht war. Erka erzählte uns, dass der Fremde auf dem Weg zu einer Nomadenfamilie wäre.

Manfred und ich teilten uns das Zelt. Mein Freund schlief schnell ein. Ich hingegen hatte Probleme. Mir gingen unsere Erlebnisse durch den Kopf. Aus der Ferne konnte man unser Begleitpersonal hören. Sie sprachen, lachten und sangen noch immer. Die Heuschrecken zirpten unaufhörlich. Offensichtlich hielten sie nicht viel von Schlaf. Doch, es war schön friedlich. In dieser Nacht schlief ich ausgesprochen schlecht und wenn ich mal eingenickt war, träumte ich irgendwelchen Unfug.

Am nächsten Morgen wurden wir von einem grandiosen Sonnenaufgang geweckt. Der Himmel schien die Innenseite eines Hochofens zu spiegeln. Glutrot flirrte das Firmament. Hinter unserem Camp wurden die riesigen Felsen in feuerrotes Licht getaucht. Der Boden bestand aus einer Mischung von Kies und Sand. Hier wimmelte es von kleinen Heuschrecken, die ihr Morgenlied zum Besten gaben. Meine Neugierde trieb mich auf die Felsen. Ob es da wohl noch etwas zu erkunden gab? Oben angekommen, eröffnete sich mir ein faszinierendes Panorama. Die aufgehende Sonne schien zu verbrennen und mit ihr das umliegende Land. Ich entdeckte einen Feldhasen zwischen den Felsen und genoss diesen Augenblick der Stille. Doch da, es schien Leben in unser Camp zu kommen, denn die Frauen waren auf dem Weg zu den Felsen. Vermutlich wollten sie ihre Morgentoilette verrichten. Ich meldete mich von hier oben, was mit einem Aufschrei quittiert wurde. Um die Damen nicht zu verärgern, ging ich in unser Lager und mischte mich unter die inzwischen erwachten Personen. Waschen war auf Grund des Wassermangels nicht möglich. Es waren aber kleine Behälter aufgestellt, an denen sich in ca. 1,2 Meter Höhe, kleine Hebel bedienen ließen. Betätigte man diese, floss für kurze Zeit Wasser aus dem Behälter, gerade genug zum Zähne putzen. Unsere Heinzelmännchen hatten Feuer angezündet. Sie kochten Kaffee und Tee und bereiteten alles Notwendige für die Weiterreise vor. Auch heute lag eine große Strecke vor uns. Das Ziel: Ein Kreiskrankenhaus. Unser Chef drängte zur Weiterfahrt. Mich erstaunte immer wieder, mit welcher Sicherheit die Fahrer ihre Route beherrschten. Urplötzlich beggnete uns eine größere Kamelherde. Hier in Asien gibt es die Trampeltiere, mächtige Tiere mit zwei Höckern, im Gegensatz zu den Dromedaren, die nur einen Höcker haben. Beiden gemein ist ihre Verträglichkeit mit den Gegebenheiten der Wüste. Es gibt auch Kreuzungen zwischen beiden Arten. Das ergibt dann drei Höcker!? Nein, natürlich nicht, das war ein Scherz. Die Kreuzungen gibt es wirklich. Die Höcker der Nachkommen sind dann allerdings nicht so ausgeprägt. In der Mongolei kommen auch noch wenige wilde Kamele vor. Unser Trupp hielt an und wer wollte, durfte auf einem Kamel reiten. Mit einem kräftigen „tschu tschu" setzten sich die Tiere in Bewegung. Die meisten zumindest. Offensichtlich sprach ich mein tschu tschu mit einem starken deutschen Akzent, jedenfalls machte mein Kamel keine Anstalten, den anderen zu folgen. Jack hatte Erbarmen und band die Leine meines Tieres an seinen Sattel. Das funktionierte. Die Leinen der Kamele sind an einem kleinen Holzstück festgemacht, das dem Kamel durch die Nüstern gesteckt wird. Ähnlich wie bei einem Stier mit dem Ring, wird dem Kamel ein Loch in die Nüstern gestanzt. Für uns sieht das recht brutal aus. Es scheint den Tieren aber zumindest später, nichts mehr auszumachen. Damit sie nicht davon laufen, wird ihnen in den Pausen, wie in Arabien auch, ein Bein hochgebunden. Nach dieser Einlage wurde die Fahrt fortgesetzt. Durch das monotone Geräusch unseres Wagens, nickten wir drei immer wieder ein. Die Landschaft wechselte ihr Gesicht und ab und zu sah man auch mal Ziegen- oder Schafherden, meist gemischt. Seltener Kuh- oder Pferdeherden. Bäume waren kaum zu sehen. Am frühen Nachmittag erreichten wir unser Ziel. Schon das äußere Erscheinungsbild war erschütternd. Das sollte ein Kreiskrankenhaus sein? Natürlich war es recht klein. Wo nicht viele Menschen leben, braucht man auch keine großen Krankenhäuser. Aber das hier? Für ernsthafte Krankheiten waren die Kliniken in UB zuständig. Dieses Krankenhaus diente mehr der Erstversorgung.

Viel mehr als erste Hilfe konnte dieses Haus nicht leisten. Von den Wänden wie von den Decken viel der Putz. Quer über den Flur verliefen Heizungsrohre. Man musste also, wenn man mit einem Bett unterwegs war, das Bett, mit oder auch ohne Patient, über das erste und dann über das zweite Rohr hieven. Meine diesbezügliche Nachfrage wurde mit einem Lächeln quittiert. Das Personal nahm diese Unannehmlichkeiten ohne Murren hin. Überhaupt, Die Ärzte und Schwestern trugen saubere und gebügelte Kleidung. Ob es wohl ein Telefon oder gar ein Fax gab? Gesehen habe ich jedenfalls nichts. Aber es gab Strom, wahrscheinlich nur stundenweise, den ein Generator lieferte. Die Hauptsicherung war das Abenteuerlichste, was ich jemals gesehen habe. Die ganze Anordnung war offen zugänglich, neben der Eingangstüre an die Wand genagelt und das bei 230 Volt Nennspannung!

Die Angestellten ließen es sich nicht nehmen, uns zu einem Tee einzuladen. Dazu gab es Khuushuur (mongolische Teigspeise gefüllt mit Fleisch). Der Raum in dem wir diesen Tee tranken, war blitzsauber, wie übrigens das ganze Krankenhaus. Es wurde sogar eine kleine, gut sortierte Apotheke vorgehalten. *Siehe Bild 9 und 10*

Die Reise führte uns weiter durch dieses riesige Land, das nirgends ein Ende zu haben schien. Die (Wüste) Gobi zeigte sich in unterschiedlichsten Facetten. Auch diesmal nächtigten wir in unseren Zelten. In der Nacht hatte es kräftig geregnet und wir befürchteten, dass wir evtl. auf der Rückfahrt Probleme bekommen könnten. Inzwischen hatten wir untereinander den Geruch des jeweils anderen angenommen. Außer dem Regen hatten wir kein Wasser gesehen.

Wir erreichten ein altes, halb zerstörtes Kloster. Zwei Tempel waren noch in Gebrauch. Die anderen Gebäude waren von den Kommunisten in den 30er Jahren zerstört worden. Uns fiel ein Mönch auf, der in einem Erdloch von einem knappen Meter

Tiefe buddelte. Auf unsere Frage, was er da mache, erzählte er uns, dass er als Junge die Kommunisten hier habe wüten sehen. Damals habe er ein Gelübde abgelegt: Sollte er diesen Tag überleben, wollte er hier einen Brunnen graben und genau das tat er jetzt. *Siehe Bild 11*

Später führte ich mit Carmen Rohrbach, einer bekannten Reisejournalistin, eine Unterhaltung. Ich hatte in einem ihrer Bücher über genau diesen Mönch gelesen. Bei dem Gespräch stellte sich heraus, dass sie zwei Jahre später an dieselbe Stelle kam und besagten Mönch beim Graben angetroffen hatte. Auf einem Foto von mir hatte sie ihn sofort erkannt. Inzwischen war sein Loch allerdings schon wesentlich tiefer geworden. Auch ihr erzählte der Mönch dieselbe Geschichte. Auf Wasser war er allerdings noch nicht gestoßen.

An diesem Tag nächtigten wir im Schatten eines mächtigen Hügels, umgeben von Viehherden, welche Schwärme von aufdringlichen Fliegen anzogen. Ein penetranter Gestank tat sein Übriges. Trotz allem ein romantischer Lagerplatz, nahe einem kleinen Fluss, der uns mit eiskaltem Wasser zur Körperpflege einlud und uns danach ein wohliges Gefühl vermittelte. Mit fortschreitender Dunkelheit verschwanden die Damen hinter dem Hügel. Am nächsten Morgen konnte man sehen, was sie dorthin getrieben hatte. Der Wind verriet das Geheimnis, indem er Unmengen von Toilettenpapier herüber blies. Die Flugobjekte verfingen sich an unseren Zelten und der Spott war unseren Frauen gewiss. Für den nächsten Tag war eine Fahrt zum Orchon- oder auch Orkhon-Wasserfall geplant. Da wir auch die folgende Nacht hier wieder verbringen würden, wollten Konrad und Gert ihre Zeit lieber hier mit angeln verbringen. Der Rest der Truppe begab sich auf den Weg zum Wasserfall. *Siehe Bild 12*

Abbildungen dieses Wasserfalles zieren unzählige Wände in Lokalen, Restaurants oder auch anderen Gebäuden, da er einen so selten malerischen Anblick bietet. Das Wasser stürzt aus einer Höhe von sechzehn Metern in einen kleinen See, der wiederum in einem kleinen Canyon eingebettet liegt. Die Breite des Wasserfalles variiert stark je nach Jahreszeit und Niederschlägen. Der Abfluss des Gewässers mündet in den namengebenden Orchon-Fluss. Seitlich kann man relativ bequem in den Canyon hinab steigen und gelangt damit direkt zum See. Dieser Wasserfall gilt als eine der Hauptattraktionen der Mongolei und zieht neben Einheimischen auch unzählige Touristen an. An manchen Tagen wähnt man sich auf Grund der vielen Besucher wie auf einem Jahrmarkt.

Die Rückfahrt zum Camp stand längst an. Dort erwartete uns eine große Überraschung. Unsere beiden Angler hatten einen riesigen Fisch gefangen. Er war mindestens 140 Zentimeter lang. Stolz berichteten die Beiden von ihrem heroischen Kampf, den ihnen der Fisch abverlangte. Es musste tatsächlich sehr anstrengend gewesen sein. Da Erka ein guter Organisator war, durfte eine professionelle Köchin bei unserem Personal nicht fehlen. Sie war jetzt gefordert. Was sie unter den gegebenen Umständen an Zubereitung zauberte, war grandios. Es war der vorzüglichste Fisch, den ich je in meinem Leben verspeist habe. Das in einem Land, das keinen Zugang zum Meer hat und in dem Flüsse eine Rarität sind. Auch in Namibia habe ich später einen sehr guten Fisch gegessen, aber dieser „Mongole" übertraf alles. Der Fisch reichte für uns alle und für das Personal blieb auch noch etwas übrig. In gemütlicher Runde gab es an diesem Abend nur ein Thema, diesen Fisch. Die Helden des Tages waren Konrad und Gert sowie natürlich die mongolische Köchin.

Ab und zu vernahm man mal das Muhen einer Kuh oder das Meckern einer Ziege. Das Plätschern des Flusses tat sein Übriges.

Der Sonnenuntergang gleichermaßen, Hochofenglühen am Horizont. Dann wieder dieser prachtvolle Sternenhimmel. Das grasende Vieh in der Nähe lieferte seinen markanten Duft, an den wir uns inzwischen schon gewöhnt hatten und auch an die vielen Fliegen. Gott sei Dank waren es keine Stechmücken. Man kann diese einmalige Stimmung nicht in Worte fassen. Idylle pur.

Für ihre Abendrunde bekamen unsere Damen eine kleine Schaufel und so waren am nächsten Morgen keine Papierfetzen unterwegs. Inzwischen wurden wir routinierter und lernten uns auch gegenseitig immer besser kennen. Auch das Verhältnis zum Personal wurde inniger, wobei hier natürlich die Verständigung mit großen, manchmal auch lustigen Schwierigkeiten verbunden war. Bei wirklichen Verständigungsproblemen dienten unsere Dolmetscher und Helfer.

Der nächste Tag begann erneut mit einem grandiosen Sonnenaufgang. Heute sollten wir zu einer Wanderdüne gelangen. Da der Fluss sich vor unserer „Haustüre" anbot, konnte jeder der Lust dazu hatte, ein äußerst erfrischendes Bad in dem eiskalten und glasklaren Wasser nehmen. Auch unsere Wasservorräte konnten aufgefüllt werden. Wann würden wir wohl wieder eine Wasserstelle erreichen? Nachdem alles verstaut und wir bereit zur Abfahrt waren, strebten wir unserem Ziel entgegen. Die Musik im Auto wiederholte sich. Oyunaa neben mir war eine gute Schläferin. Beinahe zu jeder Zeit gönnte sie sich ein Nickerchen. Von Zeit zu Zeit, offensichtlich wenn es unseren Fahrern zu eintönig wurde, lieferten sie sich ein kleines Rennen. Mir wurde es dabei immer etwas mulmig. Überall waren Löcher von den mongolischen Springmäusen oder auch von Murmeltieren gegraben. Aber es passierte nichts. Unterwegs trafen wir, was sehr selten geschah, auf eine Nomadenfamilie. Deren schulpflichtige Kinder lebten, wie das in der

Mongolei üblich ist, in einer Art Internat. Sie würden erst in den großen Sommerferien zu ihren Familien kommen. Die Kleinen spielten mit einfachstem Spielzeug, das deren Papa wohl in den Wintermonaten gebastelt hatte. Selbst kleine Steinchen dienten als Spielzeug.

Auf den Dächern der Jurten ruhten Solarzellen, die den Strom für die wenig benötigte Elektrotechnik produzierten. Aber auch der heißbegehrte, getrocknete Käse, mongolisch „Ingenii aaruul" aus Kamelmilch, eine „Art Bonbon" für die Mongolen, wurde auf den Dächern der Jurten getrocknet. Die Familie hier schien relativ wohlhabend zu sein. Neben einer Jurte standen eine riesige Antennenschüssel und zwei Motorräder. Ein großer Dunghaufen mit getrockneten Fladen direkt daneben. Diese Dunghaufen sind unabdingbar. In Ermangelung an Holz werden die getrockneten Fladen zum Heizen benötigt.

An einer langen Leine waren mehr als zwanzig Fohlen angebunden. Die zugehörigen Mutterstuten standen frei daneben. Wovon die Tiere lebten, konnte ich nicht erkennen, da der Boden ohne jeden Bewuchs war. In weiter Entfernung sah man allerdings etwas Grünland. Wahrscheinlich liefen sie zum Grasen dorthin. Nicht weit entfernt entdeckten wir die Überreste eines Hammels bzw. seine großen gezwirbelten Hörner. Drei Hunde, die man sicherheitshalber angebunden hatte, kläfften unaufhörlich. Mittelpunkt der Wohnjurte war ein kleines Fernsehgerät. Die Ausstattung war ansonsten spartanisch. Die Bewohner waren dagegen äußerst großzügig. Traditionell boten sie zunächst mongolischen Tee an, grünen Tee mit Butter (vorzugsweise Yakbutter) und Salz, manchmal auch getrocknetes Fleisch oder Reis. Ich mag diesen Tee, im Gegensatz zu den meisten meiner Kollegen, überhaupt nicht. Der obligatorische Schnupftabak durfte auch nicht fehlen.

Wir verabschiedeten uns und weiter ging die Fahrt zur Geierschlucht. Dabei war eine riesige Strecke zu bewältigten. Unsere Fahrer nutzten jede Pause zum Nachtanken aus den mitgebrachten Kanistern. Glücklicherweise erlitten wir, trotz elender Wegverhältnisse, keine Pannen.

Schließlich erreichten wir eine kleine Ortschaft, in der es sogar ein Geschäft mit Lebensmitteln und auch Haushaltsgeräten gab. Die sich rasch versammelnden Kinder interessierten sich besonders für uns. Wann kamen schon einmal „Langnasen" hierher? Ich erstand in dem Laden eine Tüte „Werthers Echte" für die Kinder. Schnell hatte ich neue Freunde gefunden. Ein Blick auf die Tütenbeschriftung signalisierte, dass das Verfallsdatum schon achtzehn Monate zurücklag. Offensichtlich kein Problem, die Kinder konnten gar nicht genug bekommen. Deshalb erstand ich noch einige Brausetütchen aus russischer Produktion, deren Herstellungsdatum nicht festzustellen war, zudem war der Aufdruck in kyrillischer Schrift gehalten.

Weiter ging die Fahrt auf einer ausgedehnten Route. Die Fahrer mussten diese bereits kennen, denn Karten oder gar „Navis" standen nicht zur Verfügung. Schließlich erreichten wir ohne Probleme unser Ziel. Die Geierschlucht liegt unweit der chinesischen Grenze. Insbesondere Touristen besuchen alljährlich diese tiefe und enge Schlucht, seit 1965 Naturschutzgebiet. Am Eingang zur Schlucht wimmelte es von unzähligen sogenannten Pfeifhasen. Wer wollte, konnte sich ein Kamel oder Pferd mieten. Wir begingen die Schlucht zu Fuß, in der beeindruckende Felswände beidseitig steil nach oben wachsen. Der enge Pfad bot manchmal nur zwei Personen Gelegenheit nebeneinander zu gehen. Über uns kreisten die Namensgeber dieser Schlucht, Bartgeier. Auch konnten wir Steinböcke und unzählige Singvögel beobachten. An schattigen Plätzen lag verharschter Schnee vom letzten Winter. Durch die Schlucht schlängelt sich ein Bach, an schattigen Plätzen ist er noch zugefroren. Wir verstanden, warum dieses Fleckchen Erde von den Mongolen so geschätzt wird. *Siehe Bild 13*

Nach der Durchquerung gelangten wir in ein weites Tal. Wie durch ein Wunder erwarteten uns dort unsere Fahrzeuge. Nach Aufbruch und Weiterfahrt wurde es Zeit, einen Zeltplatz zu suchen. Zielsicher steuerten unsere Fahrer ein lauschiges Plätzchen an. Was sollte das? Unsere Helfer packten zwei große Milchkannen aus. Gespannt beobachteten wir das Geschehen. Es wurden mehrere Feuer entfacht, dann sammelten sie faustgroße Steine und getrockneten Dung. Aus unseren Autos wurde Holz geholt. Manche Steine wurden im „Dung-Feuer" erhitzt, andere in „Holz-Feuern". In die Milchkannen wurden verschiedene Lagen mit Gemüse, Kartoffeln und Fleisch, dann, je nach Kanne, Steine die im Dung- oder Holz-Feuer erhitzt wurden, eingelegt. Anschließend wurde die Kanne umgelegt und gerollt, damit sich der Inhalt vermischen konnte. Nach einer knappen Stunde wurde zum Essen geladen. Die Mongolen aßen, was durch die mit Dung-Feuer erhitzten Steine gegart wurde. Wir hingegen bekamen unser Essen, das mit den vom Holz-Feuer erhitzten Steinen gegart wurde. Konrad griff sich ein Stück Fleisch unserer Freunde und meinte: „Leute, das hier schmeckt wesentlich besser als das unsrige." Wir lachten und trauten ihm nicht. Nach einer Kostprobe konnte ich Konrads Urteil bestätigen. Feine Leute, wie die Mongolen nun einmal sind, überließen sie uns „ihr" Essen und begnügten sich mit dem „unsrigen". Dieses Essen, mongolisch Horhog, wurde zu meiner Lieblingsspeise. Daran dachten auch meine Gastgeber, denn es wurde mir bei jeder Verabschiedung serviert.

Nächstes Ziel waren markante Sanddünen, die wir am späten Nachmittag des nächsten Tages erreichten. Erka eröffnete ein Wettrennen, wer wohl zuerst die höchste Düne erklimmen würde. Den anstrengenden Wettlauf gewann unsere liebgewordene Oyunaa. Von oben sah man erst, wie weitläufig sich das Dünenareal ausbreitete. Der Sand bot die Eigenschaft, unter dem Einfluss von Wind zu „singen", weshalb diese Dünen als singende Dünen bekannt sind. Wieder unten angekommen, spendierte Erka unserer Oyunaa als Siegerin eine Flasche Sekt, die sie natürlich mit den Anwesenden teilte. Oyunaa, die damalige EMJJ-Oberärztin, war einige Male in unserer Würzburger Klinik zur Fortbildung. Prof. Helms war immer voll des Lobes. Sie hatte, wie viele andere Mongolen auch, in der früheren DDR Medizin studiert, daher auch ihre Deutschkenntnisse. *Siehe Bild 14*

Inzwischen neigte sich der Tag und wir mussten uns erneut nach einem passenden Schlafplatz umschauen. Innerhalb kürzester Zeit wurde dieser durch unsere Fahrer gefunden. Sie schienen sich hier bestens auszukennen. Laut Erkas Programm sollte unsere Fahrt am nächsten Tag nach Karakorum, der sagenumwobenen Stadt der Mongolen, gehen.

Nach dem Abendessen schlich ich mich ins Camp unserer Helfer, die mich freundlich empfingen. Deren Hinweis, dass Erka mich schimpfen würde, wenn er mitbekäme, wo ich war, verwarf ich. Es wurde ein kurzweiliger Abend. Man sah den Leuten die Freude an, hier dabei sein zu dürfen. Mir wurden viele Fragen über Deutschland und auch mein persönliches Leben gestellt. Oyunaa übersetzte pausenlos. Was wollte man nicht alles wissen: Wann und ob ich wieder käme, über mein Familienleben musste ich erzählen, ebenso über meine Hobbys und auch über die Instrumente und Geräte, die ich in die Mongolei vermittelt hatte. Ich wiederum interessierte mich für die Verhältnisse im Winter. Wie das Vieh diese harten Bedingungen in der Zud, das ist eine „Winterkatastrophe", überlebt oder eben auch nicht, denn in dieser Zeit sterben in manchen Jahren mehrere Millionen Tiere. Die Zud ist die schlimmste Katastrophe für die mongolischen Viehzüchter, die sie treffen könnte. Die sogenannte „Weiße Zud" ist geprägt von großen Schneemengen. So hoch, dass die Tiere nicht mehr an ihr Futter gelangen. Die „Schwarze Zud" ist das genau das Gegenteil. Mangels Schnees verdursten viele Tiere. Dann gibt es noch die „eiserne Zud": Hierbei bedeckt das Land eine geschlossene Eisdecke, die ebenfalls verhindert, dass das Vieh an Nahrung gelangt. Wir sprachen über die Kaschmirziegen, deren Wolle ein hochbegehrtes Gut ist. Letztlich über die obdachlosen Kinder und armen Leute in UB, die in unterirdischen Heizungskanälen dahin vegetieren. An diesem Abend erfuhr ich Bedeutsames über das Leben in der Mongolei, das man als normaler Tourist nie erfahren würde. In meinem Zelt gingen mir diese Gespräche nicht mehr aus dem Kopf. Während Erka versuchte, unseren Aufenthalt so angenehm wie möglich zu gestalten, holte mich an diesem Abend die harte Realität ein.

Mein Schlaf war deshalb unruhig und am Morgen war ich der Erste, der auf den Beinen war. Ich umrundete unser Camp und bewunderte die reichhaltige Flora in dieser steppenähnlichen Landschaft. In einiger Entfernung graste eine Kuhherde und hie und da sang ein Vogel sein frühes Lied. Dafür zeigte sich kein Steppenadler. Wahrscheinlich war das der Grund, dass es hier von mongolischen Wüstenspringmäusen und Pfeifhasen nur so wimmelte.

Nachdem es im Lager lebendig wurde, ging ich zurück, um zu frühstücken. Als mich meine Gesprächspartner der letzten Nacht entdeckten, begrüßten sie mich auf das Herzlichste. Nachdem aufgeräumt und eingeladen worden war, setzte sich unsere kleine Karawane mit dem Ziel Karakorum in Bewegung. Diese Stadt ist nicht mit dem gleichnamigen Gebirge in Südostasien zu verwechseln. Es gibt das neue Karakorum, das direkt am historischen Karakorum liegt. Der Platz wurde höchstwahrscheinlich von Dschingis Khan ausgewählt. Die Stadt wurde im 13. Jahrhundert gegründet. Dschingis Khan ließ eine eigene Schrift entwickeln. Er erlebte allerdings den Aufbau dieser Stadt nicht mehr. Unter seinem Sohn Ögedei Khan entwickelte sie sich zum Zentrum und zur Hauptstadt der Mongolei. Dessen Sohn Kublai Khan führte den Buddhismus als Staatsreligion ein. Da die Mongolen nur Krieger und Viehzüchter waren, holte Kublai Khan aus der gesamten damaligen Welt Künstler, Handwerker und Gelehrte ins Land, freiwillig oder häufig auch als Arbeitssklaven. Leider lernten die Mongolen nichts von ihnen. Ähnlich ist es heute noch. In UB entsteht ein Wolkenkratzer nach dem anderen. Auf den Baustellen findet man aber kaum einheimische Arbeiter. Die Chinesen beherrschen den Markt. Diese überweisen ihren Lohn nach Hause und für die Mongolen bleibt fast nichts übrig. Die Wohnungen in diesen modernen Hochhäusern kann sich ein Normalverdiener kaum leisten. Nachts brennen deshalb nur wenige Lichter.

Die Blütezeit des mongolischen Reiches war im 13. und 14. Jahrhundert. Auf Grund vieler Zuwanderer entwickelte sich Karakorum zu einem Schmelztiegel unterschiedlicher Kulturen. Den Mittelpunkt der Stadt bildete der Palast der Khans. Ein französischer Goldschmied namens Guillaume Boucher musste einen Silberbrunnen bauen, aus dessen vier Silberarmen zu bestimmten Anlässen Wein, Airag (vergorene Stutenmilch), Reisbier und Met liefen. Boucher war als Gefangener aus Europa hierher verschleppt worden, wo er zwar ein angenehmes Leben genießen durfte, aber trotzdem ein Gefangener war. Der Ruf Karakorums erreichte sogar Papst Innozenz IV., der einen Franziskaner nach Karakorum schickte, um die Möglichkeit einer „Bekehrung" von Karakorums Einwohnern auszuloten. Den Status als Hauptstadt verlor Karakorum unter Kublai Khan, der Peking zur Hauptstadt seines Reiches machte. Im Jahr 1368 kehrten die Mongolen wieder zurück, nachdem sie aus Peking verjagt worden waren. 1388 drangen die Chinesen ins Land ein und zerstörten Karakorum. Aus den Trümmern wurde ab 1585 das buddhistische Kloster Erdene Zuu (unterschiedliche Schreibweisen) errichtet, das man durch glückliche Umstände heute noch besichtigen kann. In der Blütezeit war es eines der wichtigsten buddhistischen Klöster Asiens. In den 1930er Jahren, als die Stalinisten wüteten, sollte u. a. auch dieses Kloster zerstört werden. Ein General verweigerte den Angriff auf das Haupt-Kloster und drohte dagegen mit einem Angriff gegen die Kommunisten. Darauf wurde der Befehl zurückgezogen. Dennoch konnte er nicht verhindern, dass viele kleinere Tempel zerstört wurden.

Heute kann man das Kloster besichtigen und wenn man will, auch an buddhistischen Gottesdiensten teilnehmen. Man kann, gegen ein Entgelt versteht sich, sogar einen Mönch für sich beten lassen. Die ganze Anlage ist sehr interessant. Mit etwas Glück kann man den Archäologen bei der Arbeit zuschauen. *Siehe Bild 15*

Seit dem Jahr 2000 beteiligen sich auch deutsche Archäologen an den Ausgrabungen. Ganz in der Nähe findet man große steinerne Schildkröten, früher Wahrzeichen von Karakorum. Sie befinden sich in einem sehr guten Zustand. Trotzdem oder deswegen wurden sie in jüngster Zeit von einem Schutzzaun umgeben. Nicht weit entfernt vom Kloster Erdene Zuu ruht – aus Stein gefertigt

– ein riesiger Phallus auf einer Art Sockel. Er ist von religiöser Bedeutung. Wer zu Karakorum Näheres wissen möchte, sei an die einschlägige Literatur verwiesen!

Unmittelbar in der Nähe auf einer Anhöhe steht ein Denkmal für das größte Reich aller Zeiten. Der mongolische Name ist Haadiin hushuu, was wörtlich „Denkmal der Khans" bedeutet. Es dokumentiert das ganze Ausmaß dieses einstigen Reiches, welches größer war als das Reich Alexander des Großen. Das Römische Reich war lächerlich klein dagegen, und selbst das britische Empire war kleiner. *Siehe Bild 16*

Unweit davon lädt ein äußerst interessantes Museum ein, in dem auch Exponate aus der Zeit vor Dschingis Khan ausgestellt werden. Für uns interessant sind vor allem die Funde aus der Hunnen-Epoche. Vielfach ist nicht bekannt, dass die Hunnen zwar aus dem Gebiet der heutigen Mongolei kamen, aber keine Mongolen waren. Sie werden zu den Turk-Völkern gezählt. Neu-Karakorum ist ein typisch mongolischer Ort. Einen Schönheitswettbewerb würde dieses Dorf bei uns mit Sicherheit nicht gewinnen. Auf jeden Fall ist Karakorum mit dem KlosterErdene Zuu für jeden Mongolei-Reisenden ein absolutes Muss!

Am Nachmittag verabschiedeten wir uns von Karakorum und fuhren bei großer Hitze Richtung Ulan Bator. Unterwegs rasteten wir an einem Fluss, der sich in mehrere Bäche aufteilte. Unsere fleißigen Helfer hatten Feuerstellen aufgebaut und die Milchkannen hervorgeholt. Während sie fleißig arbeiteten, schauten wir uns die Gegend mit den vielen eigenartigen kleinen Flüssen an und kühlten uns etwas ab. Bei entsprechendem Niederschlag schwellen diese Bäche mit Sicherheit zu einem mächtigen Fluss an. Die Zahnärztin Tsendee, hier in Funktion als Kindermädchen für Marlaa und Tubscha, Erkas Enkelkinder, wollte einen kurzen

Reitausflug unternehmen und mietete sich von einer jungen Frau, die uns bei unserem Treiben beobachtete, ein Pferd. Offensichtlich war sie in dem Glauben, dass Tsendee nicht reiten könne, und führte das Pferd. Nachdem sie einige dieser Bäche überquert hatten, riss sie Tsendee vom Pferd und machte sich aus dem Staub. Tsendee rief mit lauter Stimme um Hilfe. Konrad, unser Angler, zog seine Wathose an und trug sie Huckepack zurück. So hatten wir beim Essen wieder ein Gesprächsthema. Für uns wurde klar, es gibt auch in der Mongolei schlechte Charaktere.

Nach der Pause fuhren wir weiter Richtung UB. Unterwegs sahen wir ein Schild mit dem Hinweis, dass es hier nach Ulan Bator ginge. Allerdings waren weder eine Straße noch ein Weg zu sehen. Unerwartet sichteten wir in einiger Entfernung eine Tankstelle. Im Auto wurde es trotz Klimaanlage unangenehm heiß. Gesungen wurde auch nicht mehr. Nur der Kassettenrecorder lief durch und quetschte zum wiederholten Male das gleichnamige Lied der deutschen Popgruppe „Dschingis Kahn" heraus. Oyunaa hörte es immer wieder gerne. Am Abend kamen wir, vollkommen ermattet und mit freudiger Erwartung auf eine warme Dusche, in unserem Hotel an. Kaum ausgestiegen, wurden unsere Heinzelmännchen aktiv und halfen beim Schleppen unserer Gepäcksstücke. Aber, wie konnte es anders auch sein, aus der Dusche kam wieder nur kaltes Wasser. Das hätten wir auch am letzten Fluss haben können. Aber es half alles nichts.

Für den Abend hatte Erka zu einem Essen eingeladen. Eigentlich waren alle müde und hatten keine richtige Lust. Mit dem Versprechen, am nächsten Abend auf jeden Fall dabei zu sein, verdrückten wir uns auf unsere Zimmer. Wir waren geschafft und Erka mit Sicherheit auch. Er war genauso alt wie ich und mit Sicherheit waren die Strapazen der Reise an ihm auch nicht spurlos vorbei gegangen.

Der nächste Tag, ein Samstag, war zugleich unser letzter Tag. Am Sonntag würden wir zurückfliegen. Manfred und ich packten unsere Koffer und schauten uns noch etwas in der näheren Umgebung um. Gleich hinter EMJJ, das im Übrigen für Erdenechuluun, Majigsuren, Jargalkhuu und Jargalmaa, also die Rufnamen der Familienmitglieder, steht, wurde ein Hochhaus für DHL gebaut. Direkt daneben war in einem Gebäude eine „German bakery", also eine deutsche Bäckerei mit Tchibo-Café untergebracht. Die angebotenen Waren trugen deutsche Namen. Sie schmeckten wie die Backwaren zuhause. Chef der Bäckerei war ein Deutscher, wie ich erfuhr. Schräg gegenüber sahen wir das „Edelweiß-Hotel". Die Straße, die an diesem Hotel vorbeiführte, war fürchterlich. Ich spottete gegenüber Manfred, „wenn man hier eine Herde von Kühen entlang schicken würde, würde die Hälfte des Viehs sich die Knochen brechen".

Ins Hotel zurückgekehrt, legten wir uns erst einmal aufs Ohr. Erka hatte zum Abschiedsessen geladen. Es sollte ein besonderer Abend werden. Wir logierten in einem ausgesprochenen Edellokal außerhalb der Stadt mit prächtigen Außenanlagen. Erdenechuluun hatte eine Musikergruppe mit zwei Frauen und drei Männern engagiert. Die Darbietung war phantastisch. Den Kehlkopfgesang in Kombination mit ihren Instrumenten, ich höre ihn heute noch. Der Kehlkopfgesang wird auch als Obertongesang bezeichnet, die mongolische Bezeichnung dafür ist Khomii (unterschiedliche Schreibweise). Diese Gesangsart gilt als eine mongolische Spezialität, wird aber auch gelegentlich von den Kasachen ausgeübt. Die Stimme hört sich an, als wenn mehrere Personen gleichzeitig singen. Physisch ist dieser Gesang sehr anstrengend. Der Rhythmus vieler Lieder entspricht dem von galoppierenden Pferden. Unser Freund, Prof. Dr. Erdenechuluun, hatte wieder einmal alle

Register gezogen. Zu diesem Abschied hatte er seine ganze Familie mit Kindern sowie seine Angestellten, die bei unserer Reise dabei waren, geladen. In den Pausen der Musiker entstanden angeregte Gespräche über die getane und noch anstehende Arbeit sowie über die vergangene Reise. Erka hielt eine emotionale Rede, in der er immer wieder betonte, welch gute Arbeit wir geleistet hätten und er hoffe, dass wir wieder kommen würden. Oyunaa hatte die Rede für uns übersetzt. Das Speiseangebot war mehr als üppig. Die fettigen Anteile bekamen die Mongolen, die nicht verstanden, dass wir kein Fett mochten. Dazu wurde permanent Wodka nachgeschenkt.

Höhepunkt war sicherlich der fulminante Auftritt der sogenannten Schlangenmädchen, wie man sie von China kennt und über die ich schon berichtet habe bzw. noch berichten werde. *Siehe Bild 17*
Diese ungewöhnlichen Artistinnen bogen und verbogen sich, dass man Angst um deren Knochengerüst bekam. Zwischen den Aufführungen hielt unser Oberarzt Konrad eine Dankesrede, der sich der Hörgeräteakustiker Martin und meine Wenigkeit im gleichen Sinne anschlossen.

Am nächsten Morgen galt es, in aller Frühe Koffer und Gepäck in die Fahrzeuge zu verladen. Schmerzliche Wehmut machte sich breit. Bei der Verabschiedung traf eine kleine Abordnung der Angestellten ein. Auf dem Weg zum Flughafen wurde kaum ein Wort gesprochen. Jeder hing seinen Gedanken nach. Am Flughafen herrschte bereits reges Gedränge. Der Rückflug verlief ohne Höhepunkte, wie auch die Fahrt von Berlin nach Würzburg. Ich ahnte damals nicht, dass noch viele Reisen folgen würden.

Schließlich hatte mich der Alltag wieder im Griff und der Blick in mein „mongolisches" Notizbuch wurde zur täglichen Routine.

Hier waren die „Hausaufgaben" vermerkt, die je nach Priorität abgearbeitet werden sollten. Manches konnte bis zu Erkas nächstem Besuch erledigt werden. Wichtiges Material musste in die Mongolei verschickt werden.

Der Großteil an zusammengetragenen Materialspenden wurde weiterhin bei der Firma in Waldbüttelbrunn zwischengelagert.

Nachdem ich wusste, welche Gerätschaften dringend benötigt würden, war es ein Leichtes, gezielt danach Ausschau zu halten. Dazu musste ich diverse Kliniken kontaktieren. Meine Sorge galt insbesondere der Funktionsfähigkeit der Geräte, die ich oftmals nicht überprüfen konnte. Unbrauchbares, insbesondere veraltetes Material verursachte nur unnötige Transport- und Verwaltungskosten. Manfred war an der Suche beteiligt. Er war besonders wichtig, weil er als Chef der Medizintechnik im gesamten Klinikum Zugang zu den Gerätschaften des Klinikums hatte. Außerdem wurde die Außerbetriebnahme sowie Abmeldung überholter Geräte über seinen Schreibtisch vollzogen. So konnte er noch brauchbares Gerät ordern. Von unschätzbarem Wert war auch, dass die Firma Pfister und Pfrang größere Geräte mit dem LKW zu unserem Lager in Waldbüttelbrunn transportierte. Ohne diese Firma hätten wir erhebliche Probleme gehabt und unsere Hilfe wäre in diesem Umfang kaum möglich gewesen.

Der Kontakt zu Erka bzw. auch zu seinem Personal – damals ausschließlich via Email – funktionierte hervorragend. Ich recherchierte auch im Internet und in Fachzeitschriften nach brauchbarem Gerät. Jedes Mal wenn Erka nach Würzburg kam, sorgten wir für volle Koffer. Schließlich fand er eine weitere Möglichkeit, meine Hilfe in Anspruch zu nehmen. Er orderte Medikamente in einer großen Würzburger Apotheke, die er manchmal selbst mitnahm oder mich bat, diese in die Mongolei zu schicken. Das war gar nicht so einfach. Wenn der Zoll feststellte, dass in einer Sendung medizinische Produkte waren, wurden diese beschlagnahmt oder auch sofort vernichtet, da Russland das Monopol für Medikamente hatte. Mit verschiedenen Tricks ging es jedoch meistens gut.

Eines Tages erfuhr ich, dass in unserem Krankenhaus Computer ausgemustert werden, was mich sofort auf den Plan rief. Ich setzte mich mit dem Leiter der EDV-Abteilung in Verbindung und berichtete von meinen Kontakten in die Mongolei und dass man dort für jeden noch brauchbaren PC dankbar wäre. So wurden mir um die dreißig veraltete aber noch funktionsfähige PCs überlassen. Erka bat mich, diese Computer bei unserer anstehenden Mongolei-Reise mit dem Flugzeug mitzuschicken, was ich auch veranlasste. Der Transport mit dem Flugzeug, war natürlich wesentlich teurer. Ich sollte aber bei der Inbetriebnahme dieser Rechner zugegen sein.

Am 21. August 2005 reisten wir zum zweiten Mal in die Mongolei. Als Begleitpersonen waren wie zuletzt die Laborleiterin unserer Klinik Petra, die Hörgeräteakustiker Martin und Tochter sowie Gert und Frau Irene, eine selbstständige Hörgeräteakustikerin aus Berlin mit ihrem Mann René an Bord. Am Ablauf der Reise hatte sich nichts geändert. Wie beim letzten Mal ging die Route über Berlin-Tegel zunächst nach Moskau, wo uns der Zwischenaufenthalt eher nervte. Man konnte auch nicht im Flugzeug verbleiben, sondern musste es verlassen. Mit den neuhinzugekommenen Fluggästen gestaltete sich die Weiterreise problemlos. Nach einem überschwänglichen Empfang befuhren wir die uns schon bekannte Route in das ebenfalls bekannte Hotel. Nach einer zweistündigen Erholungspause holte uns Erka zu einem Willkommensessen ins Edelweiss-Hotel ab. Dieses Hotel mit deutschem Namen, liegt unweit vom EMJJ-Krankenhaus. Dort berichtete Erka stolz über sein neues Krankenhausprojekt. Natürlich erkannten wir bei unserer Besichtigung die Defizite. Die Räumlichkeiten waren beengt und die Ausstattung leider immer noch spartanisch. Die Angestellten jedoch genossen das neue Ambiente. Da die Treppenstufen unterschiedlich hoch waren, bedeutete dies beim hochgehen, Vorsicht walten zu lassen. Ich hatte dies schon im letzten Jahr bemängelt. Ohne Erfolg, wie sich jetzt erneut herausstellen sollte. *Siehe Bild 18*

Erka zeigte sich einsichtig, jedoch in den meisten Fällen zu spät. Man konnte deutlich Schmutzablagerungen hinter den Rohrleitungen erkennen. Für eine Klinik eher sehr schlecht. Vermutlich war es wohl das erste konzipierte Krankenhaus des Architekten. Ein dreigeschossiges Gebäude, mit dreißig Betten und zwei Operationssälen.

Erkas zweitem Standbein dienten die Kellerräume. Er handelte mit allem, was für den Arbeitsschutz benötigt wird. Leiter dieser Abteilung war sein Bruder Erdenetoghtokh. Im Vergleich zu früher arbeitete er hier unter paradiesischen Umständen. Man spürte jedenfalls, dass es langsam aufwärts ging. Die Elektronikerin Battsengel verfügte über einen eigenen, leider winzigen Raum. Sie war bei mir in Würzburg zur Schulung und ich erkannte damals ihr Talent. Leider gab es Verständigungsprobleme, da sie weder Deutsch noch Englisch sprach. Diese Hürden wurden mit Händen und Füßen sowie ihrem Wörterbuch halbwegs überwunden. Ich machte Erka darauf aufmerksam, dass Battsengel in diesem kleinen Raum kaum vernünftig arbeiten könne und er versprach Besserung. Nur kurz möchte ich auf die Hierarchie der Klinik eingehen. Erka war der absolute „König". Was er sagte, war Gesetz. Niemand wagte eine Widerrede, selbst wenn ein Irrtum des Chefs vorlag. Da Erka ein Nur-Mediziner war, konnte das bisweilen bizarre Auswirkungen haben. Auch mir gegenüber konnte er durchaus starrsinnig sein. Sein Pragmatismus orientierte sich an medizinischen Erfolgen.

Ob eine Sache praktikabel war, erschien ihm eher zweitrangig. Ich denke, das war die Folge des Sozialismus, in dem er aufgewachsen war. Die Büros waren jetzt relativ modern eingerichtet. Leider immer noch ohne Telefon, aber ich hatte etwas in meinem Gepäck, was Besserung versprach. Das neue Haus bedeutete ohne Zweifel einen gewaltigen Fortschritt für dortige Verhältnisse, trotz beengter Räumlichkeiten. Diesem Umstand geschuldet, dienten teilweise die Flure als Wartezimmer. Die Audiologie, deren Leiterin Zaya, die Ehefrau von Jack, war, konnte sich vergrößern. Alles in allem, eine positive Entwicklung.

Am nächsten Morgen ging es mir elendig. Mir war speiübel zumute. So konnte ich nicht arbeiten. Ich meldete mein Problem den Kollegen, wobei Petra ähnliche Symptome verspürte. Im Laufe des Vormittags traf es auch die anderen Kollegen. Beim Verlassen der Toilette in meinem Zimmer brach ich zusammen. Ich war zwar bei schwachem Bewusstsein, aber der Körper wollte nicht mehr. Langsam rutschte ich an der Wand auf den Boden. In meinen Gedanken sah ich die Putzfrau, wie sie mich finden würde. Wahrscheinlich war ich eine Zeitlang ohne Bewusstsein. Unter extremer Anstrengung zog ich mich langsam an mein Bett, wo ich das Telefon mit dem Anschlusskabel zu Boden riss, denn ich konnte nicht aufstehen. Mit größter Mühe schaffte ich es, Erka anzurufen und ihm mein Elend zu schildern. Er schickte mir sofort die Oberärztin Oyunaa, die Infusionen anlegte. Ich wäre nicht der Einzige in unserer Gruppe mit diesem Problem, wie ich erfuhr. Erdenechuluun vermutete, dass das Essen im Edelweiß Hotel nicht einwandfrei war und ließ das Restaurant für mehrere Tage schließen. Ja, er war schon ein mächtiger Mann. Am nächsten Tag war ich erholt, aber einige unserer Leute waren immer noch krank. Später erfuhren wir zufällig von Leuten die in unserem Flieger dabei waren und die wir unterwegs getroffen hatten, dass vermutlich das Essen im Flugzeug verdorben war. Auch sie waren betroffen.

Nun wurde es Zeit, etwas Produktives zu tun. Ich nahm mir die Videoleitungen vom vergangenen Jahr vor und hoffte, dass die damals beschafften Stecker noch da sein würden. Zum Glück fand ich diese wohlbehütet in einem Schrank. Bevor wir uns an die Arbeit machten, erstellten wir einen Plan zur Verlegung der Leitungen. Battsengel bewies auch hier, dass man mit ihr sehr gut zusammenarbeiten konnte und das trotz sprachlicher Hindernisse.

Am nächsten Nachmittag waren wir einschließlich Funktionstest fertig. Im Keller lagerten die Computer, die ich in Würzburg geordert und die unser Flugzeug mitgebracht hatte. Diese mussten erst in einen funktionstüchtigen Zustand versetzt werden. Erka engagierte zu meiner Unterstützung einen kompetenten IT-Fachmann von der Universität. Nachdem unsere Arbeit abgeschlossen war, erzählte ich Battsengel mit Hilfe einer Dolmetscherin, was ich vorhatte. Um aus der Telefonmisere zu gelangen, hatte ich eine Telefonanlage für sechzehn Nebenstellen mitgebracht. Auch mehr als zehn Telefonapparate mit den benötigten Anschlussdosen waren im Gepäck. Erka ahnte nichts, ich wollte ihn überraschen. Battsengel aber hatte Angst vor ihrem Chef und verriet unser Geheimnis. Die Überraschung gelang trotzdem und Erka freute sich ungemein. Gemeinsam legten wir fest, wer einen Telefonapparat bekommen sollte. In erster Linie war das Telefon für hausinterne Gespräche gedacht. Die auserwählten Nutznießer waren völlig aus dem Häuschen, als sie erfuhren, ein Telefon zu bekommen. Nun stand uns wieder eine Fahrt zur Beschaffung des notwendigen

Montagematerials bevor. Mich graute es bei diesem Gedanken. Am Abend führte uns Erka zum Essen aus, als Wiedergutmachung, wie er betonte, obwohl er keinerlei Verschulden an dem verdorbenen Essen hatte. Total erschöpft waren wir froh in unsere Betten zu gelangen. Baustellen auf der Straße gab es keine und so konnten wir ungestört schlafen. Die Duschen lieferten jetzt zwar Warmwasser, aber leider waren die Brauseköpfe verstopft, so dass nur spärlich das Wasser lief. Erka reklamierte bei der Hotelleitung und dabei blieb es dann auch.

Batsengel begleitete mich beim Einkauf, den wir überraschenderweise zügig beschaffen konnten, um alsbald mit der Leitungsverlegung zu beginnen. Die Zusammenarbeit mit Batsengel bereitete mir Spaß und wir kamen rasch voran. Nach nur zwei Tagen war das Werk vollendet. Die Angestellten waren ob der Erneuerung voller Begeisterung. Nur zwei Anschlüsse waren berechtigt, nach außerhalb zu telefonieren. Da noch sechs Anschlüsse frei waren, stimmte Erka der Anschaffung weiterer Telefonapparate zu. Der Kampf um die von mir empfohlene dritte Amtsleitung für das Faxgerät war mühsam, aber letztlich doch erfolgreich. *Siehe Bild 19*

Für den nächsten Tag hatte ich noch etwas Spezielles geplant. In meinem Gepäck befand sich nämlich „ein Bonbon". Bei unserem letzten Besuch hatte ich gesehen, wie Angestellte ihr Zimmer verlassen mussten, um die Patienten aufzurufen. Meine mitgebrachte Telefonanlage bot die Möglichkeit, zwei Türsprechstellen anzuschließen. Diese Funktion wurde aber nicht benötigt. Stattdessen „missbrauchte" ich diese Anschlüsse für zwei Patientenaufrufanlagen. Erka war begeistert. Für diesen Zweck hatte ich noch zwei selbstentwickelte Spezialverstärker mitgebracht. Die benötigten Lautsprecher hatte ich in Batsengels Werkstatt gefunden.

Mit äußerst geringen finanziellen Mitteln, hatten wir so der Klinik einen großen Fortschritt ermöglicht. Nun konnte man von jedem Telefon aus, die Patienten aufrufen.

Wie auch im Jahr zuvor hatten unsere Akustiker alle Hände voll zu tun. Erka hatte seine Spezialfälle für unser Ärzte-Team aufbewahrt. Es ging dabei nicht nur um das Patientenwohl, sondern auch um das EMJJ-Personal, das entsprechend geschult werden musste. Bemerkung am Rande: Unter den Patienten war auch der mongolische Präsident, um den sich Erka verständlicherweise, besonders bemühte. Auch Battsengel war oftmals bei den Schulungen anwesend, weil sie für die Reparaturen der Hörgeräte zuständig war. Diesmal spürte man deutlich, dass unsere Arbeit im letzten Jahr Früchte getragen hatte.

Für den Spätnachmittag lud Erka zu einem Umtrunk ein. Auch sein Kinderfreund Daimy war dabei. Er sprach ein ausgezeichnetes Deutsch, da er viele Jahre in Deutschland Ost und West gearbeitet hatte. Erka und Daimy stammen aus dem gleichen Ort im Altai-Gebirge. Wie sie erzählten, saßen sie als Kinder öfter auf einem Kamel. Der eine auf der rechten und der andere auf der linken Seite in jeweils einem Korb. Diese Freundschaft hatte bis zum heutigen Tag gehalten. Die zwei Stunden Pause bei einem Bier taten uns gut, so konnte man etwas abschalten.

Petra, unsere Laborantin, arbeitete harmonisch mit den EMJJ-Laborantinnen. Auch sie stellte Mängel bei den Hilfsmitteln fest und besprach das anschließend mit dem Chef, der sofortige Abhilfe versprach. Bereits am nächsten Tag war sie mit einer Laborantin unterwegs, um die fehlenden Instrumente zu beschaffen. Eine Bitte von uns, hatte einfach ein anderes Gewicht als das seiner Mitarbeiter.

Für den nächsten Tag war ein Besuch in einem Gesundheitszentrum geplant. Während meine Freunde im EMJJ blieben, ist Erka mit mir zu diesem Gesundheitszentrum gefahren. Doch schon die Zugangstüre ließ Ungutes ahnen. Die Ausstattung im EMJJ war wesentlich besser als die hiesige. Glücklicherweise hatte ich mein Notizbuch dabei und notierte, was mir auffiel. Manches war regelrecht erschütternd. Erdenechuluun, darauf angesprochen, erwiderte nur, dass sich an diesem Zustand leider nicht allzu viel ändern lasse. Ich dachte im letzten Jahr, das sich das EMJJ-Hospital in einem elenden Zustand befände, dieses Krankenhaus aber übertraf meine letztjährige Einschätzung. An diesem Abend war mir nicht nach Gemütlichkeit zumute.

Der nächste Tag sollte für mich eine Überraschung bieten. Nach getaner Arbeit landeten wir im Khan Bräu bei Beatmusik aus den 60ern. Am Nachbartisch fiel mir eine junge Dame auf, die mich interessiert musterte. Irgendwie kam mir das Gesicht bekannt vor, aber woher? *Siehe Bild 20 und 21*

Plötzlich stand das Mädchen auf, ging auf mich zu und erklärte mir in bestem Deutsch: „Du bist aus Deutschland und kommst aus Helmstadt!". Ich dachte, mich trifft der Schlag! Doch dann fiel mir ein: In unserem Nachbarhaus wohnte ein Chinesen-Mädchen. Nun stellte sich heraus, es war aber kein Chinesen-Mädchen, sondern ein mongolisches Au-Pair-Mädchen, das beim Sohn meines Nachbarn arbeitete. Genau dieses Mädchen stand jetzt vor mir. Ich hatte nie zuvor ein Wort mit ihr gesprochen. Es war schier unglaublich. Ich rief sofort meine Nachbarn an und reichte das Handy an Undrakh, so war ihr Name, weiter. Tränen liefen über ihre Wangen. Sie konnte kaum damit rechnen, jemals wieder mit meinen Nachbarn sprechen zu können. Ab diesem Zeitpunkt blieben Undrakh und ich in Kontakt. Erka wollte sie auf Grund ihrer guten Deutschkenntnisse gleich als Dolmetscherin engagieren. Sie verneinte dankend, da sie einen Job in einem Hotel als Managerin habe. Die Gruppe junger Leute gesellte sich zu uns und es wurde ein kurzweiliger Abend.

Am folgenden Tag, einem Freitag, bereiteten wir uns auf das Wochenende und damit auf die bevorstehende Wüstenreise vor. Die Arbeit stand natürlich an erster Stelle und wir erledigten, was wir vermochten, gleichzeitig aber notierten wir, was künftig zu erledigen sei und damit stand fest: Wir würden wiederkommen.

Der Besuch in der Staatsoper ließ die Woche ausklingen und uns erschien das Programm noch gigantischer als im Vorjahr.

Der Samstag stand uns zur freien Verfügung und am nächsten Tag begann unsere Reise aufs Land. Unser erstes Ziel war der Orchon-Wasserfall, der in diesem Jahr kaum Wasser führte. Auf dem umliegenden Grasland weideten Rinder, Pferde und Yaks. Letztere werden auch als Grunzochsen bezeichnet und zwar aus gutem Grund: Yaks muhen nicht wie Kühe, ihre Laute ähneln eher einem Grunzen. Trotzdem kreuzen sie sich auch mit Kühen. Die Milch der Yaks wird hochgeschätzt. Oft wird Butter daraus gewonnen. Die Mongolen verwerten alles, was diese Tiere liefern. Bisweilen wird sogar auf ihnen geritten. Diese Tiere sind domestizierte Haustiere. Es gibt in der Mongolei nur noch wenige wilde Yaks.

Wir schlugen unsere Zelte in der Nähe des Wasserfalls auf, etwas abseits vom Vieh, um den Fliegen aus dem Weg zu gehen, ebenso dem Geruch und den Fladen. Wer wollte, konnte sich im See unterhalb des Wasserfalls waschen und auch baden. Das Wasser war kalt und spärlich, aber sehr sauber. Wir sahen, dass ganz in der Nähe eine Familie mit vier Jurten ihr Camp aufgeschlagen hatte. Wahrscheinlich gehörte ihnen das hier grasende Vieh. Neugierig geworden machte ich mich auf den Weg zu dieser Familie. Im Bereich dieser Jurten (Gers) grasten auch einige Ziegen und Schafe. An einer Jurtentüre baumelte eine geschlachtete Ziege.

Aus dem Ofenrohr schwoll Rauch, also wurde gekocht. Im Zentrum einer Jurte steht der Ger-Ofen. Aus ihm führt ein Rauchrohr durch die Mitte des Daches ins Freie. Wegen Brandgefahr liegt meist ein Blech um das Ofenrohr. Die Konstruktion der Jurte ist genial einfach. Das Tragegerüst besteht aus Scherengittern. Die Kreuzungspunkte sind nicht mit Schrauben oder Nägeln verbunden, sondern mit Lederstreifen. Dieses Scherengitter bildet die Jurtenwand und ist, äußerst platzsparend, für den Transport faltbar. Die niedrige Eingangstür zur Jurte zeigt immer nach Süden. Wenn man unterwegs einmal einen Kompass benötigt, braucht man nur auf eine Jurte zu schauen. In der Mitte des Gers stehen zwei Holzsäulen in einem Abstand von einem Meter. Diese Säulen tragen den Dachkranz. Je nach Größe der Jurte hat er einen Durchmesser von ein bis zwei Meter. Vom Zentrum des Dachkranzes hängt ein Seil, an dem man einen schweren Stein befestigen kann. Er dient der zusätzlichen Stabilisierung bei den hier vorkommenden Stürmen. Im Dachkranz erkennt man Aussparungen, um die benötigten Dachstangen aufzunehmen. Das untere Querholz an der Eingangstüre sollte man beim Eintreten in die Jurte nicht betreten!

Kasachische oder kirgisische Jurten sind wesentlich steiler. Sie sind deshalb auch windanfälliger als die mongolischen Jurten. Solange der Ofen geheizt wird, ist es mollig warm. Nach Erlöschen des Feuers macht sich bald Kühle oder gar empfindliche Kälte breit. Ein echter Mongole wird das Leben in einer Jurte stets dem Leben in einem Steinhaus vorziehen. Auch Erka verriet mir einmal, wenn er in Rente käme, würde er in eine Jurte am Stadtrand umziehen. Daraus ist leider nichts geworden. Ofen oder Herd sind die wichtigsten Gegenstände einer Jurte. Die linke Seite wird den Frauen und den Familien zugedacht. In der Mitte findet der Alltag statt. Der vordere Platz in Nähe der Tür dient der täglichen Arbeit und ungeliebten Besuchern. Die rechte Seite gehört den Männern, wobei die hintere Seite die Ehrenseite ist. Die Belegung der Plätze gestaltet sich immer von hinten nach vorne, wobei der ranghöhere Platz, immer der hintere ist. Eine Jurte wird von einer Durchschnittsfamilie innerhalb einer Stunde problemlos aufgebaut, wobei zuerst das Mobiliar aufgestellt wird und um das Mobiliar der Ger. Die komplette Jurte passt bei einem Umzug auf zwei Kamele, wobei heute oftmals ein Transportfahrzeug Verwendung findet. *Siehe Bild 22 und 23*

In der Nähe der Wohnjurte roch man den unabkömmlichen Dunghaufen, von gewaltigen Fliegenschwärmen vereinnahmt. Hunde kläfften und strolchten umher. Ich hielt gehörigen Abstand. Man bot mir sofort mongolischen Tee an. Ich überwand meine Abneigung gegenüber diesem Tee und machte gute Miene zum gut gemeinten Spiel. Sie zeigten mir alles, was sie besaßen. Leider hatte ich kein Geschenk bei mir. Ich gab das zu verstehen, indem ich meine Hosentaschen umstülpte und erntete damit lautstarkes Gelächter. Anschließend boten sie mir einen Ausritt an, was ich aber dankend verneinte. Auch hier zeigte sich die unglaubliche Gastfreundschaft dieser, materiell gesehen, armen Leute. Ich verabschiedete mich mit einem herzlichen bayarlalaa (sprich bayrla, das mongolische Danke), dass ich inzwischen gelernt hatte.

Wieder zurück bei meinen Freunden, musste ich natürlich berichten, was ich erlebt hatte. Petra bedauerte, dass sie nicht mitgekommen war, wollte sie doch unbedingt einmal auf einem mongolischen Sattel reiten. Dieser hölzerne Sattel ist für europäische Pos völlig ungewohnt. Unsere Heinzelmännchen und -mädchen hatten mit dem Kochen unseres Abendessens begonnen. Erka machte seine gewohnte Runde, um den Wodka-Flaschenrest in unsere Gläser zu leeren. Der Himmel meinte es gut mit uns. Nur ab und wann plagten uns lästige Stecher.

Wir genossen unser Abendessen bei herrlichem Sonnenuntergang. Das Areal war mit Gras bewachsen, aus dem immer wieder Edelweiß hervor schaute. Man muss dazu wissen, dass unser alpines Edelweiß ursprünglich aus Asien stammt. Die Mongolei, ein meist über 1500 Meter liegendes Hochland, ist gleichzeitig ein ideales Edelweißland. In vielen anderen Gegenden der Mongolei habe ich riesige Flächen mit Edelweiß und auch blauem Enzian gesehen.

Wir hatten einen idealen Ruheplatz ausgemacht. In der friedlichen Abendstimmung war kaum ein Vogel zu sehen oder zu hören. Nach dem Frühstück am nächsten Morgen ging es weiter zum Ogii-See, so wurde es uns angekündigt. Auf dem Weg dorthin überquerten wir eine desolate Holzbrücke, auf die mich zuhause keine fünf Ochsen gebracht hätten. Schon beim Anblick drängte sich der Eindruck auf, dass die Brücke jeden Moment in sich zusammenstürzen würde. Die Fahrfläche war übersät mit Löchern und Spalten. Die Fahrer mussten also höllisch aufpassen, um nicht in eine solche Falle zu geraten. Wie durch ein Wunder kamen wir heil auf der anderen Seite an. Am See eröffnete sich uns ein herrliches Panorama. Dieser See, auf etwa 1400 Meter Höhe liegend, gilt als äußerst fischreich. Das Wasser war glasklar, lediglich von Fadenalgen durchzogen. Meist aus Sibirien kommende Wandervögel pausieren hier. Unweit vom Ufer schlugen wir unsere Zelte auf. Der Bewuchs auf dem weichen Boden war relativ spärlich. Ganz in der Nähe entdeckten wir ein Ger-Camp. Einige von uns sprangen in die kalten Fluten, um dann, von Algen garniert, an Land zu kommen. Es war mühselig, die Algen zu entfernen.

Auch an diesem Abend vertieften wir uns in Gedanken und Gespräche, gelegentlich unterbrochen von frohen Liedern. Am nächsten Morgen war es kühler geworden. Wir erfuhren, dass ein erloschener Vulkan zu unserem Tagesziel erkoren wurde. Unterwegs begegneten wir einem Yak-Konvoi mit uralten Holzwagen.
*Siehe Bild 24*

Mächtige Yak-Bullen mit gewaltigen Hörnern waren vor die Wagen gespannt. Unter einem Vulkan hatten wir uns etwas anderes vorgestellt. Der Vulkankrater war in sich zusammengebrochen. Als Laien konnten wir darin mehrere Höhlen entdecken. Die Kraterwände waren von kargem Bewuchs, meist dürftige Koniferen. Es war inzwischen sehr windig und auch kalt geworden. Ja, es wurde sehr unangenehm, zumal es auch noch zu regnen begann. Erka ließ heißen Tee verteilen, denn er hatte geahnt, was da auf uns zukommen würde. Da wir keine Geologen waren, also kein fachliches Interesse aufkam, stürzte die allgemeine Stimmung in den Keller und Erka blieb nichts anderes übrig, als zur Rückkehr zu blasen. Wir passierten uralte Stelen, die wahrscheinlich aus der turkmenischen Zeit stammten. Aber auch diese dienten nicht der Erheiterung. Interessant waren trotzdem die in die Steine eingeritzten unbekannten Zeichen. Bei unseren Zelten angekommen, lichtete sich der trübe Himmel. Hier am See hatte es auch nicht geregnet. Nach einer durchmischten Nacht sollten wir auf der Rückreise als Zwischenziel Karakorum erreichen. Manche von uns kannten den Ort bereits. Am nächsten Tag präsentierte sich der Himmel in voller Pracht. Als wir es uns gerade im Auto richtig gemütlich gemacht hatten, hielten wir auch schon wieder. Grund war ein eingezäunter mächtiger Baum, umwickelt mit blauen Bändern, mongolisch ein Eej mod. Die blauen Bänder symbolisieren den blauen Himmel. Innerhalb dieses Areals lagen unzählige Steine,

die von buddhistischen Gläubigen deponiert wurden. Aber auch Cola-Dosen und anderer Unrat. Für Unaufmerksame ein Abfallhaufen, für die Buddhisten ein Heiligtum. *Siehe Bild 25*
Die mongolischen Buddhisten gehören dem tibetischen Lamaismus, der Gelbsekte an, dessen Oberhaupt der bekannte Dalai Lama ist. Nicht weit von diesem Bau findet sich ein Ovoo (sprich Owo), ein Heiligtum in Form eines Steinhügels. Vorbeigehende sollen diesen Hügel dreimal umrunden und kleine Gaben darauf ablegen. Das Mindeste aber ist, dass Vorbeifahrende dreimal ihre Hupe betätigen. Diesen Steinhügeln kann man überall in der Mongolei begegnen. Wenige Kilometer weiter standen drei armselige Hütten am Straßenrand. Eine dieser Hütten diente als Einkaufsladen. Zu meinem Erstaunen gab es Odenwald-Apfelmus und Schoko-Bärchen. Zugegebenermaßen war beides längst abgelaufen, aber das scheint hier nicht so wichtig zu sein. Zudem können die hier lebenden Menschen die Aufschrift nicht lesen, da sie nur die kyrillische Schrift beherrschen. Diese Strecke schien stark frequentiert zu sein. Nicht weit von diesen Hütten entfernt saßen Kinder am Boden mit Airag-Flaschen in den Händen. Dieser Airag wird aus Stutenmilch gewonnen. Er schmeckt ähnlich wie die uns bekannte Sauermilch, ist allerdings alkoholhaltig. Die Kinder warteten auf Abnehmer ihrer Stutenmilch. Im Sommer ist sie ein erfrischendes Getränk und ein wichtiger Vitaminlieferant. Weiter erreichten wir einen kleinen Ort, in dem gerade Markttag war. Felle von Kühen, Ziegen und Schafen wurden angeboten. Aber auch lebende Tiere. Offensichtlich waren die Leute aus der ganzen Region hier zusammengekommen. Ohne Halt fuhren wir weiter Richtung Karakorum. Die Zeit drängte. Die Besichtigung dieser historischen Stätte und hauptsächlich des Klosters Erdene Zuu ist auch trotz wiederholter Besuche interessant. Selbst der

berühmte Marco Polo, ein Kaufmann aus Venedig, lebte siebzehn Jahre lang in Karakorum und arbeitete im 13. Jahrhundert für den mongolischen Herrscher Kublai Khan. Marco Polo ist für die heutigen Bewohner Ulan Bators durchaus ein Begriff. Man hat ihm zu Ehren im Jahr 2011 ein Denkmal in einem Park, nicht weit vom Sukh Batar-Platz, errichtet. Ein Wiedersehen gab es hier auch mit den deutschen Archäologen. Die weitere Fahrt führte uns natürlich hoch zum mongolischen Nationaldenkmal.

Erka übte Druck aus. Er wollte rechtzeitig zurück sein. Die steppenartige Landschaft rauschte an uns vorbei, manchmal durchzogen von einem Bach oder kleinen Fluss. Dann wurde es sandiger mit niederen Büschen. Auf einer Anhöhe angekommen, ging plötzlich nichts mehr. Seitlich war eine große Sandbank heruntergebrochen. Unser Fahrzeug drohte umzufallen. Wir wagten uns kaum zu bewegen. Seile wurden hastig angelegt, um uns aus der Misere zunächst zu sichern und dann zu befreien. Mehrere Geländewagen hatten uns schließlich „am Haken". Mit größter Vorsicht und viel Gefühl befreiten sie uns schließlich. Glücklicherweise war nichts passiert, auch keine Schäden am Fahrzeug. Keine zwei Kilometer weiter stoppte Erka und mit ihm der ganze Konvoi. Was war diesmal die Ursache? Nichts, Erka ließ die Schießprügel aus den Fahrzeugen holen und veranstaltete ein Wettschießen. Jetzt wussten wir auch, wieso er keine Zeit hatte. Auf dem Boden liegend, peilten wir unser Ziel an. Selbst Frauen beteiligten sich an dem Wettkampf. Ich muss gestehen, ich hatte nicht einmal die Scheibe getroffen. Allerdings war ich mit dieser mäßigen Leistung nicht alleine. Für den Sieger hielt Erka eine Flasche Krim-Sekt bereit. Aber dieser Einlage sollte eine weitere folgen. Seilziehen war jetzt angesagt. Erka dachte einfach an alles. Selbst die Handschuhe für die Akteure hatte er nicht vergessen. Wieder einmal bewies sich sein großes Organisationstalent. Jeweils zwei zuvor ausgeloste Gruppen kämpften gegeneinander. Ein Gaudium, welches der aufkommenden heiteren Stimmung dienlich war. Bei diesen Wettkämpfen durfte sich zu unserer Freude, auch seine Belegschaft beteiligen. Nach diesem Spektakel verriet uns Erka auf der Weiterfahrt, dass uns eine weitere Überraschung bevorstünde. Er sah, wie wir interessiert reagierten, und freute sich schelmisch. Tatsächlich, nach etwa 30 km kam unser Konvoi erneut zum Stehen. Wir waren an einem weitläufigen Gelände angekommen, auf dem Bärenfelle oder Ähnliches aufgespannt waren. Beim Nähertreten sahen wir, es waren tatsächlich Felle. Unerwartet erschienen Bogenschützen. Jetzt dämmerte es uns auch, wir waren auf einem Bogenschießplatz gelandet. Jeder „musste" mal ran, auch Erkas Leute. Ich landete – es war reiner Zufall – einen Meisterschuss, obwohl ich keinerlei Erfahrung in dieser Sportart hatte. Erka ließ mich hochleben und überreichte mir als Preis eine Flasche Wodka. Ausgerechnet mir, einem heimlichen Wodka-Gegner. So legte ich bei günstiger Gelegenheit meine Flasche zu Erkas Wodka-Vorrat. Am nächsten Tag nahm er mich auf die Seite und eröffnete mir, dass eine Flasche Wodka zu viel an Bord sei. Er könne sich aber denken, warum das so war. Ich sagte nur: „Mein Freund, du weißt doch…" Einen Kommentar ersparte er sich. Dies war ein absolut guter Tag und alle, auch die Angestellten, kamen auf ihre Kosten. Nun drängte die Zeit aber wirklich. Es würde dunkel sein, bis wir in unserem Hotel ankämen. Am nächsten Tag war schließlich Kofferpacken angesagt.

Zurück im Hotel lieferte die Dusche nur wiederum kaltes Wasser. Wie man uns sagte, schon seit einigen Tagen. Inzwischen konnte uns das nicht mehr sonderlich erschrecken. Müde, aber rundum zufrieden, legte ich mich in mein Bett, dessen Annehmlichkeit man wieder zu schätzen wusste. Eine Woche im Zelt ist doch etwas anderes.

Am nächsten Morgen regnete es. Wir hatten also Glück, das hätte auch gestern bei der Rückfahrt geschehen können, womit dann dieser erlebnisreiche Tag buchstäblich ins Wasser gefallen wäre.

Wir nahmen uns Zeit und genossen das Frühstück in vollen Zügen. Tagsüber hatte man nichts Besonderes geplant, eigentlich nur Kofferpacken und am Abend das obligatorische Abschiedsessen. Mich zog es allerdings noch einmal ins Krankenhaus. Ich wollte kontrollieren, ob meine Mängelliste vollständig war. Tatsächlich traf ich dort auf einige Kollegen, die in ähnlicher Absicht gekommen waren. Daimy kam später dazu und wir beschlossen spontan, zum Sukh-Bataar-Platz zu gehen. Daimy und ich waren immer öfter zusammen. Wir unterhielten uns über Elektrotechnik und Elektronik, da er auch als Elektroniker in Deutschland gearbeitet hatte. Viele Neuerungen waren ihm unbekannt, auch die neuen Techniken und Bauteile kannte er nicht, da er nach seiner Rückkehr keine Möglichkeit zur Weiterbildung hatte. Wir kehrten bei Dschingis Bräu ein und genossen ein Bier. Zum Abschiedsessen holte uns Erka dann am Hotel ab. Er hatte sich fein gemacht, ebenso wie seine Familie. Auch die Angestellten, die uns auf der Reise begleiteten, waren dabei. Auf den Tischen warteten Teller mit unterschiedlichsten Spezialitäten. *Siehe Bild 26*

Man erkannte sofort, was für uns bestimmt war und was für die mongolischen Freunde. Wir bekamen das Essen ohne großen Fettanteil, während der unserer Freunde aus purem Fett bestand. Für sie war es unbegreiflich, dass wir kein fettes Fleisch mochten. Natürlich gab es die vielfältigsten Beilagen, die allerdings für Asiaten und Europäer die gleichen waren. Nachdem Erka seine obligatorische Begrüßungsrede beendet hatte, wandten wir uns dem

Essen zu. Auch Erkas Enkelkinder, Marlaa und Tubscha, hatte Zaya (sprich Saya) mitgebracht. Sie waren ja auf der Reise dabei und wurden uns nie zur Last, im Gegenteil, sie sorgten immer wieder für Spaß. Nach dem äußerst reichhaltigen Mahl erschienen wie rein zufällig einige Musiker für mongolische Folklore mit Pferdekopfgeige und Kehlkopfgesang. Danach war Zeit für Unterhaltung und viele Plätze wurden getauscht. Deutsche saßen bei Mongolen und umgekehrt. Hier erfuhr auch Erka, dass, sein Einverständnis vorausgesetzt, auch im nächsten Jahr einige von uns in die Mongolei kommen wollten. Er zeigte sich hocherfreut und es herrschte beste Stimmung, entsprechend wurde ein bisschen getanzt, aber Erkas Repertoire war noch nicht erschöpft. Plötzlich erschienen wie von Geisterhand die uns schon bekannten Schlangenmädchen. Es war einfach nicht zu verstehen, wie Menschen ihre Körper so verbiegen können. Je mehr der Abschied nahte, umso wehmütiger wurde es uns ums Herz. Wir wussten, mit manchen Leuten war es ein Abschied auf Nimmerwiedersehen.

Erka blies zum Aufbruch. Wir würden morgen früh um 4.00 Uhr aus den Federn müssen. Am nächsten Morgen standen pünktlich unsere Fahrer vor dem Hotel. Auf der Fahrt zum Flughafen herrschte Stille. Selbst unser Freund Erka schien davon ergriffen zu sein. Allerdings würden wir uns bis zur nächsten Reise wieder einige Male sehen, wenn er nach Würzburg kommt. Wahrscheinlich würde er damit wieder einen Abstecher nach Hannover in Martins Firma verbinden. Vermutlich werden ihn auch wieder Mitarbeiter zwecks Weiterbildung begleiten, ein wichtiges Anliegen, das noch sehr viel Zeit beanspruchen wird.

Zurück in Deutschland holte uns der Alltag wieder ein. Natürlich sammelte ich bei jeder Gelegenheit Gerätschaften und Instrumente. Die Firma Pf & PF unterstützte mich vorbildlich. Ich konnte ein größeres Kontingent Bettschränkchen bekommen, die schon veraltet waren. Neben anderen Mängeln war an manchen dieser Schränkchen im wahrsten Sinne des Wortes der Lack ab. Kleinere Probleme, die man leicht beheben konnte. Aber alles eben auch sehr zeitaufwändig. Diese Arbeiten erledigte ich in meiner Freizeit.

Eines Tages erfuhr ich, dass in unserem Krankenhaus eine Klinik mit neuen Bettenanschlussleisten ausgestattet werden sollte. Diese Leisten dienen verschiedenen Funktionen. Ich wandte mich an unser Bauamt, wo mir versichert wurde, dass die alten Leisten verschrottet würden. Ich schrieb Erka eine Mail und beschrieb ihm die Funktion der Leisten, verbunden mit der Frage, ob er diese gebrauchen könnte, welche er mit einem klaren Ja beantwortete. Das Bauamt war natürlich nicht bereit, die Leisten so zu demontieren, dass sie noch brauchbar waren. So fuhr ich in meiner Freizeit in die Klinik, um diese Leisten zu demontieren und für den Versand vorzubereiten. Bei einem nachfolgenden Telefonat mit Erka bemerkte ich, dass er irgendetwas falsch verstanden hatte. Ich bohrte nach und erfuhr, dass ihm nicht bewusst war, dass für die Leisten entsprechende Leitungen notwendig waren. Er nahm an, dass Lachgas, Sauerstoff, Strom etc. direkt aus diesen Leisten kam. Dass man dafür erst Zuleitungen verlegen musste, hatte er nicht gewusst. Dieser Aufwand erschien ihm letztlich zu hoch und er hatte kein Interesse mehr an diesen Leisten. Ich war natürlich sauer und schimpfte mit ihm, da ich schon einige Samstage mit dem Abbau beschäftigt war. Dieser Vorgang war typisch für Erka, als Organisator war er ein großer Mann und bewegte unheimlich viel für seine Klinik und auch für sein Land. Als Techniker aber war er nicht brauchbar, da ihm dazu einfach das Interesse fehlte.

Manfred sammelte in seiner Funktion als Leiter der Medizintechnik auch weiterhin was brauchbar und nicht zu aufwändig für den

Transport war. So füllte sich unser Containerlager u. a. mit großen OP-Leuchten, die sich vor allem Jargalmaa, die Zahnärztin, für ihre Praxis gewünscht hatte. Darunter war auch ein Röntgengerät, dessen Strahlungswerte nicht mehr unseren aktuellen Vorschriften entsprach und deshalb ausgemustert werden musste. In der Mongolei konnte dieses Gerät noch einige Jahre gute Arbeit verrichten. Wir hielten Blutdruckmessgeräte, EKGs und viele weitere Geräte parat. Viele dieser Geräte wurden nicht im EMJJ eingesetzt, sondern in anderen Kliniken der Mongolei. Dazu ein Beispiel: Eines Tages erreichte mich der Anruf eines Mannes aus der Nähe von Schweinfurt, der mit einer Delegation in Sachen Energietechnik in der Nord-Mongolei unterwegs war. Natürlich standen auf deren Programm auch einige Besichtigungen. In einem kleinen Krankenhaus entdeckte er zufällig auf einem EKG-Gerät einen Aufkleber von mir, „powered by Manfred Haas"! Er erkannte sofort, dass es sich um einen deutschen Namen handelte und erkundigte sich nach diesem Namen. Man empfahl ihm, er solle sich an das EMJJ-Krankenhaus in UB wenden, da dieses Hospital sehr gute Beziehungen nach Deutschland pflegen würde. Als er dann hörte, dass dieser Manfred Haas auch noch aus Unterfranken stammte, nicht sehr weit von seinem Heimatort, rief er mich spontan an. Die Welt ist eben klein geworden.

Es war mir ein Bedürfnis, die Kontakte mit meinen mongolischen Freunden jederzeit aufrecht zu halten. Manches technische Problem konnten wir über Mails lösen. Ich erfuhr über diesem Weg auch von Änderungen im EMJJ. Dies ging natürlich nur mit Dolmetschern. In erster Linie war hier Oyunaa gefragt, aber auch Enkhtuya, die ich damals noch nicht so gut kannte. Enkhtuya ist eine Audiologin, die ausgezeichnet Deutsch spricht. Im Frühjahr 2006 kamen auch Erkas Kinder Jargalkhuu und Jargalmaa für mehr als ein halbes Jahr zur Weiterbildung nach Würzburg. Jaagii (Jargalmaa) war in der Zahnklinik und Jack (sprich Tschak, Jargalkhuu) war bei uns in der HNO. Sein Vater hatte angeordnet, dass er jeden Morgen für eine Stunde zu mir kommen müsse, um seine deutsche Sprache zu verbessern. In sozialistischen Zeiten lernten die Studenten Russisch. Englisch war eine ganz große Ausnahme und Deutsch lernten meist nur die, welche im sozialistischen Bruderstaat DDR studierten. Nun war der Sozialismus kein Thema mehr und somit war Russisch nicht mehr interessant. Deutsch war jetzt gefragt, vor allem aber auch Englisch. Als die beiden zurück in die Heimat flogen, sprach Jack ein ganz passables Deutsch. Man konnte sich sehr gut mit ihm unterhalten. Aber auch Jaagiis deutsche Sprachkenntnisse hatten sich wesentlich gebessert. Sie kamen auch mit unserer Schreibweise zurecht. Dazu möchte ich anmerken: Die klassische Schrift in der Mongolei ist die kyrillische Schrift. Unter Dschingis Khan wurde zwar eine eigene Schrift eingeführt. Die Russen schafften diese Schrift mit zunehmendem Einfluss aber wieder ab. Schüler und Studenten lernten auch die lateinische, also unsere Schrift. Allerdings gibt es hierzu keine Rechtschreibregeln. Daraus resultiert, dass die Wörter mehr oder weniger so geschrieben werden, wie es dem jeweiligen Schreiber gefällt. Das bereitet uns natürlich große Schwierigkeiten. So ist z. B. der Name Enkee sehr häufig. Manche schreiben ihn Enkhe oder auch Enkhee. Genau wie der Name Sara, da kann es auch Saraa oder Sarah sein. Da wir jetzt schon einmal bei den Namen sind. In der Mongolei wird der Vorname (eigentlich der Rufname) des Vaters zum Nachnamen der Kinder. Dieser Nachname spielt in der Mongolei eine untergeordnete Rolle. Niemals wird eine Person mit ihrem Nachnamen angesprochen. Die meisten Namen werden in der Mongolei auch gekürzt. Nehmen wir als Beispiel meinen Freund Erka. Sein voller Rufname war

Erdenechuluun. Der Vorname seines Vaters war Bat. Somit war der Nachname aller Kinder von Bat, eben auch Bat. Erdenechuluun hieß also korrekt Bat Erdenechuulun. Der Nachname wird in der Mongolei normalerweise vor dem Rufnamen geschrieben. Meist wird auch hier der Nachname auf den ersten Buchstaben reduziert, also zum Beispiel B.Erdenechuluun. In der Regel werden die beiden Namen, die durch einen Punkt getrennt sind, auch noch direkt zusammen geschrieben, also ohne ein Leerzeichen. Dann kommt auch noch das Kürzel für den Namen hinzu. In unserem Fall also Erka. Leider werden gleiche Kürzel auch für mehrere unterschiedliche Namen verwendet. Um dem Ganzen die Krone aufzusetzen, können Namen der Männer auch von Frauen getragen werden. Eine Angestellte, also eine Frau in Erkas Krankenhaus heißt z.B. genau wie der Chef, also Bat Erka oder Erdenechuluun. Der besseren Unterscheidung wegen nennt sie sich allerdings Erka Bat. Der Sohn von Erka heißt demnach E.Jargalkhuu (Jack oder auch Jagaa) und seine Tochter E.Jargalmaa (Jaagii). Die Mädchen verheiraten ihren Namen nicht. Der Geburtsname bleibt das Leben lang erhalten. Das alles ist für uns ziemlich verwirrend, aber irgendwie scheint es in der Mongolei zu funktionieren.

Leider brachte das Jahr 2006 ein Ereignis mit sich, das für mich Konsequenzen nach sich zog. Oyunaa hatte es schon vor längerer Zeit angekündigt. Sie, die Oberärztin in EMJJ, machte sich selbständig. Ihr Traum war es schon immer, eine eigene HNO-Praxis zu besitzen. Dadurch fiel für mich eine wichtige Dolmetscherin und Vertrauensperson weg. Als Freundin ist sie mir aber bis heute erhalten geblieben.

Bereits bei unserer Reise 2005 hatten wir beschlossen, dass einige aus unserer damaligen Gruppe auch 2006 dabei sein würden. Als es dann so weit war, folgten der Einladung allerdings nur drei Leute. Es waren dies Petra, Manfred und ich. Am Dschingis Khan-Airport angekommen, hatten wir wiederum einen großem Empfang. Erka hatte für uns wieder im selben Hotel gebucht. Das Hotel kam uns immer elender vor und die Putzfrauen schienen auch noch anderen Jobs nachzugehen, so dass keine Zeit für eine vernünftige Reinigung übrig blieb. Wir mussten Erka unbedingt davon überzeugen, beim nächsten Mal ein anderes Hotel zu nehmen. Das Hotel hatte unterdessen investiert und zwar in Elektroboiler. Das zentrale Warmwasserproblem war immer noch nicht gelöst. Um halbwegs mit der Neuzeit zu gehen, blieb dem Hotel nichts anders übrig, als jedes Zimmer mit jeweils einem eigenen Elektro-Boiler zu versorgen.

Wir wollten endlich sehen, was sich seit dem letzten Jahr im Krankenhaus verändert oder gar verbessert hatte. Es war schon sehr rührend, wie herzlich wir vom Personal empfangen wurden. Zu unserer Überraschung hatte sich Manches zum Guten geändert. Offensichtlich gab man sich Mühe das umzusetzen, was wir vorgeschlagen hatten. Die Büroräume entsprachen beinahe westlichem Standard, hell und freundlich. Wir machten uns mit den anfallen Arbeiten vertraut und stellten wieder eine Beschaffungsliste zusammen. Ganbold, ein alter Bekannter war gekommen, uns zu begrüßen. Er hatte seine Frau Naraa mitgebracht, die leider weder Englisch noch Deutsch spricht, aber eine sehr sympathische Frau ist. Beide arbeiten bei einer mongolischen Telefongesellschaft. Ganbold spricht ein akzeptables Deutsch. Er hatte einige Jahre in Deutschland gearbeitet. Ihre Tochter Anujin litt unter chronischen Ohrenproblemen, weshalb sie auch immer wieder mit ihren Eltern in die EMJJ-Klinik gekommen ist. Natürlich hatte ich auch für Ganbold ein (technisches) Geschenk mitgebracht. Eindringlich schilderte er mir die Probleme seiner Firma. Man merkte deutlich, dass die deutschen Sprachkenntnisse schlechter geworden waren. Das war auch ein Problem manch anderer meiner mongolischen Freunde. Eine Sprachpause von einem Jahr ging eben nicht spurlos vorüber.

Erka hatte im „Bull", einem großen und bekannten Lokal, Plätze für das Abendessen reserviert. Dabei berichtete Erka über die Änderungen im vergangenen Jahr und über die bestehenden Probleme in seiner Klinik. Er erzählte auch von seinen geplanten Projekten und den wichtigsten Vorhaben. Wir sprachen über die Schwierigkeiten, die der Staat seinen Bewohnern bisweilen bereitet. Der Kurs des Tugrik (das ist die mongolische Währung, sie kennt kein Hartgeld) fiele ständig, was natürlich der Bevölkerung schwer zu schaffen machte. Ausländische Waren, z. B. Technik, waren daher ständigen Preissteigerungen unterworfen. Das wirkte sich nicht nur auf dem privaten Sektor aus.

Am nächsten Morgen machten wir uns auf den Weg, das fehlende Material zu beschaffen. Das Verkehrschaos konnte uns nicht mehr erschüttern. Erka führte uns zu einem, wie er sagte, „Praktiker" und meinte damit einen Baumarkt. Was wir zu sehen bekamen, war ein chaotisches Warenlager. Zielstrebig ging Erka zum Chef des Hauses und brachte seine Wünsche vor. Erka versicherte uns auch, dass dies der beste Laden in UB sei und er den Inhaber gut kenne. Es stellte sich alsbald heraus, dass dieser Mann sein Patient war. Wie durch ein Wunder brachte er nach zehn Minuten die von uns gewünschten Artikel, vollständig! Ein Mensch, der sich in diesem Durcheinander auskannte, musste ein Zauberer sein! Erka wollte mit uns irgendwo einkehren. Er brauchte wohl einen Wodka. Wir schlugen dies aus und wollten zurück nach EMJJ. Dort angekommen, machten wir uns sofort ans Werk. An einem EKG-Gerät funktionierte die Steckdose nicht mehr. Die zuständige Ärztin weinte, weil sie nicht richtig arbeiten konnte. Der vor drei Wochen informierte Elektriker versprach damals sofortige Hilfe. Dabei ist es dann geblieben. Von der Steckdose waren nur noch Fragmente zu sehen. Allerdings muss man einräumen, dass die Steckdosen sehr großen Belastungen ausgesetzt sind. Wir hatten eine Mehrfach-Schuko-Steckdose besorgt und installiert. Die Ärztin war begeistert.

Bereits während wir unsere Steckdose installierten, erfuhren wir, dass Jack im OP Kaninchen operieren würde. Er implantierte den Kaninchen irgendwelche Chips, die nach einem halben Jahr entfernt würden. Der Zustand der Kaninchen und des Implantates wurde dann untersucht und beurteilt. Tatsächlich waren im OP genauso viele Helfer und Pfleger wie bei der OP an einem Menschen. Uns taten die Kaninchen leid. Es war eine ganze Serie von Operationen geplant und selbst Erka assistierte dabei. Wir widmeten uns wieder unserer Arbeit. Erka hatte einen jungen Mann eingestellt, den er uns gegenüber als den „kleinen Haas" bezeichnete. Damit wollte er sagen, dass dieser die gleichen Aufgaben habe, wie ich in Würzburg. Seine Ausbildung und Kenntnisse konnten mit der von Battsengel allerdings nicht mithalten. Trotzdem, er war willig und drückte sich vor keiner Arbeit. Aber auch hier bestand das leidige Problem mit der Sprache. Ein großes Dilemma war auch, dass Mongolen nicht unbedingt Wert auf eine saubere Arbeit legen. Funktion war alles. Ob jetzt ein Kabel, ein Rohr oder Kabelkanal krumm oder gerade verlegt wird, interessierte wenig. Es konnte durchaus sein, dass quer durch ein Fenster ein Heizungsrohr verlief oder eine Zugangstür höher gesetzt wurde, weil an der Türschwelle Heizungsrohre vorbei liefen. Bei solchen Installationen stellten sich mir die Haare auf. Diese unfachmännischen Improvisationen bewiesen sich an zahlreichen Beispielen, die ich dem Leser ersparen möchte.

Für den nächsten Tag hatte Erka eine Besichtigungstour in der Stadt geplant. Seine Tochter Jaagii wurde zur Fremdenführerin bestimmt. Sie begleitete uns zu einer riesigen Buddha-Statue mit der Bezeichnung „Burkhan barsh", die noch nicht sehr alt sein konnte. Unter dieser Statue befinden sich öffentliche Ausstellungsräume. *Siehe Bild 27 und 28*

Nicht sehr weit davon auf einer Anhöhe wurden wir von einem grandiosen Denkmal namens Zaisan tolgoi (oder auch Dsaisan geschrieben) überrascht. Man kann sofort erkennen, es wurde in einem typisch heroischen, russischen Stil erbaut. Diese Gedenkstätte präsentiert in einem Rundbau die Erfolge Russlands und der früheren Sowjetunion, natürlich aus deren Sicht. Wenn man mit dem Auto bis zum Parkplatz fuhr, musste man über eine hohe Treppe den Rest zu Fuß hoch gehen. Von hier hatte man einen grandiosen Blick über die Stadt. Der Parkplatz wird auch vielfach als Treffpunkt der Jugend genutzt. Am Fuße dieses Hügels ist ein russischer Panzer als Denkmal aufgestellt, der vom mongolischen Volk einer russischen Brigade gespendet worden war.

Danach entführte uns Jaagii in ein Lokal mit dem vertrauten Namen „Brauhaus". Wie wir leider erfahren mussten, war das Schönste an dem Lokal der deutsche Name. Service und Freundlichkeit ließen zu wünschen übrig. Überraschend für uns: Es gab noch weitere Lokale mit deutschem Namen, z. B. Sachers Café. Dorthin führte uns Jaagii natürlich auch. Für eine Nascherei war sie immer zu haben.

Auf mächtigen Plakatwänden wurde der Besuch des religiösen Oberhauptes, des Dalai Lama, angekündigt. Jaagii war leider der Job als Stadtführerin nicht in die Wiege gelegt worden. Sie führte uns lustlos und konnte auch nicht viel erklären. Ich denke, sie hatte für den Tag etwas anderes geplant. Wir brachen deshalb die

Besichtigungstour zu Jaagii's Ärger ab und begaben uns in die Klinik. Einige Büroräume und damit das zuständige Personal waren umgezogen und somit sollten auch die Telefonleitungen geändert werden. Erste Arbeiten führte in erster Linie der „kleine Haas" zusammen mit seinem Kollegen Baajii durch. Baajii war mit Begeisterung Mädchen für alles. Er war ca. zehn Zentimeter größer als ich, was sich Jahre später als Vorteil für mich erweisen sollte. Manfred und ich kümmerten uns um die Elektronik. Erka hatte auch Wünsche, die die Software betrafen und die wir bei dieser Gelegenheit erledigten. Petra machte sich mit Laborarbeiten nützlich.

Zurück im Hotel hatte Manfred ein Erlebnis der besonderen Art. Der Boiler war unglücklicherweise so angeschlossen, dass man bei leerem Siphon einen elektrischen Schlag bekommen musste! Ich rief daher Erka an und meldete ihm den Vorfall. Kurz danach traf er ein und ließ den Hoteldirektor antreten. Dieser wurde heftig beschimpft. Gut, dass wir nicht alles verstanden. Wenn der Boiler in Betrieb war, verdampfte das Wasser im Siphon und auf der Armatur lag wieder Strom, für den Gast lebensgefährlich. Die elektrischen Schutzeinrichtungen entsprachen natürlich nicht unseren Standards. Man musste fürchten, dass es kein Einzelfall war. Jedenfalls hatte Erka bereits in einem anderen Hotel Zimmer für uns geordert. Dieses Hotel lag in unmittelbarer Nähe zum EMJJ-Hospital, nur ca. achtzig Meter entfernt. Den Weg konnten wir nun zu Fuß zurücklegen. Es trug den Namen „Kaiser-Hotel", wobei ich in der Annahme, dass hier bestimmt noch nie ein Kaiser genächtigt hatte, sicher richtig lag. Es entsprach der Klasse unserer vorherigen Hotels, war aber wesentlich sauberer und das Personal war auch freundlich. Ein weiterer Vorteil: Nicht weit von hier, gegenüber von EMJJ, war die bereits beschriebene „German bakery". Hier gab es wirklich original deutsche Leckereien ebenso wie einen „richtigen" deutschen Bohnenkaffee.

Wir haben zu viert (Petra, Manfred, Erka und ich) im Hotel zu Abend gegessen. Das Essen war einfach, aber gut. Beim Frühstück am nächsten Morgen gab es einen kleinen Eklat. Man brachte das Frühstück auf das Zimmer, weil im Restaurant Sanierungsarbeiten angesagt waren. Bei näherem Betrachten meiner Tasse wurde mir bewusst, dass diese nicht gespült war. In der Regel schminke ich mich nämlich nicht mit einem Lippenstift. Zudem waren auch noch Zuckerreste in der Tasse. Das ging dann doch zu weit und ich rief Erka an, der nach der Hoteldirektorin verlangte. Diese kam auf schnellstem Weg von Zuhause. Überraschenderweise sprach sie perfekt Deutsch. Sie hatte schnell den Übeltäter ausgemacht und wollte ihn auf der Stelle entlassen. Dem widersprach ich entschieden und rettete dem Mitarbeiter seinen Arbeitsplatz. Kurz danach klopfte es an meiner Tür und ich vernahm ein gequetschtes Bayarlalaa (Danke) des Sündenbockes. Ab diesem Zeitpunkt und auch die nächsten Jahre wurden wir in diesem Hotel stets fürstlich behandelt.

Für diesen Tag wollte uns Erka durch die Stadt führen, nachdem Jaagii sich als wenig geeignet erwiesen hatte. Zunächst besuchten wir das Dinosaurier-Museum. Dieses kleine Museum präsentiert einige höchst interessante Exponate, nicht nur von Dinos, sondern auch von Mammuts und anderen urzeitlichen Tieren. Im Zentrum des Museums steht das Skelett eines fleischfressenden Dinos, das man in allen Einzelheiten besichtigen kann.

Nächste Station: Das Nationalmuseum. Eine Art Tempel beherbergt die umfangreiche Ansammlung von Artefakten aus der mongolischen Geschichte, darunter zahlreiche prähistorische Exponate aus der Frühgeschichte. Die größte Abteilung ist natürlich Dschingis Khan und seinem Weltreich gewidmet. Weiter ging es in ein klosterähnliches Gebäude. Frauen und Männer boten auf

Pferdekopfgeigen und anderen Instrumenten ihre Kunst an, begleitet von Kehlkopfstimmen. Phantastisch! Einige Akteure kannten wir schon von der Nationaloper. Das historische Gebäude, eingetaucht in die nachmittägliche Sonne, vermittelte ein wundersames Flair. Natürlich durften die Schlangenmädchen nicht fehlen, die wir so oft schon bewundert hatten. Danach bot eine Tempeltanzgruppe mit historischer Ausstattung ihre religiös motivierten Künste an. Auch wenn Erka nichts von Religion verstand und uns keine Auskünfte geben konnte, wurde es doch zu einem besonderen Erlebnis.

Am Ende des Tages lud uns Erka in ein chinesisches Lokal zum Abendessen ein. Hier erfuhr ich, dass eine original zubereitete Peking-Ente inklusive Knochen vollkommen zerkleinert wird. Auffällig war neben der Eingangstür eine Personenwaage, vielleicht als Mahnung. Mir jedenfalls schmeckte das Essen vorzüglich.

Erka äußerte am nächsten Tag einen speziellen Wunsch. Er wünschte, wie in unserer HNO-Klinik in Würzburg, eine Audio- und Videoverbindung vom OP-Saal in sein Büro bzw. umschaltbar in verschiedene Zimmer. Ich versprach mich um die Umsetzung in Consumer-Qualität (also Hausmannsqualität) zu kümmern. Eine Kontrollleitung zum Chef aber sollte es schnell geben. Leider wurden wir in unserem Arbeitsdrang gebremst, denn Jack feierte seinen Geburtstag. Seine Mutter Majig Suren und einige Betriebsangehörige kamen zu einer kleinen Feier hinzu. Geboten wurden reichlich Speisen und Getränke. Bald machten wir uns wieder an die Arbeit. Wir, Manfred, der „kleine Haas", dessen richtigen Namen ich leider vergessen habe, Damy, der inzwischen dazu gekommen war, und ich. Petra kümmerte sich um die von Jack operierten Kaninchen. Zunächst einmal musste ich mir Gedanken machen, mit welcher Technik bzw. mit welchen Möglichkeiten wir unser

Vorhaben realisieren könnten. Glücklicherweise hatten wir beim letzten Einkauf mehr Videoleitungen geordert, als zunächst benötigt wurden, was jetzt von Vorteil war. Als Audioleitung würde das vorhandene Telefonkabel reichen. Der Kabelkanal war vorrätig. Während meine drei Kollegen ackerten und sich der Verlegung des Kabels annahmen, suchte ich im EMJJ nach passenden Steckern. Mich ärgerte es immer ungemein, wenn man wegen solcher Banalitäten unnötig viel Zeit aufwenden musste. Schließlich fand ich bei Battsengels Computerteilen solche fertig konfektionierten Kabel mit den zugehörigen Steckern. Zu guter Letzt klappte es auch und wir waren mit unserer Arbeit sehr zufrieden. Der Feierabend nahte und Erka stand mit Petra im Schlepptau bereit, um uns zum Abendessen abzuholen.

Jaagii feierte im Abstand von einem Tag zu ihrem Bruder Geburtstag. Heute erwarteten uns besonders kalorienhaltige Speisen, wie sie Jaagii so sehr liebte. Jargalkhuu war um ein Jahr älter. Nach dieser Einlage wandten wir uns wieder unserer Arbeit zu. Im Jahr zuvor hatte ich Erka zwei Boxen mit Schrumpfschlauch mitgegeben, die wir jetzt sehr gut gebrauchen konnten. Geplant war dies: In Erkas Büro sollte man auf einem Kontrollmonitor die Operationen verfolgen können. Auch sollte Erka hören können, was im OP gesprochen wurde, ebenso sollte er sich bei Bedarf in die Gespräche einklinken können. Wieder war meine Improvisationskunst gefragt und letztlich der Wunsch Erkas zu seiner Freude erfüllt.

Jack musste noch einige Kaninchen operieren. Petra war zugegen und Enkhtuya fungierte als Dolmetscherin. Manfred und ich begaben uns in Erkas Wohnung, um seine angeblichen Computer-Probleme zu lösen. Tatsächlich aber waren es die Probleme seiner Enkelin Marlaa mit gewissen Computerspielen. Ich wollte anschließend zu Oyunaa, der ehemaligen Oberärztin in deren Praxis, um mir ihre technischen Probleme anzuschauen. Manfred, neugierig geworden, kam kurz entschlossen mit. Oyunaa hatte uns ein Taxi geschickt. Es war eines dieser privaten Taxis, zwar günstiger als die offiziellen, aber auch gefährlicher wegen immer wieder vorkommender Übergriffe. Indem mich Manfred begleitete, konnte nichts passieren. In Oyunaas Praxis angekommen, erfuhren wir, dass es sich bei dem Fahrer um einen Bekannten handelte, so dass sich unsere Befürchtungen in Luft auflösten. Die Praxis war einfach ausgestattet, aber alles sehr sauber und freundlich. Oyunaa's leibliche Schwester assistierte als Arzthelferin. Schließlich kamen Enkhee, eine ehemalige Anästhesistin und Oyunaas Freundin, sowie Jaagii dazu. Für Jaagii war es der erste Besuch und auch sie zeigte sich erstaunt. Natürlich fehlten mangels finanzieller Mittel einige Geräte. Die Lampe in einem Gerät chinesischer Fabrikation funktionierte nicht. Das war also das technische Problem, von dem sie am Telefon sprach! Am Ende stellte sich heraus, dass eine Kabelverbindung – von außen nicht sichtbar – unterbrochen war. Oyunaa spendierte einen Tee und zählte mir ihre Wünsche, was die fehlende Technik anbelangte, auf. Ob ich diese erfüllen könne, wusste ich nicht, ich wollte mich aber darum kümmern. Aus einem Schrank holte sie Süßigkeiten, über die sich Jaagii sofort hermachte. Die beiden kannten sich bereits über Jahre und Oyunaa wusste daher, wie sie Jaagii eine kleine Freude bereiten konnte. Natürlich war es auch in Oyunaa's Interesse, ein gutes Verhältnis zu EMJJ zu haben.

Auf Grund des Videoerfolges in seinem Arbeitszimmer war Erka bestens gelaunt. Er fragte nicht einmal, wo wir gewesen waren, vielleicht hat er es aber auch gewusst. Heute Abend würden wir koreanisch essen und Majig, seine Frau, würde uns begleiten. Das war außergewöhnlich. Da wir mit Fahrer sechs Personen waren, mussten wir mit dem Kleinbus fahren. Das Lokal war sehr gut besucht. Selbst der Fahrer durfte sich heute an den Tisch setzen – ebenfalls außergewöhnlich. Unsere heutige Leistung musste Erka mächtig imponiert haben. Das Essen war hervorragend und wir durften es selbst zusammenstellen. Majig beriet uns dabei. Manfred und ich bestellten uns „normales" Besteck, nachdem wir mit den Essstäbchen erhebliche Probleme gehabt hatten. Vermutlich wären wir ansonsten vor den vollen Schüsseln verhungert. Das Einzige was mich störte, war das laute Schlurfen mancher Tischnachbarn. Eine Sitte, die besonders in China gepflegt wird und als Ausdruck von Wohlbehagen verstanden wird. Diese (Un)-Sitte zeigte bisweilen auch Erka.

Für den Nachmittag des nächsten Tages hatte Erka einen Plan, den er uns nicht verriet. Es würde jedenfalls eine Fahrt aufs Land werden. Aus Platzmangel sollten wir nur die wichtigsten Sachen mitnehmen. Wir wären mehrere Tage unterwegs. Dabei hatten wir zuvor vereinbart, diesmal keine größere Reise zu unternehmen. Aber so war er eben, er wollte uns immer wieder das Beste bieten. Sein Vorhaben kam mir nicht ungelegen. Oyunaa hatte mich eingeladen, ihre Familie kennen zu lernen. Ich habe sie gefragt, ob es ihr am nächsten Vormittag passen würde. Ihre Eltern wohnen 20 km außerhalb von Ulan Bator in einer Jurte und diese Distanz musste bei dem Verkehr erst einmal überwunden werden. Pünktlich um 8.00 Uhr stand Oyunaa mit ihrem Mann und ihrem Hund, einer deutschen Bulldogge, vor dem Hotel. Meine Befürchtungen bezüglich des Verkehrs bewahrheiteten sich nicht. Die Staus waren auf der Gegenseite. So kamen wir relativ zügig bei Oyunaa's Eltern an, die mir einen warmherzigen Empfang boten. Der Vater zeigte mir stolz das (Koffer)-Fernsehgerät, welches ich einmal mit einer Containerlieferung mitgeschickt hatte. Er schaltete das Gerät ein, jedoch war nur dichtes „Schneetreiben" zu erkennen. Der Ton war halbwegs klar. Für europäische Augen ein unhaltbarer Zustand, bedingt durch einen fehlenden professionellen Antennenanschluss, den die Zimmerantenne nicht ersetzen konnte. Auf einer Liege entdeckte ich einen schlafenden Mann. Er wachte auf, kam auf mich zu und sprach auf mich ein. Ich verstand nichts. Da erst bemerkte ich, dass der Mann schon um diese Uhrzeit betrunken war. Seine Frau kam zur Jurte herein und beschimpfte ihn lautstark. Oyunaa erklärte, es sei ihr Schwager und es sei beinahe jeden Tag dasselbe mit ihm. Oyunaa's Eltern waren dafür umso herzlicher. Sie wollten alles von mir in Erfahrung bringen. Oyunaa übersetzte fleißig. Sie zeigten mir ihre spärlichen Einrichtungsgegenstände und ich spürte deutlich, sie waren sehr stolz auf ihre Tochter, die Ärztin geworden war. Inzwischen war es Zeit für die Rückfahrt. Oyunaas Mutter hatte aber extra für mich etwas zum Essen vorbereitet. Die Zeit dafür hatten wir nicht mehr. Um sie nicht zu beleidigen, erklärte ich mich bereit, von ihrem frischen Airag zu trinken. Bis wir gingen, hatte ich beinahe die Schüssel gelehrt. Sie schmeckt ähnlich erfrischend wie unsere Sauermilch. Airag ist vergorene Stutenmilch, die etwa 25 % Alkohol enthält. Für die Nomaden ein wichtiger Vitaminlieferant. Airag ist laktosefrei und wird daher auch von Menschen mit Laktoseintoleranz vertragen. Die unvergorene Stutenmilch dagegen wird normalerweise nicht getrunken, da sie stark abführend wirkt und allenfalls zur Reinigung des Verdauungsapparates getrunken wird. Wir mussten uns sputen, denn wer konnte wissen, wie sich die Verkehrsverhältnisse ergeben würden. Als wir am Hotel ankamen, hatten wir gerade noch 15 Minuten Zeit bis zur Abfahrt. Ich hatte mein Gepäck vorbereitet und so konnte ich mich noch von Oyunaa's Mann verabschieden. Oyunaa selbst würde uns auf der Reise begleiten. Es war ein schöner Vormittag.

Dann war es soweit. Wir würden zunächst ein Jurtencamp ansteuern. Zu mehr reichte die Zeit nicht mehr, wie Erka uns sagte. Wir fuhren mit vier Geländewagen, die Enkelkinder Marlaa und Tubscha, ihr Kindermädchen, dann Jaagii, Majiig Suren, Erka, Zaya, Jack, Oyunaa, Petra, Manfred und ich.

Offensichtlich hatte Erka etwas Größeres geplant. Die Fahrer kannten wir noch von der vorjährigen Reise. Wie schon bekannt, ließ der Zustand der Wege arg zu wünschen übrig. Wir kamen trotzdem zügig voran. Auch das Wetter spielte mit. Unser Ziel war ein sauberes Camp mit einem in fünfzig Meter Entfernung stehenden Gebäude und 15 Gers. Die Jurten waren sauber und ordentlich. Strom für unsere Fotoapparate und Handys gab es auch. Die Kinder wollten mit ihrem Kindermädchen in einem Zelt schlafen und hatten auch eigens ein Zelt mitgebracht. Jaagii musste dann die Nacht alleine in ihrer Jurte verbringen. Das Abendessen nahmen wir in dem abseits gelegenen Gebäude ein. Dabei muss Erka wohl aufgefallen sein, dass er schon längere Zeit keinen Anruf mehr bekommen hatte und so suchte er ein Netz für sein Handy. Es störte ihn nicht, dass dabei sein Essen kalt werden würde. Ständig telefonierend, war dieser Zustand für ihn wie bei einem Rennauto ohne Kraftstoff in der Wüste. Er wurde auffallend nervös. Ich nahm mir vor, dass ich ihn am nächsten Vormittag „aufs Kreuz" legen würde. Nach reichlichem und gutem Essen setzten wir uns ins Freie und diskutierten über Gott und die Welt. Später gesellten sich vier Schweden zu uns, die auf einer Motorrad-Tour waren. Wir lachten viel und übertönten damit die vielen Grillen und Heuschrecken. Über uns war der prächtige Nachthimmel mit Milchstraße und Millionen von Sternen. Die Temperatur war ideal. Marlaa und Tubscha waren eingeschlafen. Jack und ich trugen die beiden in ihr Zelt. Wir genossen diesen herrlichen Abend, bis auch wir von der Müdigkeit übermannt wurden. In unserer Jurte dachte ich an unseren Freund Erka, dem das fehlende Netz eine unruhige Nacht bescheren würde.

Manfred und ich hatten gut geschlafen. Wie wir schon am Abend vorher feststellen konnten, waren die Sanitäranlagen in einem guten Zustand. Nur der Wasserdruck war etwas schwach. Das Frühstück war ordentlich und reichlich. Ich tat so, als würde ich mit meiner Frau telefonieren. Das beobachtete Erka und war sofort auf den Beinen. Er kreiste um mich wie ein Geier um sein Aas. Schließlich bat er um mein Handy. Er müsse dringend telefonieren und sein Handy funktioniere nicht. Ich müsse aber erst mit meiner Frau das Gespräch zu Ende bringen, ließ ich ihn wissen. Manfred erkannte den Streich und wandte sich lachend ab. Erka litt Höllenqualen und ich ließ ihn schmoren, während er kaum noch zu bremsen war. Immer und immer wieder versuchte er ein Netz zu bekommen. Schließlich gab ich ihm mein Handy, welches er erfolglos und enttäuscht zurückgab. Als ich zu Schmunzeln begann, verstand er mein heimtückisches Spiel. Ich denke, das hat er mir jahrelang nicht verziehen.

Dann rief er zum Aufbruch. Die kommende Nacht wollten wir wieder hier verbringen. Alles außer Papiere und Wertsachen konnten wir hierlassen. Jedes Ger hatte ein Vorhangschloss. Gegen 9.00 Uhr starteten wir bei herrlichstem Wetter. Die Sonne strahlte derart, dass wir kaum etwas erkennen konnten. Offensichtlich ging es Richtung Osten. Nach zwei Stunden wurde eine Pause eingelegt. Diesmal hatten wir kein Personal und so mussten wir uns selbst helfen, wobei uns die Fahrer tatkräftig unterstützten. Unerwartet kramte Jack mehrere seiner Schießprügel hervor, die er im Auto versteckt hatte. Er fragte Manfred und mich, ob wir ein Murmeltier schießen wollten, was ich verneinte. Von meiner Einstellung her war ich noch nie ein Jäger und werde auch nie einer werden. Manfred jedoch, zuhause aktiver Jäger, war sofort Feuer und Flamme. So legten sich Erka, Manfred, Jack und ein Fahrer auf die Lauer, um zumindest ein Murmeltier zu erlegen. Die Murmeltiere gelten als Leibspeise der Mongolen. Inzwischen ist ihre Anzahl deutlich reduziert und deshalb auch die Jagd auf sie verboten. Trotzdem werden sie bejagt, was sich auch durch Kontrollen nicht vermeiden lässt. Die Gewehre der Wilderer werden meist im Gelände versteckt, wo sie eingeölt in Ölpapier lagern. Der Verzehr ist nicht unproblematisch, da Krankheiten, so auch die Pest!!!, übertragen werden können. Umgekehrt werden den Murmeltieren Heilkräfte zugesprochen. Ich habe einmal „unter Zwang" Murmeltierfleisch zum Frühstück verzehrt. Dabei ist es dann auch geblieben.

Jack erlegte tatsächlich ein Murmeltier. Was damit geschehen würde, wusste ich nicht. Vielleicht würde man es verspeisen. Vermutlich wurde dieser Lagerplatz auf Grund der vielen Murmeltierbauten ausgewählt. Für uns Nichtjäger kein guter Platz, denn uns plagten unzählige Fliegen, glücklicherweise keine Stechmücken. So blieben wir auch nicht lange und packten bald unsere sieben Sachen zusammen. Die Frauen verschwanden hinter den Büschen – und was machten die Männer? Sie machten „Mori harna". Der Spruch „Bi mori harna" ist in der ganzen Mongolei bekannt und bedeutet wörtlich übersetzt „Ich muss mal nach meinen Pferden schauen", ein anderes Wort für „Ich muss mal pinkeln". Mit dem „Bi mori harna" wird also vornehm umschrieben, dass man gelegentlich muss. Wenn ich in einem mongolischen Lokal bin, dann zitiere ich diesen Spruch im Scherz oft gegenüber den Kellnern. Wenn sie es verstanden haben, lachen sie und zeigen mir den Weg zur Toilette. Ich bedanke mich dann natürlich mit einem Bayarlalaa.

Die Fliegenplage war unerträglich. Zum Glück ging es weiter. Die herrliche Landschaft löste meine von Manfred gefürchteten „Wunderbar"-Rufe aus. Am Lager einer Nomadenfamilie machten wir kurzen Halt. Petra und Manfred nahmen Jaagii an der Hand. Sie sollte als Dolmetscherin fungieren, da sich beide einen kurzen Reitausflug wünschten. Erka deutete auf die Uhr, mehr als zehn Minuten sollte es nicht dauern. Wir saßen währenddessen auf unseren Kunststoffhockern und tranken einen Tee. Noch vor Ablauf der zehn Minuten kehrten beide zurück. Wir räumten zusammen und Erka nannte unser nächstes Ziel: Die Geburtsstätte Dschingis Khans. *Siehe Bild 29*

Allerdings ist man sich über die tatsächliche Geburtsstätte uneins, wie auch über das Geburtsjahr und den Sterbeort. Lediglich eine Steinsäule mit der Abbildung Dschings Khan's und ein als Heiligtum geltender „Steinhügel", mit blauen Binden drapiert, wies auf seinen angeblichen Geburtsort hin. Kein Grund für einen längeren Aufenthalt. Auf der Rückfahrt trafen wir wieder auf eine Nomadenfamilie und Erka handelte eine Reitpause mit Kamelen aus. Mein Kamel erwies sich als hartnäckig, im wahrsten Sinne des Wortes. Ich spürte jeden Wirbel des Tieres. Erka sorgte sogleich für Ersatz, auf dem ich sanft wie auf Abrahams Schoß ruhte. Mein Rücken war gerettet. Nach 30 Minuten rief Erka zur Weiterfahrt. Oyunaa holte wieder ihre deutschen Kassetten hervor und sang kräftig mit. Für mich ein willkommenes Schlaflied. Ein abrupter Halt riss mich aus meinen Träumen. Die Haltestelle kam uns bekannt vor, denn noch am Vormittag plagten uns dort die Fliegen. Ja, es war genau da, wo wir uns mit den Fliegen abgeärgert hatten. Grund des Halts war zur Verärgerung der Damen Erkas Jagdtrieb, der sich mit seinem Sohn auf die Lauer legte. Andere waren nicht interessiert. Auf der Jagdstrecke lag am Ende wieder ein Murmeltier. Erka trug seine Trophäe stolz zu seinem Auto und verstaute sie. Weiter ging es, vorbei mit dreimaligem Hupen für einen Owoo.

Auf der Weiterfahrt übermannte nicht nur mich der Schlaf. Kein Wunder bei der angenehmen Musik. Erklang Dschings Khan von der gleichnamigen Gruppe, kam Leben auf. Der Fahrer sang leidenschaftlich mit. Wie er Oyunaa sagte, sei das ein Lieblingslied von ihm.

Unweit von unserem Jurtencamp hielten wir an. Den Murmeltieren wurde das Fell über die Ohren gezogen, danach wurden sie abgeflammt. Jetzt war Majigsuren als Expertin gefragt. Mit Mundschutz öffnete sie die Bauchdecke, aus der ein unangenehmer Geruch aufstieg. Die Innereien wurden entfernt und weitere Vorbereitungen zum Abendessen getroffen. Die Mongolen freuten sich besonders – im Gegensatz zu uns „Langnasen". Allerdings wurden nur Vorbereitungen getroffen. Gegessen wurde hier nicht. Erka organisierte für uns im Camp ein Abendessen, er aber wollte die Murmeltiere mit Familie Erdenechuluun, den Fahrern sowie dem Kindermädchen gemeinsam verspeisen. Wir trauerten den Murmeltieren nicht nach und waren mit unserem Abendessen mehr als zufrieden. Danach genossen wir auf der Terrasse den phantastischen Sternenhimmel.

Damit wir nicht so spät ankämen, wollte Erka am nächsten Morgen um 7.00 Uhr die Rückreise antreten. Für das Frühstück hatte er gesorgt. Die Nacht war ruhig ohne besondere Vorkommnisse. Um 5.00 Uhr in der Frühe schürte eine Frau das Feuer in der Jurte an. Das war sehr angenehm. Der Weg zur Dusche war wie immer um diese Zeit sehr erfrischend. Wer noch nicht ganz wach war, bei dem würde sich das spätestens auf diesem Weg ändern. Nach der Körperpflege drängte es uns zum Frühstück. Erka denkt einfach an alles. Ich muss Kulleraugen bekommen haben, denn auf dem Tisch lag die Notiz, dass es auch koffeinfreien Kaffee geben würde. Ohne hier Werbung machen zu wollen: Es war koffeinfreier Tchibo-Kaffee. Wie die Küche an diesen Kaffee gekommen war, blieb mir zunächst ein Rätsel. Dahinter konnte nur unser Chef, Prof. Erdenechuluun, stecken. Von mir befragt, räumte er schmunzelnd ein, den Kaffee in einem Geschäft entdeckt zu haben. Dabei musste er sofort an mich als einen erklärten koffeinfreien Kaffeetrinker denken. Er hatte mir damit eine riesige Freude bereitet. Seine Überraschung war ihm absolut gelungen.

Um Schlag 7.00 Uhr verluden wir unser Gepäck und zehn Minuten später waren wir schon unterwegs. Das Wetter war nicht wie erhofft. Die Fahrer hatten nichts dagegen, so blendete keine Sonne und im Auto war es auch kühler. Nach zwei Stunden vermissten wir eine Pause! Auch später pausierten wir nicht. Der Fahrer meinte, wir müssten uns beeilen, um rechtzeitig anzukommen. Notdürftig strich ich unterwegs ein paar Knäckebrote mit Schokocreme für unsere Besatzung. Oyunaa bemerkte beiläufig, mongolische Männer mögen keine Süßigkeiten. So war es auch. Unser Fahrer hat von diesen Broten nichts gegessen. Das deckte sich auch mit dem Spruch, der im Restaurant „Modern Nomads" zu lesen ist: „Das Gemüse ist für die mongolische Kuh, das Fleisch für den mongolischen Mann." Ich bewunderte unsere Fahrer, dass trotz der Monotonie niemand einschlief.

In UB war das Wetter wesentlich besser, auch nicht zu heiß. Erka räumte uns maximal dreißig Minuten ein, um uns im Hotel frisch zu machen und unserem Ziel pünktlich zuzustreben: Dem Historischen Museum. *Siehe Bild 30*

Enkhtuya, Erka's Audiologin, war mitgekommen, da Oyunaa verständlicherweise zu ihrer Familie wollte. Enkhtuya fungierte als

Dolmetscherin und erklärte uns viele Details, die wie so nicht erkennen konnten. Die Ausstellungen begannen mit der Eiszeit. Viele Trachten, auch aus der Zeit vor Dschingis Khan, sind hier ausgestellt. Eine Unmenge an Schnupftabakflaschen bzw. –dosen sind zu besichtigen. Die Schnupftabakflaschen spielen in der mongolischen Kultur eine wichtige Rolle. Betritt ein Besucher eine Jurte, wird ihm zunächst Schnupftabak angeboten. Diesen abzulehnen, wäre eine Beleidigung. Es reicht aber auch, wenn man nur daran riecht. Natürlich waren auch Waffen wie Messer, Streitäxte und Schwerter zu besichtigen. Es war gut, dass Enkhtuya mitgekommen war, da die Exponate meist in alt-mongolischer Schrift beschrieben waren. Hauptthema ist natürlich das mongolische Reich des 13. und 14. Jahrhunderts. Aus dieser Epoche sind auch Bilder der Khans zu sehen, ebenso wie verschiedene Saiteninstrumente. Hauptinstrument ist die zweisaitige Pferdekopfgeige, die auch heute noch als das Hauptinstrument gilt.

Die Saiten hierfür werden aus Pferdeschwanzhaaren hergestellt. Unzählige weitere Exponate weckten unser Interesse. Weiter führte uns der Weg ins Naturwissenschaftliche Museum, von dem ich bereits berichtet habe.

Erkas zweiter Arbeitsplatz lag ihm besonders am Herzen, das Gesundheitszentrum, in dem er in der HNO-Abteilung Chefarzt war. Manfred und ich waren schon einmal da. Vielleicht gab es etwas Neues zu entdecken. Die Fahrt dorthin war wieder sehr mühselig. Als wir endlich im Krankenhaus ankamen, führte uns Erka durch das Gebäude und stellte uns einigen Ärzten vor. Im Chefarztzimmer angekommen, erwarteten uns Wasserflaschen und Leckereien. Erka ließ seinen Stab antreten und stellte uns dem Team vor. Dabei kam mir eine Mitarbeiterin bekannt vor. Sie sprach mit Erka, der dieses Rätsel dann löste. Diese Krankenschwester war bei uns in der Klinik in Würzburg. Ich hatte sie damals zusammen mit Zaya und Oyunaa zu uns nach Hause eingeladen. Leider konnte sie weder Englisch noch Deutsch sprechen.

Die bei unserem ersten Besuch hier im Krankenhaus entdeckten Mängel bestanden weiterhin, wie wir befürchtet hatten. In den Köpfen vieler Mongolen herrschte damals ein latenter Sozialismus mit seiner Planwirtschaft. Bei den nachfolgenden Generationen würde das sicher anders sein. Wieder entdeckten wir Gerätschaften, die wir Jahre zuvor in die Mongolei geschickt hatten. Bei aller Bescheidenheit erfüllte mich eine gewisse Genugtuung. Spätestens der Blick in die Werkstatt führte uns auf den Boden der Realität zurück: Halbfertig reparierte Geräte überall. Ich denke, die Techniker waren bei dem Stand ihrer Ausbildung einfach überfordert. Niemand konnte deren Schulung bezahlen. Obwohl angestellt beim Staat, hatte dieser kein Geld oder war nicht willens. Dem Direktor der Uni unterbreitete ich den Vorschlag, wenigstens einen Techniker nach Deutschland zu schicken. Nach seiner Rückkehr könnte dieser seinen Kollegen das erworbene Knowhow weitergeben. Er meinte, so etwas bringe er nicht durch. Ich denke eher, er wollte einfach nicht, was durchaus einer sozialistischen Denkweise entsprach.

Es wurde Zeit für das Abendessen. Rush Hour, auf der Straße herrschte stehender Verkehr. Ein Jeder kämpfte sich irgendwie durch dieses Gewirr an Fahrzeugen und Menschen. Unseren Fahrer ließ das kalt, im Gegenteil. Er scherzte mit Erka wie bei einer Vergnügungsfahrt. Interessant waren die Symbole an den Fußgängerampeln. Bei Grün ein Bogenschütze in Richtung zur anderen Straßenseite, bei Rot ein Pfeil nach oben. Eine Logik, die sich mir nicht erschloss. Aufklären über den Sinn dieser Symbole konnte mich auch niemand. Eine Unendlichkeit später erreichten wir unser Restaurant. Es war das „Modern Nomades 2". Hier waren wir noch nie. Das Lokal, etwas kleiner als „Modern Nomades 1", besaß weder Höhe- noch- Tiefpunkte. Es war soweit in Ordnung, das Essen war gut und die Bedienung auch. Konnte man ruhigen Gewissens weiter empfehlen. Erka informierte uns, dass er für den nächsten Tag einen Termin im Verteidigungsministerium vereinbart habe. Was wir dort sollten, habe ich nicht verstanden. Am nächsten Tag würden wir es erfahren. Auf Morgen um 7 Uhr 30 wurde die Abfahrt vereinbart. Die Nacht war ruhig und ohne Zwischenfälle. Hier im Kaiser-Hotel konnte man gut schlafen und das Frühstück war tadellos.

Die Strecke zum Ministerium war nicht allzu weit. Als wir ankamen, erschraken wir, war doch tatsächlich ein roter Teppich ausgelegt. Von Manfred hatte ich mir eine Krawatte besorgt. Erka meinte, dass dies ein Muss sei. Beeindruckt von monumentalen Teppichen und Gemälden, wandelten wir durch das Gebäude. Einer dieser imposanten Teppiche stilisierte den Tagesablauf der Nomaden. Portraits von Ministern wechselten sich in einer langen Reihe ab. Wir erreichten einen mit Glas abgesperrten Bereich. Erka betonte, dass dies so etwas wie ein Heiligtum sei. Hinter dieser Glasfront verbargen sich in einem Halbrund sechs Standarten. Jede Standarte war an der Spitze golden begrenzt, seitlich befanden sich weiße, mit goldenen Kordeln verzierte Tücher. Aus den golden glänzenden Abschlüssen hingen reichlich weiße Haare herunter. Wie ich später erfuhr, waren es Originalhaare von Pferdeschwänzen aus der Dschingis-Zeit. Dieselben Standarten gibt es auch in schwarzer Ausführung. In Friedenszeiten werden die weißen präsentiert, in Kriegszeiten dagegen, die schwarzen. Natürlich durften die Büsten des mongolischen Oberheiligen Dschingis Khan nicht fehlen. Ein schönes Bild vom Orchon-Wasserfall stach mir sofort ins Auge. Bilder vom Kriegsgeschehen aus der Dschingis- und Nach-Dschingis-Zeit wechselten sich ab. Alles in allem sehr beeindruckend. Natürlich stand Erkas Termin beim Verteidigungsminister im Vordergrund und genau dafür musste ich Manfreds Krawatte tragen. Wir besprachen auftretende Hörschäden beim Militär bzw. Traumen bei Schießübungen. Das war der Fachbereich von Erka. Natürlich thematisierten wir auch die allgemeine Elektrotechnik und Elektronik beim Militär. Danach ging es wieder zurück zum EMJJ.

Wir wollten endlich wieder etwas tun. Irgendwie hatte Majig erfahren, dass wir zurückkamen. Als wir EMJJ betraten, war ein Tisch mit Tee und kleinem Gebäck für uns hergerichtet. Danach, wir konnten es kaum erwarten, gingen wir an die Arbeit. Petra kümmerte sich wieder um die Kaninchen und wir nahmen uns einen Behandlungsstuhl vor. Ein uraltes Gerät, bei dem die Steuerung nicht mehr richtig funktionierte. Die Verkabelung/Verdrahtung war naturgemäß auch nicht mehr ganz neu und zerbröselte mehr oder weniger bei Berührung. Wir entschlossen uns daher zu einer, wenn möglich, kompletten Neuverdrahtung. Dazu mussten wir erst mal die nötigen Leitungen und Drähte organisieren. Schließlich haben wir alte, nicht mehr reparaturfähige Geräte ausgeschlachtet. Mit den so gewonnenen Drähten wollten wir den Stuhl neu verdrahten. Für ein Abendessen hatte ich heute keine Lust. Ich machte mich daher auf den Weg zur „German bakery", um Gebäck für Enkhtuya, Manfred, den „kleinen Haas" und mich zu holen. Bereits unterwegs, ist mir Petra eingefallen, die ich ganz vergessen hatte. So ging ich nochmals zurück, um sie zu fragen, ob sie auch Lust auf deutsches Gebäck habe, was sie begeistert bejahte. Zunächst wollte ich Battsengel schicken, um für uns einzukaufen. Aber dann siegte doch die Überlegung, dass Battsengel sich mit deutschen Gebäckstücken nicht so auskannte. Also ging ich doch selbst. Wieder zurück, arbeiteten wir an unserem Stuhl weiter. Manfred hatte schon einige Drahtstücke vorbereitet. Der „kleine Haas" half dabei kräftig mit und man spürte, dass es ihm Spaß bereitete. Er wäre niemals auf die Idee gekommen, wie er Enkhtuya unserer Dolmetscherin sagte, diesen Stuhl komplett neu zu verdrahten. Ein Mikroschalter war noch kaputt und das war es. Der Stuhl funktionierte auch Dank der „neuen" Verdrahtung wieder einwandfrei. Das hat uns wieder gezeigt, in einem solchen Land wie der Mongolei muss man zu Improvisationen bereit sein. Man muss aber auch „den Draht" und das Gespür dafür haben, mit wenigen Mitteln doch noch brauchbare Resultate zu erzielen. Dieser Stuhl war auch für uns ein psychischer Erfolg. Man muss bedenken, ein solcher Stuhl kostet bei uns knappe 10.000 Euro. Was das dann in der Mongolei bedeutet, kann man so ganz gut abschätzen. Inzwischen war es längst dunkel geworden. Erka war wohl etwas sauer, weil wir nicht mit ihm Abendessen gehen wollten. Als er unsere Gepäcksstücke sah, hatte er wohl auch Appetit bekommen. Ich sollte nochmals gehen und für ihn etwas Gutes auswählen sowie zwei Kannen voll Kaffee mitbringen. Meinen Einwand, es sei schon spät, der Laden könne schon geschlossen haben und vielleicht sei auch gar keine Auswahl an Gebäck mehr da, ignorierte er. Ich solle nicht lange reden, sondern sofort losgehen. Er hatte Glück, das Geschäft war noch offen und ich suchte aus den Restbeständen drei Gebäckstücke aus. Ob sie ihm schmecken würden, wusste ich nicht. Schwierig wurde es dann mit dem Kaffee. Die Frau verstand nicht so recht, was ich wollte. So rief ich Erka an – ich hatte ein Handy mit mongolischer SIM-Karte – und erklärte mein Problem. Dann reichte ich mein Handy der Frau, die sich mit Erka unterhielt. Es ging ein bisschen hin und her, aber schließlich hatte sie verstanden. Sie bereitete den gewünschten koffeinfreien Kaffee, griff sechs Tassen aus dem Schrank und legte Trockenmilch und Zucker dazu. Das Ganze verstaute sie in einer starken Papiertüte. Ich bezahlte, bedankte mich mit einem bayarlalaa und verabschiedete mich mit bayartai (sprich bayrta).

Erka hatte unterdessen eine Mitarbeiterin beauftragt, einen Tisch mit großen und kleinen Tellern einzudecken. Wir nahmen Platz und der „kleine Haas" fühlte sich sichtlich wohl. So etwas hatte er wahrscheinlich in EMJJ noch nicht erlebt. Ich verteilte das Gebäck auf den Tellern und wir genossen das harmonische Beisammensein. Erka wollte wissen, woher wir die Ersatzteile für den Behandlungsstuhl hatten. Petra erfuhr erst jetzt Genaueres von unserer Arbeit. Das deutsche Gebäck schmeckte auch unserem „kleinen Haas". Er hatte einen Bärenhunger und war sichtlich noch nicht satt. Er sprach kurz mit seinem Chef, sprang dann auf – und weg war er. Erka beabsichtigte aus der Bäckerei Nachschub zu beschaffen. Er habe zudem vereinbart, dass er morgen früh das Geschirr vorbei bringe und dann auch die Rechnung bezahle. Er wusste sogar, was ich bezahlt hatte und gab mir das Geld zurück.

Wir tauschten unsere Erlebnisse und Eindrücke von der ersten Stunde unseres Kennenlernens an, aus. Zwischenzeitlich traf der „kleine Haas" mit einem Berg voller Gebäck ein. Erka hatte vermutlich ihn damit beauftragt. Der „kleine Haas" bewies, dass er gar nicht „so klein" war. Er verschlang Unmengen an Gebäck. Der Kaffee war ausgezeichnet, echter, deutscher Markenkaffee. Der „kleine Haas" genoss sichtlich die kleine Runde, auch wenn er nicht viel verstand. Manchmal wagte er einen Finger zu strecken. Sein Chef oder Enkhtuya übersetzten dann, was er uns sagen wollte. Erka war total begeistert und betonte, wir müssten einen solchen Abend unbedingt wiederholen.

Den nächsten Tag widmeten wir unserer Arbeit im EMJJ. Erkas Aktionismus brachte uns völlig aus dem Konzept. Wir waren schließlich hier, um zu arbeiten, wenn auch freiwillig. Er hatte durch mich erfahren, dass Petra am 2. September Geburtstag habe und das war heute. Um 9.00 Uhr erschien er mit einer Torte und einem Blumenstrauß, um Petra zu gratulieren. Damit nicht genug, verkündete er, dass er Plätze für eine „kleine" Geburtstagsfeier reserviert habe. Widerstand war zwecklos, wir mussten uns beugen. Am Nachmittag trafen wir im Lokal ein. Zaya, Jargalkhuu und Jargalmaa, die Enkelkinder sowie Majig erwarteten uns bereits. Gegen Ende der Feier öffnete der Chef einen Karton und heraus kam eine original mongolische Kleidung mit Hut für Petra. Eine gelungene Überraschung. Ein Problem würde sich erst bei der Heimreise zeigen, der Platzbedarf und auch das Gewicht waren relativ groß. Wir mussten später alles in verschiedene Koffer aufteilen. Wieder verbrachten wir einen halben Tag im Müßiggang. Erka hatte zudem ein weiteres Ziel im Auge und dorthin mussten wir gute vierzig Kilometer zurücklegen. In Würzburg hatte er bereits angedeutet, dass er ein Sanatorium plane. So etwas gab es in der Mongolei nicht. Das war jetzt unser Ziel. Wenn wir ihn richtig verstanden hatten, war der Rohbau fertig und die Arbeiter waren mit den Innengewerken beschäftigt. Die Baustelle jedoch versetzte uns in Schrecken. Ich kam nicht umhin, unserem Chef sagen zu müssen, sein Sanatorium sähe aus, als ob es schon 300 Jahre alt wäre. Er lachte nur und meinte, ich solle abwarten, bis es fertig sei. Die Menschen hier verstanden sicher eine Jurte aufzubauen, vom Innenausbau eines Hauses verstanden sie offensichtlich nichts. Sie klebten z. B. Fliesen direkt auf Holzbretter, deren Flächen und Stöße uneben waren. Diverse Leitungen sollten über die Fließen geführt werden. Erka gefiel es, wenn die Fliesen die schäbigen Holzbretter abdeckten. Nein, Schönheit war nun wirklich nicht seine Sache. Ich war willens und fachlich versiert, ihn zu beraten. So wie es aber aussah, sollte alles möglichst einfach und billig sein. Zweckmäßigkeit und Ästhetik schienen keine Rolle zu spielen. Die Arbeiter lebten die Woche über auf der Baustelle. Sie hatten sich im Freien wie auch im Haus Kochstellen eingerichtet. Geplant war die Errichtung einer Jurte mit Küche und Kantine. Das Mauerwerk des Neubaus war aus Ziegelsteinen und schien massiv sowie technisch perfekt gemacht zu sein. Die Wand wir mittig mit einer 10cm dicken Styropor-Isolationsschicht versehen. Fenster waren noch nicht eingebaut. Das Wort Arbeitssicherheit war hier ein unbekanntes Fremdwort. Im Freien, allerdings überdacht, war eine Trafostation zur Stromversorgung des Sanatoriums aufgebaut. Direkt von diesem Transformator führte ein viel zu schwaches Kabel, „abgesichert" mit 250 Ampere, fünfzig Meter weit zu einer Jurte und dort in eine Steckdose, die an einem Draht auf dem Jurtendach baumelte. Jedem deutschen Elektriker würden sich bei solchen Provisorien die Haare senkrecht stellen. Allein ein simpler Kurzschluss könnte schon zu größten Schäden führen. Die Menschen waren sich nicht bewusst, in welcher Gefahr sie sich bewegten. Erka stellte mir einen Mann mit großem Cowboyhut als Elektroingenieur vor, der für die Elektroarbeiten zuständig sei. Ich trug meine Befürchtungen in aller Deutlichkeit vor, aber auch bei diesem „Experten" erntete ich nur Verständnislosigkeit. Erreicht hatte ich nichts. Einige Wochen später schrieb mir Erka, dass es just an dieser Stelle einen Flächenbrand gegeben habe. Glücklicherweise wurde die Jurte nur leicht beschädigt. Aber das dürre Gras zwischen Trafostation und Jurte war komplett abgebrannt. Ich bin mir sicher, dieser „Elektroingenieur" hatte nichts verändert und dann passierte genau das, was ich befürchtet hatte. Genaues erfuhr ich nicht, aber zum Glück gab es keine Personenschäden, das einzig Gute an der Sache. Im Außenbereich war ein kreisrundes Areal von etwa fünfzehn Metern Durchmesser mit Palisaden abgesteckt. Der Innenbereich war mit Schotter aufgefüllt.

Hier sollte vorerst eine Art Kantine mit einer kleinen Küche entstehen. Nach Aufhebung der Baustelle war eine große Jurte geplant, die den Patienten als „Speisesaal" dienen sollte. Dummerweise hatte der Architekt vergessen, Versorgungsleitungen für Strom, Heizung, Abwasser und Wasser installieren zu lassen. Baustellen der mongolischen Art stellen schon eine Besonderheit dar!

In der Jurte mit dem speziellen Stromanschluss wurde gerade Schnaps aus Airag, der vergorenen Stutenmilch, gebrannt. Die Hausherrin begrüßte uns mit der obligatorischen Schnupftabakflasche. Danach reichte sie jedem von uns eine Schale mit noch heißem Schnaps. Für mich eine Herausforderung. Ich bat Erka um diplomatischen Beistand und erntete ein mitleidiges Lächeln der Hausfrau, Petra und Manfred genehmigten sich einen Schluck. Ein Butterfass barg Reste von selbst gemachter Butter. Die Hausfrau schien sehr ordentlich zu sein, denn es war alles sehr sauber. Neugierig gesellten sich zwei Kinder und vermutlich Oma und Opa hinzu, um den ungewöhnlichen Besuch einer Langnäsin und zweier Langnasen in Augenschein zu nehmen. Als schlimm empfand ich es, dass die Gefahr wegen der fahrlässigen Installation auf dem Jurtendach nicht erkannt wurde.

Der Jurte zugehörig war eine Art offener Stall mit Kühen und Kälbern sowie einigen Schafen und Ziegen. Die armen Tiere standen in einer Gülle aus Urin und Kot und vermutlich war das auch ihr Schlafplatz. Auf ihrem Fell klebte das, was eigentlich am Boden sein sollte. Dem Stall vorgelagert war eine größere, eingezäunte und ebenso vermatschte Fläche. Der Ehemann schien nicht so reinlich wie seine Frau zu sein, ansonsten wäre der Stall in einem ordentlicheren Zustand gewesen. Erka war Eigentümer und das ungleiche Ehepaar seine Angestellten. Diese Missstände interessierten ihn aber nicht.

Zurück auf der Baustelle wollten wir die Heizung inspizieren, jedoch begegnete uns nur ein heilloses Durcheinander von Rohren, Drähten und irgendwelchen Behältern. War schon verwunderlich, dass es nicht mehr Arbeitsunfälle gab. Das Sanatorium selbst liegt in einer wunderschönen Gegend, umsäumt von Hügeln und etwas weiter entfernt auch von einer Bergkette. Der Anblick löste heimatliche Gefühle bei mir aus. Unweit davon, auf einer Anhöhe, Wiesen mit Edelweiß und Enzian. Blumen und Pflanzen, soweit das Auge reichte. Ich grub mir einige Pflanzen für zuhause aus, die ich in einer Plastikflasche transportieren wollte. Es war eine ideale Gegend, die sich Erka für sein Projekt ausgesucht hatte.

Erka und Fahrer Batbayar stellten für ein Picknick einen kleinen Campingtisch oberhalb der Baustelle auf. Es gefiel Erka sich in Gottes freier Natur zu bewegen, dabei blühte er regelrecht auf.

Sobald ich auf den Zustand seiner Baustelle hinwies, lenkte er ab. Wir bemerkten, dass sich an der Baustelle etwas bewegte. Ein riesiger russischer Militär-LKW lud Materialen ab. Erka drängte zum Sanatorium um zu sehen, was der LKW geliefert hatte. Erkas Bruder war zur Bauaufsicht abgestellt und beruhigte ihn. So stand der Rückfahrt nichts entgegen. Diese nutzten wir, um den nächsten Tagesablauf zu besprechen. Für den Nachmittag hatte ich eine Verabredung im „Khan Bräu" mit einem Schweizer. Erka sollte und Manfred wollte mitkommen. Hintergrund: Ich hatte in Würzburg in einer OP-Fachzeitschrift einen Artikel von diesem Schweizer gelesen. Er beschrieb seine Hilfsprojekte in der Mongolei, die den unsrigen sehr ähnelten. Zusammen mit seinen Anästhesiekollegen hatte er offensichtlich Geräte nach Ulan Bator gebracht. Ich hatte ihm eine Mail geschrieben und es ergab sich, dass er jetzt zufällig zur gleichen Zeit wie wir in der Mongolei weilte. So wurde das Treffen am nächsten Tag möglich. Mir schwebte eine

Art Joint Venture vor, wobei man sich gegenseitig unterstützt oder gemeinsam unterstützt wird. Manuel, so sein Name, war pünktlich und wir waren uns auf Anhieb sympathisch. Es versprach, ein fruchtbarer Kontakt zu entstehen. Leider brach von seiner Seite dieser Kontakt ab. Die Gründe hierfür konnte ich nie ermitteln. Meine Suche über das Internet ergab keinen Erfolg. Ich fürchte, dass ihm etwas Schwerwiegendes zugestoßen ist. Das war natürlich für mich, wie auch für die von ihm betreuten Krankenhäuser in der Mongolei, ein großer Rückschlag.

Für den nächsten Tag war ein weiterer Ausflug angesetzt. Beim Abendessen wurden wir über das Reiseziel informiert, den Terelji-Park. Das sagte mir zunächst nichts. Erka machte uns neugierig, dort gebe es einen über die Grenzen der Mongolei hinaus berühmten riesigen Felsen mit dem Aussehen einer Schildkröte. Majigsuren und Jaagii begleiteten uns am nächsten Tag. Unterwegs trafen wir auf Adlerjäger, die in der Mongolei sehr verbreitet sind. Es sind meist keine Mongolen, sondern Kasachen, eine Volksgruppe aus der westlichen Mongolei. Stolz zeigten sie gegen einen kleinen Obolus ihr Tier.

Der Terelji-National Park liegt knapp 60 Kilometer von der Hauptstadt entfernt und umfasst etwa 3000 ha. Der Park, in gut zwei Stunden von UB aus erreichbar, ist nur eingeschränkt zugänglich. Die Straße endet hier. Das Gelände ist sehr hügelig, bewachsen mit einer prächtigen Flora, welche sich über große Flächen mit vielen Blumenarten, vor allem Edelweiß, ausbreitet. Das Highlight aber ist der sogenannte Turtle Rock oder auch Schildkrötenfelsen mit einer Höhe von knapp 25 Metern. *Siehe Bild 31*

Dieser Felsen erinnert tatsächlich an eine Schildkröte. Unter dem Felsen verbirgt sich eine Höhle, die in der stalinistischen Ära von etwa fünfzig verfolgten Mönchen als Unterschlupf genutzt wurde.

Störend waren wie überall die aufdringlichen Andenkenhändler. Etwa eine Gehstunde vom Turtle Rock, entfernt befindet sich ein tempelähnliches Meditationszentrum (Aryaval). An geeigneter Stelle packten die Fahrer den Campingtisch und die chinesischen Plastikstühle aus. Majig hatte für Proviant gesorgt. Nach einer Stärkung und vielen Fotos traten wir die Rückreise an. Für den nächsten Morgen war Heimreise angesagt. Wir machten nochmals kurz Rast bei einer interessanten Felsformation, deren Bild das eines betenden Lamas abgibt. *Siehe Bild 32*

Diese Formation erinnert an einen frommen Menschen, der die Hände zum Gebet gefaltet hat. Die Landschaft in diesem Park ist atemberaubend. Leider verschandeln viele Jurtencamps den urwüchsigen Charme und stören die Idylle.

Für heute Abend hatte unser Chef ein Abschiedsessen organisiert. Wir sollten also pünktlich zurück sein, was sogar gelang. In einem Jurtenrestaurant war ein überdimensionaler, festlicher Tisch für uns hergerichtet. Wieder wurde mir der Platz an Erkas rechter Seite, dem Ehrenplatz, zugewiesen. Es wurde gelacht und geplaudert, es wurden Pläne geschmiedet und nebenbei mongolische Wörter gelernt. Anfangs saßen Deutsche und Mongolen getrennt. Das verlor sich aber im Laufe des Abends. Erka hielt eine Rede und ich schloss mich auf Wunsch an. Die mongolischen Frauen umrahmten den Abend mit wunderschönen Liedern. Schließlich sollten Petra, Manfred und ich ein typisch deutsches Lied singen. Ich fürchte, dass wir uns mit unserem Frankenlied blamierten, auch wenn die Mongolen geklatscht haben. Gegen deren dominante Stimmen hatten wir keine Chance. Selbst Majig, die sonst eher etwas verschlossen ist, sang kräftig mit. Gut gelaunt legten die mongolischen Frauen eine Tanzrunde ein. Natürlich wurde auch ich abgeschleppt. Allerdings konnte ich kaum mithalten, da mir die Puste ausging. Zu guter Letzt wurde sogar noch Beatmusik aus den 60ern aufgelegt, wie ich sie so sehr schätze. Manfred legte als passionierter Tänzer einen Rock´n´ Roll hin und alle hatten ihren Spaß. Die Stimmung steigerte sich von Stunde zu Stunde, bis Erka dem Treiben ein Ende setzte. Morgen früh, würden wir bald aus den Federn müssen.

Eine weitere Episode Mongolei sollte Geschichte werden.

Die Jahre 2006 bis 2009 verliefen im Wesentlichen unspektakulär und ich darf daher diesen Zeitraum überspringen. Natürlich sammelte ich weiterhin Instrumente und Gerätschaften. Erka und auch einige seiner Angestellten besuchten uns immer wieder in Würzburg. Es hatte sich im positiven Sinn eine gewisse Regelmäßigkeit eingespielt.

Das Jahr 2009 jedoch sollte von dieser Gewohnheit abweichen. In mir reifte der Wunsch, einmal in die Mongolei zu Naadam, dem großen Fest der Mongolen mit Ringkämpfen, Bogenschießen und Pferderennen, zu reisen. Zu diesem Anlass wollte ich auch meine Frau mitnehmen. Ich schrieb meinem Freund Erka den Wunsch, den er mir natürlich nicht ausschlug. Wir vereinbarten einen Zeitraum von zweieinhalb Wochen vom 29. Juni bis zum 15. Juli. Die Festtage würden drei Tage dauern. Während dieser Zeit müssten wir unbedingt in der Hauptstadt sein. Ansonsten hatte ich vor, mich im EMJJ, im Audiozentrum in der Stadt und im entfernten Sanatorium nützlich zu machen.

Aufgrund der bisherigen Reiseerfahrungen in die Mongolei hielt ich es für angebracht, über das Procedere dieser Reise nachzudenken. Nach langem Abwägen entschied ich mich erneut für Aeroflot, diesmal ab Frankfurt. Der Flug von Frankfurt nach Moskau fand in einem nagelneuen Airbus statt. Der Weiterflug in die

Mongolei erfolgte mit einer großen modernen Boeing, die mit Monitoren ausgestattet war. Die Monitore sind mir alleine wegen der Flugroute wichtig. Das Personal war ausgesprochen freundlich und die Verpflegung ausgezeichnet. Später erfuhr ich aus dem Mund eines MIAT-Piloten, dass sich Aeroflot total umgestellt und viele westliche Flugzeuge gekauft habe. Alles ging gut, die Umsteigezeit reichte völlig aus und auch die Koffer kamen in Ulan Bator an.

Der Empfang durch die Familie Erdenechuluun war wie immer sehr herzlich. Ein Ereignis jedoch trübte unseren Besuch. Im Februar 2009 war Erkas Tochter Jaagii verstorben. Ich wusste, dass man die Namen von Toten innerhalb einer gewissen Zeit nicht aussprechen soll, deshalb sprach ich gegenüber Erka allgemein nur von „seiner Tochter". Seine Frau Majigsuren spricht weder Deutsch noch Englisch. Ich wollte ihr mein Mitgefühl ausdrücken, nahm sie sanft in den Arm und flüsterte den Namen Jaagii, worauf sie in Tränen ausbrach. Durch ihren Mann erfuhr ich, dass sie mich sehr wohl verstanden hatte. Inzwischen weiß ich, dass das mongolische anonymisierte Wort für einen Verstorbenen „Imutsching" lautet und so viel bedeutet wie „die oder der Verstorbene." Wir wollten auch gerne das Grab der Verstorbenen besuchen, um Abschied von ihr zu nehmen. Allerdings kamen wir dann der Bitte der Mutter nach, wonach man das Grab innerhalb von drei Jahren nicht besuchen sollte. Ein Lama hatte dies so festgelegt.

Ein Fahrer von EMJJ kutschierte uns in das mir schon bekannte Hotel. Kaum geduscht und umgezogen, wurden wir ins EMJJ gefahren. Inzwischen war Besuch für uns eingetroffen: Ganbold, mein alter Bekannter war gekommen. Wir verzogen uns in Erkas Wohnung um uns zu unterhalten. Ganbold, er arbeitete bei der mongolischen Telecom, erzählte mir von seiner Familie und seiner Arbeit.

Der nächste Tag führte uns zum Gandan-Kloster, das ich bereits kannte und weiter zum Königsmuseum. Anschließend besuchten wir den mongolischen Staatszirkus.

In diesem Jahr war im EMJJ nicht so viel zu tun, weshalb Erka die restliche Zeit mit großen, äußerst interessanten Exkursionen ausfüllte. Während ich im EMJJ arbeitete, führte Enkhtuya, Erkas deutschsprachige Audiologin, meine Frau zu den Sehenswürdigkeiten von Ulan Bator. Zu jeder Besichtigung engagierte Erka eine Führung. Die Abende verbrachten wir in der Nationaloper, Nationaltheater oder dem Nationalzirkus. Auch kleinere, weniger spektakuläre, (doch nicht weniger interessante) Vorführungen ergänzten die Ausflüge. Beeindruckt war meine Frau von dem mongolischen Kehlkopfgesang und den Schlangenmädchen.

Unser Gastgeber hatte für uns und einige Familienmitglieder eine Reise in den Norden, bis an die sibirisch/russische Grenze, an den Khovsguul-See (verschiedene Schreibweisen) organisiert.

Am Donnerstag, den 2. Juli 2009, starteten wir um 6.00 Uhr mit zwei Jeeps und acht Fahrgästen. Mein Freund wählte diese Tour wohlwissend, dass ich selbst noch nie in der Nordmongolei gewesen war. Die ersten fünf Stunden verliefen relativ angenehm über eine ausgebaute, mit vielen Schlaglöchern versehene, Teerstraße. Relativ deswegen, weil die dortigen Straßen kaum unserem Standard entsprachen. Die strengen Winter bewirkten erhebliche Schäden, Schlaglöcher von dreißig Zentimeter Tiefe waren keine Seltenheit. Wir reisten wieder mit bequemen japanischen Geländewagen. Die Teepausen wurden von Erka gerne zum Essen genutzt. Zum Schluss versuchte er mit Vorliebe, seinen Gästen einen obligatorischen Wodka aufzudrängen. Er selbst hielt sich wegen zuvor aufgetretener Herz- und Magenprobleme zurück. Früher wurden wir regelrecht in Wodka ertränkt. Mit allen möglichen Tricks reduzierten wir die Menge. Zur Mittagspause wurde ein Zelt aufgebaut und das vorbereitete üppige Essen angerichtet. Zum Abschluss gab es natürlich das mongolische Wasser (Wodka), das Nationalgetränk. Wir übernachteten in einem relativ bescheidenen Jurtencamp. Meiner Frau graute es etwas beim Blick unter die Matratzen. Gottlob entdeckte Sie kein Kleingetier. Ich schlief prächtig, während meine Angetraute unzählige mongolische Schafe zählte. Ein flaues Gefühl befiel mich am nächsten Morgen bei dem Gedanken an das Weiterfahren. Die Piste, von Straße war ja keine Rede mehr, war rutschig und überall lauerten riesige Pfützen mit unterschiedlicher Tiefe. Schließlich erreichten wir bergiges und bewaldetes Terrain. Wir wurden kräftig durchgeschüttelt und unsere Fahrer voll gefordert. Ständiger Regen schränkte die Sicht ein. Hatten wir schon große Schwierigkeiten bergauf, kamen die richtigen Probleme erst bergab. Gefälle um die 20 % waren keine Seltenheit ebenso wie Schräglagen von 30°. Dazu waren dort matschiger Untergrund, strömende Rinnsale überall, umgestürzte Bäume. Die Sorge um den zweiten Jeep war berechtigt, da dieser mehrfach ausfiel. Kein Funk, kein Handy funktionierte. Wenn man hier liegen blieb, war man aufgeschmissen! Der Jeep rutschte wie im Winter auf Glatteis. Schließlich überholte das Hinter- das Vorderteil des Fahrzeugs, wodurch wir zeitweise rückwärts den Berg hinunterrutschten. Das veranlasste uns, aus den Fahrzeugen in den Schlamm zu springen. Die Fahrer legten ihre Meisterprüfung ab und brachten ihre Jeeps wohlbehalten in weniger riskantes Gelände. Durchnässt, vollkommen verdreckt, aber glücklich alle Schrecken heil überstanden zu haben, kamen wir bei unseren Autos an und stiegen wieder ein. Später riss die Wolkendecke auf und immer mehr blaue Ausschnitte stimmten uns hoffnungsvoll. Am Zielort, dem Khovsguul-See (sprich Hobsgol-See) angekommen, präsentierte sich der aufgerissene blaue Himmel in seiner vollen

Schönheit. Eine angenehme Wärme erfasste uns. Wie das Wetter präsentierte sich dann auch das Camp. Neu errichtet, blitzsauber, einfach einladend. Das Personal – überwiegend junge Leute – war überaus nett und hilfsbereit. Nur die Toiletten- und Duschanlagen waren noch in schlechtem Zustand. Das neue Gebäude für diesen Zweck war aber bereits gebaut, die sanitäre Ausstattung fehlte aber noch. Auch das Restaurant war einladend und das Essen hervorragend. Die Nacht war ausgesprochen angenehm, auch meine Frau musste keine Schafe zählen.

Der nächste Morgen, also Samstag, der 4. Juli, startete mit strahlend blauem Himmel und einem guten Frühstück. Passend dazu war die geplante Bootsfahrt auf dem Khovsguul-See Richtung Norden zu den Tsaan oder auch Tsartan (unterschiedliche Schreibweisen). Der Khovsguul-See ist der kleinere Bruder des nicht weit entfernten Baikalsees. Er liegt 1625 m hoch und misst in seiner Länge 135 km und in der Breite maximal 40 km. In unmittelbarer Nähe ist die russische Grenze. Im Winter ist der See von einer dicken Eisschicht zugefroren. Auf dem Eis findet alljährlich das große Fest der Tsartan statt.

Bei prächtigem Sonnenschein und vollbeladenem Schiff ging es gen Norden. Unterwegs genossen wir die herrlichen Landschaften. Bei den Tsaan angekommen, fielen uns sofort die Zelte, ähnlich den amerikanischen Indianer-Tipis, ins Auge. Rentiere als Fotoobjekte für die Touristen, warteten geduldig. Die eigentlichen Tsaan leben weit verstreut im Hinterland und sehen kaum Besucher. Geführt und religiös betreut werden sie wie schon seit Urzeiten von ihren Schamanen. Sie sprechen eine eigene Sprache und sind bestrebt, nicht als Mongolen angesehen zu werden.

Das schöne Wetter, welches uns zum längeren Verweilen am See animierte, bot den Vorteil, dass die Pisten durch die Berge trockener wurden und sich so die Rückfahrt angenehmer gestaltete. Leider plagten uns auf dem steinigen Gelände zwei Reifenpannen. Die Reifen mussten aus Sicherheitsgründen unterwegs geflickt werden, denn im Falle einer weiteren Panne hätten wir ein riesiges Problem bekommen. Die Reifen wurden in abenteuerlichen Werkstätten versorgt. Die eine in völlig chaotischem Zustand, die zweite ebenfalls spartanisch eingerichtet, jedoch ungleich sauberer und ordentlicher. Hier arbeitete auch die Ehefrau mit und scheute sich nicht, die schweren Räder zu wuchten. Dank ständiger Reifenpannen hier, ein gut gehendes Gewerbe. Neue Reifen konnte sich niemand leisten, weshalb man abgefahrene und beschädigte Pneus aus Europa aufkauft, ausbessert und weiterverkauft. Nach der Profiltiefe fragt man besser nicht, notfalls wird diese nachgebessert. Diese Zwangspausen boten uns eine willkommene Abwechslung. Je nach Laune der Fahrer genossen wir mongolische Musik, wie ich sie liebe. Den Abend und die Nacht verbrachten wir wieder in einem – nicht mit dem vorigen vergleichbaren – Jurtencamp.

Am Montag, den 6. Juli, ging es in aller Frühe los Richtung Hauptstadt. Der frühe Morgen kündigte einen heißen Tag an. Die Rückfahrt gestaltete sich problemlos. Im Hotel angekommen, bekamen wir ein neues Zimmer zugewiesen mit leider nicht funktionierender Toilette. Also zogen wir wieder um. Endlich warmes Wasser und eine funktionsfähige Dusche hoben unsere Laune. Das Abendessen in einem koreanischen Restaurant war regelrecht feudal. Mitten in der Nacht, wir waren gerade in der Tiefschlafphase, schien ein Krieg ausgebrochen zu sein. Auf der Straße wurde mit Presslufthämmern, LKW's und anderen Maschinen, ein unheimlicher Radau gemacht. Dass hier Menschen zu schlafen gedachten, schien niemand zu interessieren. Der Lärm hielt bis zum Morgen an. Das Frühstück im Hotel war – wie gewohnt – sehr gut. Ich verbrachte den Vormittag mit verschiedenen Arbeiten im EMJJ und meine Frau, begleitet von Enkhtuya, ihrer Dolmetscherin, in der Stadt. Zum Mittagessen waren wir in den „Havanna-Club" eingeladen, dem Nachfolgelokal des ehemals altehrwürdigen „Khan-Bräu". Nichts verbindet diese beiden Namen miteinander, außer dass der Betreiber immer noch der gleiche war. Im ehemaligen „Khan-Bräu" trafen sich früher die deutschsprachigen Besucher. Hier gab es deutsche Spezialitäten. Die Speisekarten waren in beinahe perfekter deutscher Sprache. Selbst auf den Bierdeckeln war in deutscher Sprache zu lesen, dass das hiesige Bier nach deutschem Reinheitsgebot gebraut wird. Erka hatte uns in dem Glauben hierher eingeladen, ein deutsches Speiseangebot vorzufinden. Daraus wurde nichts, aber das Essen war trotzdem sehr gut. Anschließend begleiteten meine Frau und ich meinen Freund Ganbold zu sich nach Hause. Seine Frau Naraa, die ich ja schon kannte, zeigte uns die Wohnung und präsentierte den eingedeckten Tisch, voll mit Lebensmitteln und Getränken. Oyunchimeg (oder Oyunaa), die ehemalige Oberärztin aus dem EMJJ, war auch zugegen. Hier sollten wir nochmals „zuschlagen", obwohl wir kurz zuvor reichlich gegessen hatten. Das Ehepaar meinte es einfach zu gut mit uns. Nach zwei sehr angenehmen Stunden mit interessanten, auch sehr humorigen Gesprächen begleiteten wir Oyunaa in deren Praxis, die sie eröffnet hatte. Diese kleine, aber sehr gepflegte Praxis hinterließ einen angenehmen Eindruck. Hier beabsichtigte ich bis zum Abendessen kleinere Reparaturen durchzuführen. Oyunaa wurde in ihrer Praxis von ihren leiblichen Schwestern unterstützt.

Wieder im Hotel angekommen, erlebten wir eine weitere ungute Überraschung. Das Wasser stand knöcheltief im Badezimmer.

Neuerlicher Umzug, diesmal aber auf die andere Hotelseite, dem Lärm abgewandt. Zum Abendessen trafen wir uns im Brauhaus. Auch hier, wie im „Khan-Bräu", war vom ehemals deutschen Ursprung nichts mehr zu spüren. Das „Mozart-Café" habe ich übrigens auch nie mehr gesehen. Irgendwie schien typisch Deutsches nicht mehr gefragt zu sein.

Am nächsten Morgen, dem 8. Juli 2009, hieß unser Reiseziel die Mittelmongolei. Diesmal nur mit einem Jeep. An Bord waren neben dem Fahrer, Erka, meine Frau und ich. Mir war schon etwas flau im Magen bei dem Gedanken an die zu befürchtenden Pannen.

Das erste Ziel war Karakorum, die alte Hauptstadt der Mongolei. Wir erreichten sie mühelos dank einer gut ausgebauten Straße. Es war unterdessen mein dritter Besuch und ich erschrak zunächst über die vielen Fahrzeuge, die vor der Außenmauer parkten, aber auch über die vielen aufdringlichen Händler. Bei genauerem Nachdenken war nichts anderes zu erwarten. Was sollte die geteerte Straße bringen? Natürlich Touristen und damit Tugriks, Dollars oder Euros. Die Straße hatte ihr Soll erfüllt.

Entgegen weitläufiger Meinung wurde diese Stadt nicht von Dschingis Khan erbaut; er hatte lediglich den Platz bestimmt, an dem sie errichtet werden sollte. Umgesetzt wurden die Pläne von seinem Sohn und Thronfolger Ugedei, der Drittgeborener war. Die Stadt hatte ursprünglich die Außenmaße von etwa 4 x 4 km. Die jetzigen Mauern umfassten jedoch nur noch 400 x 400 m. Damals waren die Herrscher von moderner Kunst und Handwerk sehr angetan und „luden" daher viele Künstler, teilweise unter Gewaltanwendung, hierher ein. Es entstand eine multikulturelle Stadt, in der Religionen und Kulturen problemlos miteinander lebten. Leider sind aus dieser Zeit nur noch wenige Exponate erhalten.

Die Tempel und anderen großen Bauwerke, die man heute noch sieht, stammen bereits aus dem 15. Jahrhundert, also der Nach-Dschingis Khan-Epoche und sollten Mitte des letzten Jahrhunderts von Kommunisten zerstört werden. Ein General, der mit Bürgerkrieg drohte, rettete die Bauwerke für die Nachwelt. Damals wurden im Land zahlreiche Tempel zerstört und viele tausende buddhistische Nonnen und Mönche umgebracht. In der postkommunistischen Zeit blühte der Buddhismus wieder auf. Die Glaubensrichtung des mongolischen Buddhismus lehnt sich an den tibetischen Buddhismus an. Folglich ist deren Oberhaupt der Dalai Lama, dessen Portraits überall im Land zu sehen sind. Für meine Frau war es die erste Besichtigung Karakorums, weshalb es für Erka keine Frage war, ihr diese mit einer kompetenten Führung zu ermöglichen.

Anschließend fuhren wir weiter zu einem Jurtencamp, wovon man unterdessen zahlreiche findet – fünf Jahre zuvor – undenkbar. Die Infrastruktur der Mongolei passt sich eben an, wie immer man das auch werten mag. Dieses Jurtencamp war durchaus passabel, auch die Dusch- und Toiletteneinrichtungen funktionierten. Das Abendessen (Rindersteak) mundete uns, so dass wir dasselbe nochmals als Verpflegung für den nächsten Tag bestellten. Vermutlich hatte die Kuh schon fünfzehn Kälbern das Leben geschenkt, was sich natürlich auf die Qualität des Fleisches auswirkte. Da half auch das halbstündige Prügeln der Steaks nicht viel, das wir lautstark zu hören bekamen.

Die Nacht verlief ohne Zwischenfälle. Die Fahrt am nächsten Tag sollte uns zum Orchon-Wasserfall führen. Dorthin starteten wir am 9. Juli um 9.00 Uhr morgens. Die Tour war landschaftlich ganz nach meinem Geschmack, obgleich die stark befahrenen Pfade erhebliche Mängel auswiesen. Die mongolische Musik fehlte mir.

Die Fahrt verlief ohne nennenswerte Zwischenfälle. Wie schon erwähnt, liegt der Wasserfall wunderschön in der Landschaft und wird vom Ulaan Gol, einem Nebenfluss des mongolischen Hauptflusses Orchon, gespeist. Er stürzt in einen kleinen See, der wiederum in einem kleinen Canyon liegt. Diesem Wasserfall begegnet man in der Mongolei überall auf Bildern. Gemalt oder fotografiert, zieren sie Ministerien, Lokale und Wohnungen. In diesem Jahr führte auf Grund reichlichen Regens der Ulaan Gol viel Wasser und entsprechende Mengen stürzten sich die Wand hinunter. Vor drei Jahren war es dagegen ein „Babywasserfall", wie Erka ihn damals beschrieb.

Schon im Canyon erkannte man, dass sich hoch über uns etwas zusammenbraute. Wir kletterten die Steilwand hoch und beeilten uns, zum Jeep zu gelangen. Dort angekommen, lockerte sich der Himmel jedoch wieder auf und wir konnten mit unseren zähen, dennoch gut schmeckenden Kuh-Steaks unsere Mittagspause genießen. Das Wetter hielt zunächst, doch eine Stunde nach Abfahrt begann sich der Himmel zu verfärben. Grün und blau, gelb und grau, er wirkte düster und bedrohlich. Urplötzlich öffnete sich der Himmel: Ein Hagel wie ich ihn zuvor noch nie erlebt hatte. Die Hagelkörner, eher Hageleier, waren wirklich Hühnereigroß. Es polterte bedrohlich auf dem Autodach. Wir hatten Angst, dass die Scheiben zu Bruch gingen. Dazu ein einsetzender gewaltiger Sturm, welcher zumindest die Hageleier schräg auf unser Auto fallen ließ und sie somit entschärfte. An Weiterfahren war nicht mehr zu denken. Der Fahrer reagierte klug, er parkte das Auto mit dem Wind, so dass der Hagel nicht mehr gegen die gefährdete Windschutzscheibe schlug. Da standen wir nun, kein Handy, kein Funk. Was, wenn wir jetzt der Hilfe bedurften? Draußen flüchteten Pferde, Kühe, Schafe und Ziegen, gepeinigt von den

Eisbrocken. Innerhalb kurzer Zeit präsentierte sich eine Winterlandschaft. Wir überstanden das Unwetter unbeschadet, nur der Jeep hatte viele Dellen. Die Hagelbrocken tauten und unzählige Rinnsale ergossen sich allerorten. Es entstanden tückische Pfützen, deren Tiefe man nicht abschätzen konnte. Es half nichts, wir mussten weiter, trotz hinderlicher Rinnen, Gräben und Spalten. Man wusste nie, wohin das Auto bei der nächsten Schräglage rutschen würde. Aber wir hatten einen guten Schutzengel und eine Stunde weiter, war die Gefahr gebannt. Wir passierten unseren wunderschönen Rastplatz von 2004 und 2005. Dort hatten Gert und Prof. Konrad einen Riesenfisch gefangen. Dann, es war beinahe wie eine Fatah Morgana, stand ein umgebauter LKW, mit Stuttgarter Kennzeichen vor uns. Daneben ein Furgon, der offensichtlich eine Panne hatte. Selbstverständlich hielten wir wegen des heimischen Autokennzeichens an. Der Besitzer berichtete uns, dass er bereits im Januar mit seiner Freundin in Deutschland gestartet sei und über Russland, die Mongolei, China, Afghanistan, Türkei wieder zurück nach Deutschland wolle. Damit hatte er sich einen Lebenstraum erfüllt. Der umgebaute LKW beherbergte eine komplette Werkstatt. Den beiden Deutschen hatten sich junge Mongolen mit dem Furgon angeschlossen, bei dem aber ein Achslager seinen Geist aufgegeben hatte. Man konnte es deutlich sehen, die Achse war ganz blau und musste bereits sehr heiß geworden sein. Der Stuttgarter, im Hauptberuf Mechaniker bei Daimler, versuchte provisorisch die Achse zu reparieren, damit sie bis zu einer Werkstatt mit russischen Ersatzteilen kämen. Unsere Frage, ob sie in der Zeit des Unwetters bereits hier standen, bejahten sie, allerdings sei kein Tropfen Regen gefallen. Wir wünschten den hier Gestrandeten viel Glück für eine glückliche Weiterfahrt und machten uns selbst wieder auf den Weg. Nach einiger Zeit waren auch die geflüchteten Tiere wieder zu sehen. Der Himmel wurde heller und auch unser Gemüt. Wir erreichten die Klosteranlage Erdene Khamba, die ich ebenfalls bereits kannte. Im unteren Tempel trafen wir eine junge Frau bei ihrer Arbeit, die uns in verständlicher deutscher Sprache erklärte, dass sie in Nürnberg studiere und in den Semesterferien wieder gerne nach *Siehe Bild 33* Hause fahre um ihrer Mutter zur Seite zu gehen. Die junge Frau berichtete, dass 1935, in der stalinistischen Zeit also, 250 buddhistische Mönche hier zwangskastriert und sehr viele von Ihnen ermordet wurden. Der Vorplatz des Tempels muss damals mit Blut überschwemmt gewesen sein. Etwas weiter oben erstreckt sich die in die Felsen gebaute Tempelanlage vollumfänglich.

Die Nacht verbrachten wir in einem einfachen Jurtencamp, wobei sich die Körperpflege bis zum Sanatorium gedulden musste.

Am darauf folgenden Tag, Freitag, den 10. Juli, präsentierte sich ein eindrucksvoller blauer Himmel und die Temperatur erreichte um die 30° Celsius. Unser Tagesziel waren die Przewalski-Pferde im Hustai-National-Park. Die Vorfahren dieser Tiere stammen von (Rück)-Zuchten aus Europa (hauptsächlich den Niederlanden, Böhmen und auch Deutschland). Sie wurden ab 1992 in der Mongolei ausgewildert, nachdem dort das letzte wild lebende Pferd 1969 gesehen worden war. Diese Pferde haben entwicklungsgeschichtlich mit unseren Hauspferden nichts gemein. Wir informierten uns aus Zeitmangel allerdings nur in dem dortigen Informationszentrum, wo wir auch unsere Mittagspause einlegten und vorzüglich speisten.

Nächste Ziel war das Sanatorium unseres Gastgebers, auf das wir uns schon freuten. Wir kamen im Nieselregen an. Majig, die Enkelkinder Marla und Tubscha sowie die Belegschaft des Sanatoriums erwarteten uns freudig. Das Gästezimmer war für uns hergerichtet und wir konnten einziehen. Nach einer kurzen Pause inspizierte ich das gesamte Anwesen. Ich kannte es von meinem letzten Besuch 2006. Es wurde inzwischen um einen Anbau und vier Jurten erweitert. Uns verwöhnte Mitteleuropäer würde der Gedanke, hier eine dreiwöchige Kur zu absolvieren, eher abschrecken. Für die Mongolen aber bedeutet dieser Kurort ein Novum. Wunderschön an einem Hang liegend, umgeben von Bergen, ähnlich dem bayerischen Wald. Hier wachsen unzählige Blumen, unter anderem das Edelweiß und auch eine seltene Enzianart. Pferde, Kühe Schafe und Ziegen, zum Großteil im Besitz von Erka, weiden auf großzügigen Flächen. An Seilen wurden die Stuten zum Melken angebunden. Übrigens, man kann nicht einfach eine Stute melken, erst muss ihr Fohlen vortrinken, dann kann man auch melken. Die ganze Zeit über regnete es. Das änderte sich auch in der Nacht nicht.

Am nächsten Tag wollte ich mich um die Telefonanlage kümmern, da sie defekt war. Meine Frau würde sich unterdessen mit Majig und den Kindern die Zeit vertreiben. Vor zwei Jahren hatte ich in einem Container zwei Telefonanlagen für zehn Nebenstellen, also zehn Telefone, für das Sanatorium mitgeschickt. Installieren wollte eine dieser Anlagen, Personal aus der Hauptstadtklinik. Der „Kleine Haas" war ausgefallen, da er nach Japan umgezogen war. Wer dann diese Anlage hier installiert hat, habe ich wohl aus gutem Grund nie erfahren. Um es kurz zu sagen: Die Installation war eine Katastrophe. Die zweite Telefonanlage sollte als Reserve gelagert werden. Die hier installierte Anlage war während eines Gewitters, wie man mir sagte, ausgefallen. Ich wollte daher diese Anlage austauschen. Problem war nur, dass ich offensichtlich der Einzige war, der von dieser (Reserve)-Anlage wusste. Nach unserer Rückkehr und langem Suchen im EMJJ entdeckte ich sie.

Die Installation gestaltete sich wesentlich schwieriger als erwartet. Zu Beginn meiner Arbeit meinte Erka, er sei etwas müde und wolle sich für eine Stunde zurückziehen. Das Problem war, mir stand somit kein Dolmetscher zur Verfügung. Erka hatte mir den Fahrer Batbayar als Helfer zugeteilt, der weder Deutsch noch Englisch verstand. Die Installation der Anlage ließ meine Haare zu Berge stehen. Nichts schien auch nur annähernd fachlichem Können zu entspringen. So wurden z.b. als Verbindungskabel einzelne, isolierte Stahldrähte verwendet!!! Ein einziges Chaos eröffnete sich mir. Erka schlief bis zum Morgen durch, was ihm sicher gut tat.

Am nächsten Morgen nach dem Frühstück, das wir im Speiseraum der Belegschaft, einer überdimensionalen Jurte einnahmen, fuhren wir nach Ulan Bator. Es war Samstag, der 11.07.2009 und heute sollte die Eröffnungsfeier zum großen Naadam-Fest stattfinden. Die ersten fünfzehn Kilometer der Anfahrt verliefen problemlos, dann verdichtete sich der Verkehr je näher wir der Stadt kamen. Eine Entscheidung stand an, zwischen einer verbotenen, sehr schlechten Straße, eher einem Pfad, oder der offiziellen, aber total verstopften Straße. Der Fahrer entschied sich für den verbotenen Weg. Es ging alles gut, bis wir in die Nähe des Stadions kamen. Unzählige Menschenmassen unterschiedlichster Herkunft strömten dem Stadion zu, davor aufdringliche Kartenbesitzer, die lautstark versuchten, ihre Tickets loszuwerden. Erka hatte unsere Karten schon Wochen zuvor geordert. Er fand nicht gleich den richtigen Eingang und so kämpften wir uns durch die Massen. Irgendwann und irgendwie hatten wir uns zum richtigen Einlass vorgekämpft. Die Menschen lärmten um uns herum. Am Himmel zog sich immer wieder ein bedrohliches Szenarium zusammen, aber es hielt. Erka hatte vorsorglich überdachte Plätze gebucht. Kaum zum Sitzen gekommen, ging das Spektakel schon los.

Typisch mongolische Reiter, in ihren prächtigen historischen Uniformen, stürmten herein. Ehemalige, hoch dekorierte Ringer wurden in Nobelkarossen durch die Arena chauffiert. Olympioniken und verdiente Sportler, Frauen in historischen, farbenfrohen Trachten, ein Blasorchester, Mädchen mit bunten Bändern und viele Darbietende füllten das Stadion auf. Unter frenetischem Beifall eröffnete der Präsident höchstpersönlich die Wettkämpfe. Es war ein erhebendes Gefühl, dieser Feier beizuwohnen. Folkloristische Tänze wurden aufgeführt, wilde Reiterakrobatik, Kehlkopfgesänge und die Adlertänze der Ringer wechselten sich ab. Die Kleidung der Ringer barg eine Besonderheit. Sie war am Rücken geschlossen. Die (langen) Ärmel fest mit dem Rückenteil verbunden. Brust und Bauchbereich vollkommen frei. Das schenkt dem Trikot eine etwas eigenartige Note. Der Grund hierfür liegt in der Tatsache, dass sich Ende des 19. Jahrhunderts eine Frau unter die Ringer gemogelt hatte. Damit sich so etwas nicht mehr wiederholen konnte, wurde die Kleiderregel geändert. Zu Beginn der Ringer-Kämpfe verließen wir das Stadion und begaben uns zu den Bogenschützen. Was heißt hier „begaben"? Wir kämpften uns durch dichtes Gedränge, stets darauf bedacht, uns gegenseitig im Auge zu behalten. Sprachfetzen aus aller Herren Länder waren zu vernehmen. Auch hier bei den Pfeilakrobaten hatten wir dank Erka einen Superplatz gefunden. Kaum angekommen, war der Präsident auch da. Neben Ministern und seinem Sicherheitsstab hatte er sich neben uns in seiner Loge niedergelassen. Unser Freund Erka war sichtlich aufgeregt, da der Präsident wenige Tage zuvor in seiner Klinik behandelt wurde. Geschossen wird über eine Distanz von 75 Meter. Treffer wurden durch Armheben angezeigt. Fehlschüsse wurden nicht gewürdigt. Nach einer halben Stunde juckte es offensichtlich den Präsidenten und er ließ es sich nicht nehmen, ebenfalls fünf Pfeile abzuschießen. Da er keiner der

Favoriten war, traf auch erst sein fünfter Pfeil ins Schwarze bzw. ins Ziel. Sofort bebte das Stadion, denn der Präsident erfreute sich großer Beliebtheit.

Am Nachmittag fuhren wir außerhalb der Stadt zu den Vorläufen der Reiterwettbewerbe. Der Weg dorthin war wieder äußerst beschwerlich. Vor uns waren bereits tausende Zuschauer am Ort des Geschehens angekommen. Die Pferde wurden nach Altersgruppen eingeteilt. Der Schwanz der Tiere und deren Halsmähne wurden kunstvoll geflochten und geschmückt. Transportiert auf Pickups quer zur Fahrtrichtung, ertrugen die Tiere mit stoischer Ruhe die Mühen der Fahrt. Als Jockeys fungierten Knaben oder auch Mädchen im Alter von fünf bis zwölf Jahren. Geritten wird über eine Distanz von siebenundzwanzig Kilometer. Leider sahen wir auch Pferde, die vor Erschöpfung zusammenbrachen und elendig starben. Das Gelände zur Reitpiste war weitläufig abgesperrt, sodass ein Abstand von mindestens 150 bis 200 Metern zu den Reitern gewährleistet war und das Rennen somit nicht gestört werden konnte. Die verendeten Pferde wurden mit Frontlader und LKW entsorgt. Ein unschöner Anblick. Das Wetter präsentierte sich in seiner Vielfalt, aber es blieb trocken. Die Rückfahrt gestaltete sich ähnlich wie die Rush Hour in der Stadt. Alles schien durcheinander geraten zu sein, dazwischen Reiter, die sich ihren Weg meist rücksichtslos bahnten. Unser Fahrer wusste immer wieder irgendwelche Lücken zu finden.

Am folgenden Tag meldete sich prächtiges Wetter an. Gleich nach dem Frühstück starteten wir zum Pferderennen, diesmal aber zum Endlauf. Das Gedränge war noch lästiger als am Vortag. Wir standen direkt an der Absperrung, einem kräftigen Stahlseil, kurz vor dem Ziel. Einen besseren Platz gab es eigentlich nicht. Gegenüber waren Hundertschaften der Polizei aufmarschiert, bewaffnet mit Gummiknüppeln und begleitet von Polizeihunden. Anfangs verlief alles friedlich, jedoch schwoll die Menschenmenge unaufhörlich an. Meine Frau saß – wie viele andere Frauen und Kinder auch – am Boden, weil sie dem Druck am Seil nicht mehr standgehalten hatte. Mit zunehmender Menschenmenge stieg die Angst, überrannt zu werden. Die Polizisten hätten kaum dagegen angehen können, wenn die am Boden Sitzenden getreten worden wären. Eine Nachfrage bei Erka bestätigte mein mulmiges Gefühl, solche Katastrophen hätte es durchaus schon gegeben. Gottlob blieb alles weitgehend friedlich. Nach gut zwei Stunden näherte sich eine Staubwolke, die auch immer wieder hinter Bodenmulden verschwand. Vollkommen unspektakulär stand dann der Sieger vor uns und wurde von einem anderen (erwachsenen) Reiter abgeholt und zum Ziel geleitet. Spätestens jetzt rechnete ich mit dem Durchbruch der Massen. Nichts geschah, im Gegenteil. Die Menge löste sich auf, um wie verrückt in eine andere Richtung zu stürmen. Ich erfuhr, dass die Menge jetzt hinter dem Schweiß des Siegerpferdes her war. Eine Fingerspitze mit dem Schweiß des Pferdes auf die Stirn gerieben, soll bis zum nächsten Naadam-Fest Glück und Gesundheit garantieren. Durch das Fernglas konnte man sehen, wie sich der kindliche Sieger, umringt von erwachsenen Reitern, aus dem Staub machte. Aber auch der Staub des Siegers versprach Gesundheit und Glück. Unsere beiden Fahrer, die mit dem Pulk unterwegs waren, kamen ganz selig zurück, sie hatten noch etwas von dem Staub abbekommen.

Zum Mittagessen waren wir wieder im „Havanna-Club", dem früheren „Khan-Bräu". Anschließend besuchten wir mit Erka eine Vernissage. Wunderschöne Bilder, die ausnahmslos vom Leben der mongolischen Landbevölkerung und Natur handelten, waren zu sehen. Den Nachmittag verbrachte meine Frau mit Enkhtuya in der Stadt, während ich im Audio-Center mit Erfolg ein Audiometer reparierte und mich dabei mit einem untauglichen, schlechten Lötkolben herumquälte. Der gute, elektronisch geregelte Lötkolben, den ich einmal mitgebracht hatte, diente Battsengel bei einem Einsatz in der Westmongolei (Altai).

Die Nacht verbrachten wir in unserem vorherigen Hotelzimmer und hatten somit keine Probleme.

Für Montag, den 13. Juli, war eine Fahrt in den Terelji-Nationalpark geplant. Auch dort war ich bereits. Wir starteten nach dem Frühstück um 9 Uhr 00 bei strahlendem Sonnenschein. Zaya und Jargalkhuu schlossen sich an. Es war der Tag nach Naadam, einem Familienfeiertag. Die Menschen erholten sich von den Strapazen der vorigen Tage und unternahmen Ausflüge in die nähere Umgebung. Obwohl dichter Verkehr herrschte, kamen wir gut voran. Unterwegs fand ein kleines „Familientreffen" statt. Unser Fahrer Batbayar und seine Tante Majigsuren trafen auf Verwandtschaft. Viele davon kannte ich bereits. Im Nationalpark begrüßte uns von weitem die „Schildkröte", ein riesiger Felsen. Auch der „betende Lama", eine an einen betenden Menschen erinnernde Felsformation, war noch da. Ebenso das Restaurant „Chorchog", wo wir zu Mittag aßen. Dieses Lokal war zu kommunistischen Zeiten den Offizieren vorbehalten. Für „Normalsterbliche" stand damals lediglich ein alter Schuppen bereit. Erka hatte mein Lieblingsessen (Horhog) bestellt, bestehend aus Gemüse und (für meine Frau und mich fettarmen) Schaffleisch, welches in einer großen Milchkanne unter Beimengung von heißen Steinen gegart wird. Dieses Festessen schmeckte ausgezeichnet und „hammelte" überhaupt nicht. Auf dem Rückweg sammelten wir bei optimalem Wetter wieder Pflanzenableger für unseren heimischen Garten. Ob sie diesmal gedeihen würden? Bisher hatte ich kein Glück. Vierzig Kilometer vor der Hauptstadt hielt Erka eine Überraschung parat. Seit meinem letzten Besuch war ein riesiges Monument für den Nationalheiligen Dschingis Khan errichtet worden. Es war vierzig Meter hoch und ganz aus Edelstahl gebaut. *Siehe Bild 34*

Im Zusammenhang mit der Errichtung wurden angeblich viele Gelder verschoben, um das Projekt zu ermöglichen. Durch das rechte Bein des Pferdes führte ein Aufzug nach oben. Hier gelangt man über den Hals auf den Kopf des Pferdes bis zu den Ohren und genießt einen herrlichen Ausblick. Dass hier an einem solchen Tag großer Andrang herrschte, war verständlich. Im linken Pferdebein war eine Wendeltreppe verborgen. Im unteren Bereich gibt es Ausstellungen aus der Khan-Zeit. In diesem Gebäude befindet sich auch der größte Stiefel der Welt.

Das Abendessen nahmen wir in einem sehr guten mongolischen Restaurant ein.

Der nächste Tag, Dienstag, der 14. Juli, verdeutlichte uns, es ging dem Ende unseres Aufenthaltes entgegen. Nach dem Frühstück holte Anujin, Tochter meines Freundes Ganbold, meine Frau zu einem weiteren Stadtrundgang ab. Ich verkrümelte mich im EMJJ und versuchte ein Gerät zu reparieren, was aber nicht ganz gelang, da eine Dichtung falsch geliefert war. Bis zur Mittagszeit erledigte ich erfolgreich eine Konfigurationsänderung an der Telefonanlage, die ich vor vier Jahren selbst installiert hatte und freute mich mit den Angestellten über unser vermutliches Wiedersehen im nächsten Jahr. Der Nachmittag war dem Kofferpacken geschuldet.

Das Abschieds-Abendessen nahmen wir mit den Enkelkindern Marla und Tubscha, Erka und Majig sowie Jack und dem Fahrer Batbayar im „Restaurant Seoul" ein, einem typischen koreanischen Lokal.

Die Nacht schlief ich im Gegensatz zu meiner Frau sehr gut. Sie litt wie üblich unter Reisefieber. Unser Flug ging um 7 Uhr 35. Jack hatte bereits angerufen und dafür gesorgt, dass wir weit vorne Plätze bekommen würden, da wir in Moskau zum Umsteigen nur wenig Zeit haben würden. Es wurde ein rührender Abschied von Majigsuren, Prof. Erdenechuluun, dem Sohn Jargalkhuu und dem Fahrer. Unsere Freunde hatten uns wieder einen schönen Aufenthalt bereitet, alles Mögliche getan, um uns ihre Heimat so angenehm wie nur möglich zu gestalten. Jetzt folgte der schwere Abschied mit vielen bleibenden Erinnerungen.

Um keine Langeweile aufkommen zu lassen, machen wir jetzt einen Sprung ins Jahr 2011. In der Zwischenzeit waren keine großen Vorkommnisse eingetreten. Diese anstehende Reise unternahm ich wieder mit Manfred. Da Air China um 400,00 € günstiger als Aeroflot war, flogen wir zum ersten Mal mit dieser chinesischen Airline. Der Service war deutlich schlechter als bei Aeroflot. Der Flug ging direkt ohne Zwischenlandung nach Peking. Dabei überflogen wir Ulan Bator, das wir deutlich von oben erkennen konnten. Aber es half nichts, erst in Beijing galt es umzusteigen, für den Weiterflug nach Ulan Bator. Dazwischen waren 4 Stunden Wartezeit, dann nochmals zwei Stunden in der Luft bis UB. Bedeutete insgesamt sechs zusätzliche Stunden, die uns ziemlich lange erschienen. Beim Rückflug würde es wahrscheinlich ähnlich sein. Die Kontrollen im Pekinger Flughafen waren penibel. Lästig waren auch die weiten Wege innerhalb des Flughafens. Wahrscheinlich würden wir bei unserer nächsten Reise doch wieder die bewährte Aeroflot nehmen. Am Flughafen wurden wir von Erka, Majig und Batbayar abgeholt. Nachdem wir uns im Hotel eingerichtet hatten, gingen wir zum EMJJ, um uns wieder einen Eindruck von den Änderungen zu verschaffen. Direkt gegenüber der

Klinik war unterdessen ein DHL-Hochhaus errichtet worden, das unser EMJJ – inzwischen von Hochhäusern umgeben – richtig klein erscheinen ließ. Die Fassade der Klinik war neu gestrichen worden, aber auch in der Klinik gab es Veränderungen. Das Wichtigste für mich war jetzt, die unterdessen defekte Telefonanlage, die ich vor sechs Jahren installiert hatte, zu reparieren. Das war natürlich ein großes Problem für die Belegschaft, hatte man sich doch inzwischen an die Vorteile dieser Anlage gewöhnt. Wie anfangs, waren längst wieder Boten unterwegs. Inzwischen wurden zwei junge Ingenieurinnen im EMJJ angestellt, sehr lernbegierig, aber noch jung und unerfahren. Bolortuya (Boloroo) war etwas länger dabei als Sarnai. Boloroo hatte die Nachfolge von Battsengel angetreten, die Mutter geworden war. Zum damaligen Zeitpunkt sprach Boloroo nur einige englische Worte. Sarnai war für die Haustechnik im Allgemeinen und für die Computer im Speziellen zuständig. Sie sprach gutes Englisch. Beide Ladys und mein „alter" Bekannter Ganbold, der zu meiner Begrüßung gekommen war, wollten mich bei der Fehlersuche an der Telefonanlage unterstützen. Der Fehler war schnell gefunden. Leider gab es weit und breit keine technische Hilfe, denn die Primärwicklung des Netztransformators war defekt und kein Ersatz in Sicht. Bei den Spannungsschwankungen hier, kein Wunder. Da es sich um einen Spezialtrafo handelte, blieb mir keine andere Lösung, als zuhause einen Ersatz zu bestellen und dann zu EMJJ liefern zu lassen. Die beiden Mädels würden ihn einbauen, verbunden mit der Hoffnung, dass ansonsten an der Telefonanlage kein Schaden bestand. Mit dem neuen Transformator würde ich auch eine Entlötpumpe mitschicken. Damit war diese Aktion vorerst abgeschlossen.

Nachdem Oyunaa das EMJJ verlassen hatte, bekam die Klinik eine neue Mitarbeiterin, Enkhe, kurz Egi genannt. Sie wurde meine

Dolmetscherin und Hilfe bei allen Problemen und das bis zum heutigen Tag! Sie genießt mein volles Vertrauen. (Bildmitte) *Siehe Bild 35*

Nach einigen Arbeitstagen in der Klinik war Erka der Meinung, dass wir uns in der schönen Mongolei umschauen sollten. Er wollte erneut zum Khovsgool-See. Unser letzter Aufenthalt dort, hatte ihm sehr gut gefallen. Unterwegs wollte er bei Boloroo's (Bolortuya) Mutter vorbei schauen, die auf dieser Strecke wohnt. *Siehe Bild 36*

Zunächst führte uns der Weg zum Kloster Amar-Bayasgalan, einer riesigen Klosteranlage. Erka hatte eine Nichte als Köchin verpflichtet. Als Fahrer fungierten Baajii und Batbayar. Beide waren ebenfalls Verwandte Erkas. *Siehe Bild 37*

Rechts neben dem Klostereingang lagerten Steinplatten verschachtelt übereinander. Wenn man durch diese Platten hindurch kriecht, verspricht das ein gesundes und langes Leben. Erka wollte es uns beweisen und schlüpfte prompt und mit großer Mühe zwischen diesen Steinen hindurch. Geholfen hat es nichts, er ist leider viel zu früh verstorben.

Nach Besichtigung des Klosters ging es weiter nach Erdenet, der zweitgrößten Stadt der Mongolei. Hier hatte Erka vorsorglich Zimmer für uns gebucht. Im Hotel angekommen, gab es ein Problem. Der Manager wusste nichts von einer Buchung. Das Hotel war nagelneu und teilweise noch nicht fertig. Gar nicht ganz fertig waren auch die sanitären Einrichtungen des Hotels. Aus den Leitungen kam – wie konnte es anders sein – kaltes Wasser. Es stellte sich heraus, dass Erka zwar in einem Hotel mit demselben Namen wie dem unseren gebucht hatte, allerdings lag dieses Hotel 200 km entfernt. Wie sich auch zeigte, waren wir die einzigen Gäste.

Die gespielte Aufregung des Hotelmanagers hatte sich damit erledigt. Die Zimmer waren sauber. Die Möbel neu und in einem Top-Zustand. Selbst die Toiletten funktionierten. Nur das kalte Wasser, aber dieses Problem kannten wir ja schon. Ein üppiges Frühstück versöhnte uns mit dem kalten Wasser.

Gegen 9.00 Uhr starteten wir Richtung Nordosten. Das Wetter war ideal, nicht zu heiß und nur leicht bewölkt. Wir legten einige Pausen ein. Erka meinte, dass wir genügend Zeit dafür hätten. Schließlich kamen wir in Boloroos kleinem Heimatort an. Nach einigen Irrfahrten standen wir schließlich vor Boloroos Elternhaus, einer Art Blockhaus. Die Mutter erwartete uns bereits am Eingang. Erka hatte sie zuvor angerufen. Sie bat uns ins Haus, wo sie den obligatorischen mongolischen Tee bereithielt, daneben Naschereien. Irgendwie erschloss sich mir das nicht. Bei jedem Anlass stehen außer Getränken auch Naschereien auf den Tischen. Dabei ist solches Gebäck bei den mongolischen Männern absolut verpönt.

Das Haus besaß nur einen Raum in dem gekocht, gewohnt und auch geschlafen wird. Der Tisch, eine Art Campingtisch, wurde an zwei Seiten von einfachen Sofas oder auch besseren Liegen begrenzt. In einer Ecke stand ein Ofen, wie er auch in den Jurten gebräuchlich ist. Man erkannte sofort, dass Herr „Reichtum" hier nicht wohnte. Dennoch machte die Frau einen zufriedenen Eindruck und scherzte auch mit Erka und den anderen mongolischen Begleitern. Sie wusste genau wer ich war. Ihre Tochter hatte ihr von mir erzählt. Sie holte ein in die Jahre gekommenes Fotoalbum hervor und zeigte uns Bilder mit ihrem Mann, den Kindern und vor allem natürlich Bolortuya. Man konnte sehen wie stolz sie auf ihre Tochter war, die jetzt in der großen Stadt als Ingenieurin arbeitete. Neben dem Wohnhaus stand ein Schuppen, auch einer Blockhütte nicht unähnlich.

Vor diesem Anwesen war ein prächtiger Garten angelegt, wie ich ihn in der Mongolei noch nie gesehen hatte. Hier wuchsen unterschiedliche Gemüse- und auch Rübenarten. Schließlich führte uns Boloroos Mutter zu ihrem Arbeitsplatz, dem örtlichen Krankenhaus. Wenn ich es richtig verstanden habe, war sie dort in der Verwaltung tätig, half aber auch im klinischen Betrieb aus, wenn Not am Mann bzw. an der Frau war. Dieses Krankenhaus war natürlich nicht mit EMJJ oder gar unseren Krankenhäusern vergleichbar. Ein Holzbau, ähnlich einem Schwedenhaus, mit einem Flur und mehreren Behandlungszimmern, sowie zwei Zimmer für Notfallübernachtungen. Das war es im Großen und Ganzen. Boloroos Mutter führte uns anschließend zu einem Jurtencamp, wo wir nächtigen konnten. Dieses Camp war blitzsauber und beherbergte ein kleines Lokal, in dem man Wein oder auch ein Bier trinken konnte. Die Inhaberin sprach absolut akzentfreies Hannover-Deutsch. Am Abend setzte sie sich zu uns, da wir die einzigen Gäste waren und wir fragten sie, wieso sie so gut die deutsche Sprache beherrsche. Sie klärte uns auf. Ihre Heimat sei hier, jedoch habe sie eine gewisse Zeit in Ostdeutschland verbracht. Dann nach der Wende kehrte sie zurück und fand Arbeit in der deutschen Botschaft. So konnte und musste sie jahrelang Deutsch sprechen. Sie betonte aber auch, dass sie weder in der DDR, in Ulan Bator noch in der Botschaft glücklich war, sie hatte immer Heimweh und überlegte, wie sie in ihrer heimatlichen Region überleben könne. Da bot sich dieses Jurtencamp an. Sie nahm einen Kredit auf und erwarb das Camp. Vom Erlös könne sie eigentlich mehr schlecht als recht leben. Zum überleben reiche es ihr aber und das allein sei ihr wichtig. Wir sprachen von unserer Absicht, an den Khuvsgool-See zu gelangen und sie informierte uns, welche Strecke noch vor uns läge. Da die Landschaft hier sehr reizvoll war, beschlossen wir zunächst hierzubleiben. Am nächsten Morgen nach dem Frühstück verkündete Erka, er müsse etwas erledigen, schnappte sich einen Fahrer und weg war er. Zwei Stunden später kehrte er zurück und hatte Boloroos Mutter und Bruder dabei, einen Jungen von vielleicht 10 Jahren. Offensichtlich hatte Erka die Mutter als Führerin angeheuert, denn sie sollte uns jetzt bei einer Fahrt begleiten, die ich nie vergessen werde. Bald eröffnete sich uns eine faszinierende Landschaft mit beeindruckenden Schluchten und Bergen, weiten Waldgebieten und Wiesen. Hier gab es Unmengen von wilden Erdbeeren, Brom- und auch Blaubeeren. Blumenteppiche signalisierten Natur pur. Ein nachvollziehbarer Grund, meine „Wunderbar-Rufe" erschallen zu lassen. Wie konnte es auch anders sein? Erka gab Zeichen, die Picknick-Utensilien auszupacken. Umgeben von herrlichster Natur, weit weg von Lärm und Menschengedränge, genossen wir unsere Mittagspause. Weder Heuschrecken noch Fliegen plagten uns, dafür sahen wir unzählige fremdartige Vögel. Wir konnten die Jurtencamp-Chefin gut verstehen, wenn sie trotz Hauptstadt-Komfort ihrer Heimatregion den Vorzug gab. Wie aber würde es im Winter hier sein?

Erka bemühte ständig sein Fernglas. Wie wir glaubten, galt es der Weite dieser Landschaft. Das aber war ein Irrtum, sein Interesse galt vielmehr den Murmeltieren. Sein Jagdinstinkt war schon wieder aktiv. Er gab Zeichen zum Aufbruch und dirigierte seine Fahrer an die erfolgversprechende Stelle, von der auch Boloroos Mutter sich überzeugt zeigte. Wir sahen unzählige Eingänge zu den Murmeltierhöhlen, aber von den Tieren selbst war keine Spur. Die waren wohl bei Sichtung unserer Autos in ihren Höhlen verschwunden. Nachdem der Jagdtrieb aber geweckt war, kam Erka auf die Idee, wenigstens auf leere Plastikflaschen zu schießen. Selbst ich beteiligte mich an dieser „Jagdart". Boloroos kleiner Bruder traf vorzüglich. Angeblich sollen alle Jungen in diesem Alter schießen können. Boloroos Mutter hingegen fand keinen Spaß an der Ballerei und legte sich auf eine Decke zum Schlafen. Sie war sehr müde und schlief sofort ein. Unser Fahrer Baajii fand im Auto einen weißen Karton, auf den er eine Zielscheibe zeichnete. So ging der Spaß zur Freude unseres Chefs weiter. Er war vollauf begeistert. Als dieser Spaß sein Ende fand, war auch Boloroos Mutter sichtlich erholt. Zurück im Camp, lud uns Erka in das kleine Camp-Lokal ein. Obwohl niemand über Durst klagte, bestellte er Mongolischen Tee, Wasser, Bier und für mich grünen Tee und dann eine Flasche Rotwein. Fern ab von jedem Komfort brachte die Camp-Chefin eine Flasche australischen Rotweins. Boloroos Mutter wie unsere Fahrer und auch Erkas Nichte „durften" sich mit an den Tisch setzen. Es wurde ein vergnüglicher Abend mit viel Gesang, an dem sich auch die Camp-Chefin beteiligte. Es war ihr anzumerken, dass sie den Abend genoss. Eine solche Stimmung entstand wohl selten in ihrer abgelegenen Hütte und ich erlebte erstmalig Erka als Rotwein-Liebhaber. Zu vorgerückter Stunde verwöhnte uns die Chefin noch mit warmem Essen. Danach gab Erka Zeichen zum Aufbruch. Unsere Gastgeberin sagte, dass der Generator noch etwa eine halbe Stunde in Betrieb sein würde. Dann würde er abgeschaltet. Das reichte, um auch unsere Handys und Fotoapparate aufzuladen. Ein Handynetz gab es hier natürlich nicht, was nicht nur unser Freund Erka vermisste. Am nächsten Morgen starteten wir zur Heimreise. Den Khovsgool-See brauchten wir nicht mehr. Auf dem Rückweg ergab sich ein Problem. Der Sprit für beide Autos wurde knapp. So wurde ein Teil des Tankinhaltes des einen Autos abgezapft und in den Tank des anderen Autos geschüttet. Batbayar machte sich nun auf die Suche nach einer Tankstelle. Nicht nur ich war in Sorge, ob er zurückfinden würde. Nach gut zwei Stunden sahen wir eine Staubwolke uns entgegenkommen. Unsere Sorgen lösten sich in Nichts auf.

Ohne Hilfsmittel wie Navi oder auch nur einfache Straßenschilder bewies der Fahrer einen ausgezeichneten Orientierungssinn. Wir hatten unterdessen ausgiebig gegessen und getrunken. Was war aber mit Batbayar, unserem Fahrer? Das mache nichts, meinte sein Onkel Erka, er sei dick genug, außerdem könne er während des Fahrens essen und trinken. Nach etwa zwei Stunden erreichten wir eine Ansiedlung von mehreren kleinen Häusern. Darunter eine Art Blockhütte, die wir sofort als Gasthaus erkannten. Im Innern war sie tatsächlich wie ein Lokal eingerichtet und sah sauber und ordentlich aus. Erka entschied, hier würden wir bleiben und unsere Mägen füllen. Als Vorspeise gab es Teigtaschen, den Hauptgang konnte man sogar aus einer Karte auswählen. Auffallend war in der Toilette eine Flüssigseife mit dem Namen „Stern-Cremeseife". Der Rest war in kyrillischer Schrift geschrieben. Nach dem Essen ging es weiter über geheimnisvolle Pfade, wobei es mich immer wieder erstaunte, wie sich die Fahrer zurechtfanden und sich höchst selten einmal bei der Bestimmung der Routen irrten. Spätestens wenn sie anhielten, um kurz die Gegend zu inspizierten, wussten wir, sie hatten ein kleines Orientierungsproblem. Das Wetter konnte es auch nicht besser mit uns meinen. Gute Voraussetzungen für die eingelegten Pausen. Irgendwo mussten unsere guten Geister eingekauft haben, ohne dass Manfred und ich es bemerkten. Diesmal gab es sogar gekochte Eier. Meist hielten wir an einem Bach oder einem kleinen Fluss. Diese Stellen waren oft mit Büschen oder kleinen Bäumen bewachsen, dazwischen Wiesen mit einem üppigen Blumenangebot. Erka fühlte sich hier immer wohl und genoss die Pausen in vollen Zügen. Wir ruhten zufrieden in unseren komfortablen Camping-Sesseln und genossen die herrliche Natur bei weißblauem Himmel und angenehmer Temperatur. Allein störend war die mangelnde Kommunikation mit unserem Personal mangels Sprachkenntnissen. Doch Musik schafft Brücken der Verständigung. Batbayar war wie ich ein Fan der Musik aus den 1960er-Jahren. Baajii wurde von Erka mit dem Titel „Hochmann" gewürdigt, weil er 10cm größer ist als ich. Beide Neffen von Erka zeichneten sich durch Freundlichkeit und Hilfsbereitschaft aus. Sie steuerten uns punktgenau zum Sanatorium. Ständig wurden die dortigen Anlagen vergrößert. Um das Areal hatte man einen Zaun angelegt. Zu oft waren freilaufende Schafe, Ziegen oder auch Kühe auf das Sanatorium-Gelände gekommen und hatten es naturgemäß verunreinigt. Inzwischen hatte man ein zweites Gebäude und eine zusätzliche große Jurte errichtet. Auch an den Außenanlagen wurde intensiv gearbeitet. Man war um jede optische Verbesserung bemüht. Natürlich begutachteten wir auch die Trafostation mit dem im Jahr zuvor bemängelten Kabel. Im letzten Jahr gab es einen Kabelbrand hier. Bei einem Kurzschluss in der Jurte, brannte das total übersicherte Kabel durch und setzte auch das hier dürre Gras in Brand. Zur Jurte führte jetzt kein Kabel mehr und das abgebrannte Gras war längst nachgewachsen. Allerdings hingen zwischen den Gebäuden die kreuz und quer gespannten Telefondrähte unverändert gegenüber dem letzten Jahr. Die Heizungsanlage, mit Koks geschürt, hätte vermutlich um 1850 Eindruck geschunden, jetzt aber waren Boiler und Rohre total verrostet. Pumpen, etwa für das Hauswasserwerk, ruhten unbefestigt auf einer Werkbank. Der gesamte Heizraum wirkte wie eine vergessene Ruine, keinesfalls aber wie eine in Betrieb befindliche Heizungsanlage. Es fehlte an einer umsichtigen Person, die sich dieser Mängel annehmen würde. Eine solche Fachkraft sei zu teuer, war Erkas Ansicht. In diesem Falle widersprach ich ihm vehement.

Man hatte unterdessen auch ein riesiges Zelt aufgebaut, das als Gewächshaus fungierte. Hier wurden Karotten, Gurken und Tomaten für die Selbstversorgung kultiviert. Gegenüber stand ein neu errichtetes Gewächshaus aus Glas. Ob es den winterlichen Stürmen standhalten würde? Nicht weit von den Haupthäusern entfernt, entdeckten wir zwei kleine Häuschen für die 1. Klasse-Patienten. Leider war es innen sehr heiß. Eine Klimaanlage wurde dringend benötigt. Ich denke, dass an der Isolierung gespart wurde. Jedes dieser Häuschen hatte eine eigene Satelliten-Empfangsanlage. Die kleinen Gebäude waren auf Pfählen gebaut, damit sie auch bei Schnee begehbar waren. Die „Lieferanten" der Stutenmilch schauten gelangweilt aus ihrem Gatter. Dann mussten wir uns natürlich in den Jurten-Speisesaal begeben um schon wieder zu essen. Es gab Suppe, Gemüse, Obst und Khuushuur, frittierte Teigtaschen. Ich bemerkte eine junge Mongolin, die sich für uns interessierte. Plötzlich sprach sie uns schüchtern in deutscher Sprache an. Sie erzählte, dass sie eigentlich Studentin in Ulan Bator sei und sich hier in ihren Ferien etwas verdienen wolle. Unter anderem studiere sie auch Germanistik, woher ihre Sprachkenntnisse kämen. Nach dem Essen setzten wir unseren Rundgang fort. Die Ersatztelefonanlage war inzwischen montiert und funktionierte auch. Allerdings, wie viele Gewitter sie wohl heil überstehen würde, stand in den Sternen. Rund um die Haupthäuser wurde Erde aufgefüllt, da die Baugräben immer noch offen waren. Jetzt konnte man sich die Außenanlage in ihrer vorzeigbaren Endfassung gut vorstellen. Das konnte man von der technischen Einrichtung leider nicht sagen. Von Schönheit oder Sauberkeit war keine Spur. Das Personal berichtete mir, dass die Sicherungsautomaten regelmäßig ausfielen. Ein Blick in den Verteilerkasten genügte, denn es waren nur viel zu schwache 10 A-Sicherungsautomaten installiert. Der „Ingenieur", an dessen Fähigkeiten ich schon im Jahr zuvor gezweifelt hatte, bestätigte meine Befürchtungen. Ich baute eine Steckdose aus und sah, dass man Aluminium Leitungen installiert hatte. Alles, was er an Arbeiten verrichtet hatte, ließ sich mit dem Begriff „Pfusch" treffend beschreiben. Ich informierte Erka über meine Erkenntnisse. Er versprach, dieses „technische Genie" einzubestellen. Was mich aber noch mehr störte als diese handwerklichen Unzulänglichkeiten war die Tatsache, dass sich Erka um diese Fragen und Probleme so gut wie nicht kümmerte. Unzufrieden über diese unverantwortliche Schlamperei traten wir die Fahrt nach Ulan Bator an.

Im Hotel angekommen hieß es, zum Abendessen anzutreten. Diese ständigen Verpflichtungen waren zwar gut gemeint, wurden uns aber langsam lästig. Am nächsten Tag durften wir uns endlich unseren eigentlichen Aufgaben widmen. Im OP gab es immer Arbeit. Sarnai beteiligte sich – gab es doch immer wieder etwas Neues – wenn sie mit uns zusammenarbeitete. Im OP-Saal 2 wurde ein Problem mit einem EKG-Gerät gemeldet. Es stellte sich heraus, dass es nicht am Gerät lag, sondern an der 230V-Zuleitung. Nach mehreren Stunden Arbeit hatten wir auch dieses Problem gelöst. Und wieder sollte es zum Essen gehen. Egi und Undrakh waren heute eingeladen, ebenso wie Batbayar, unser Fahrer. Reserviert wurde in einem russischen Lokal. Das Essen war gut und wir hatten viel Spaß an diesem Abend. Überhaupt waren mir diese zwischenmenschlichen Begegnungen wichtiger als das beste Essen. Undrakh telefonierte an diesem Abend erneut mit unserer Nachbarin. Dabei flossen wieder Tränen. Dies tat aber der Gemütlichkeit des Abends keinen Abbruch. Der Chef erzählte uns von seinen Plänen, die mir aber zum Teil als nicht realisierbar erschienen. Er versuchte ein weiteres Mal, wieder vergeblich, Undrakh abzuwerben.

Der nächste Tag gehörte der Klinik. Sarnai begleitete uns. Wir widmeten uns einem defekten Mikroskop im OP-Saal 1. Die Kaltlichtquelle lieferte kein gutes Licht mehr. Schuld war die

Behandlung des Lichtwellenkabels, das offensichtlich immer wieder mal geknickt wurde. Dadurch brachen im Kabel Fasern. Obwohl das Personal immer wieder darauf hingewiesen wurde, dieses Kabel nicht zu knicken, weil im Innern keine Drähte sondern Glasfasern waren. Hier konnte man nichts mehr reparieren. Da half nur ein neues Kabel. Ich nahm ein total defektes Lichtwellenkabel und isolierte es ab, damit die Leute sehen konnten, dass im Kabel Lichtwellenleiter waren. Ich nahm einige Fasern und knickte sie ab. Jetzt verstand auch der untechnische OP-Mitarbeiter, warum man diese Kabel nicht knicken durfte.

Als nächstes nahmen wir uns die Steuerung der Monitorumschaltung vor, die ich im letzten Jahr eingerichtet hatte. Man konnte das Bild nicht mehr in das Oberarztzimmer senden. Das Problem war bald erkannt. Ein Schalter war defekt und musste ersetzt werden. In Sarnai's Kiste fand ich einen passenden. Dann widmeten wir uns dem nächsten Sorgenkind, einem Defi (Defibrillator), dessen Akku defekt war. Hier musste Ersatz beschafft werden.

Für den Spätnachmittag hatte ich eine Verabredung mit Oyunaa in deren Praxis. Sie habe da einige kleinere Probleme, wie sie meinte. Damy, der inzwischen gekommen war, wollte mich begleiten, da er auch einmal die Praxis von Oyunaa kennenlernen wollte. Da er den Weg dorthin erfragt hatte, gelangten wir zu Fuß innerhalb von zehn Minuten dorthin. Ich hatte Oyunaa zehn Ersatzglühbirnen für ihr Operationsmikroskop mitgebracht, da sich die chinesischen Glühbirnen nicht eigneten. Die Praxis war, wie bei meinem ersten Besuch auch, sehr sauber und ordentlich. Sie machte einen westlichen Eindruck, was in der Mongolei nicht unbedingt Standard ist. Ich entdeckte viele meiner Geräte, die ich nach UB geschickt hatte. An ihrem Behandlungstisch funktionierte ein Sauger nicht mehr richtig. Schlimmer aber war, dass ein Motor ihres OP-Bohrers nicht mehr arbeitete. Leider wurde diesem sensiblen Gerät nicht die entsprechende Wartung zugebilligt. Ich musste den Motor nach Deutschland mitnehmen und an den Hersteller schicken. Die Reparatur würde ca. 800,00 € kosten. Das war natürlich ein Schock für sie. Ich denke, dass sie daraus gelernt hat und der Pflege und Wartung ihrer Geräte eine größere Bedeutung zubilligen würde. Ihrem Wunsch dagegen, das Kabel ihrer Stirnlampe zu verlängern, konnte ich sofort nachkommen.

Der nächste Tag war in der Mongolei ein Feiertag, genau ein „Gesundheitstag". In der Mongolei gibt es viele solcher Tage. Ärztetag, Schwesterntag, Kindertag, Muttertag, usw. Am Gesundheitstag war der Nachmittag im EMJJ frei bzw. man musste zur Feier im Sanatorium erscheinen. Dazu fuhren mehrere Busse von der Klinik ins Sanatorium. Dort war der Eingangsbereich bunt geschmückt. Das Wetter passte auch, nur wenige Wolken standen am Himmel. Erka hielt natürlich die Begrüßungsrede und hieß Manfred und mich als Ehrengäste willkommen. Mich freute besonders, dass auch Battsengel, die ehemalige Mitarbeiterin, zu zweit gekommen war. Zu zweit aus dem Grund, da Battsengels Bauch eine leichte Wölbung zeigte.

Eine leistungsstarke Audioanlage war aufgebaut und wir waren gespannt, was da noch kommen sollte. Auch Zaya war da und hielt Battsengels Erstgeborenen auf dem Arm. Und dann begann die Show. Ein Mann von geschniegeltem Aussehen nahm das Mikrofon und glühte die Leute schon etwas vor, was ihm offensichtlich gelang. Sein Kollege bediente das Mischpult. Zwischendurch wurde immer wieder Musik aufgelegt. Egi war mit ihren Kindern gekommen und übersetzte das Wichtigste für uns. Sie stellte mir ihre Schwiegermutter vor, die im Sanatorium arbeitete. Der geschniegelte Mann mit langem Pferdeschwanz kam immer mehr in Fahrt und mit ihm die anwesenden Gäste. Auch die gehfähigen Patienten hatten sich einen Stuhl gesucht. Der Unterhalter machte seine Sache wirklich gut, denn es kam Stimmung auf. Manfred und ich hatten unsere Ehrenplätze eingenommen, um auch Erkas kurzer Rede zu lauschen. Leider verstanden wir nichts, da Egi anderweitig verpflichtet war. Bei dieser Festlichkeit wurden verdiente Mitarbeiter auch mit Geschenken und Urkunden geehrt. Aber auch Erkas Bruder Erdenetogtoch bekam seine Auszeichnung. Er ist der Leiter von Erkas Filiale für Arbeitssicherheit. Anschließend gab es einen Wettbewerb der besonderen Art. Der Moderator startete ein Wettsingen. Das hob die Stimmung natürlich noch einmal beträchtlich. Es waren durchaus auch gute Sängerinnen und Sänger dabei. Egi raste hin und her und hatte ständig zu tun. Nach einiger Zeit konnte man die Wirkung des Alkohols deutlich erkennen. Der Moderator heizte der Menge immer mehr ein. Das beherrschte er wirklich gut. Auch die Chefin des Sanatoriums, ansonsten eine eher etwas zurückhaltende Person, erkannte ich nicht wieder. Egi zeigte ein Fotoalbum mit betrieblichen Begebenheiten des vergangenen Jahres. Darunter waren auch viele lustige Episoden. Nach den Solosängern kamen auch Gruppen zum Zug. Es war für jeden etwas geboten. Die unterschiedlichen Gruppen waren in ihre normalen Arbeits-Abteilungen eingeteilt. Beachtliche Männerstimmer fielen darunter auf. Es gab viel zu lachen. Die Sieger bekamen eine Flasche russischen Sekt. Manfred und ich mussten schließlich auch mal ran. Einen Preis haben wir aber nicht gewonnen. Um das Ganze zu steigern, folgte dann auch noch ein Tanzwettbewerb. Mancher der Akteure war bereits nicht mehr ganz standfest, so dass es zu äußerst lustigen Situationen kam. Auch unser Professor hatte seinen Spaß inmitten seiner Angestellten. Ich denke, es wurden Unmengen an Bier konsumiert. Wenn ich sah, wie viele Bierdosen Egi anschleppte und in welch kurzer Zeit diese Dosen geleert wurden, konnte man nur staunen, was die Leute vertrugen. Die ganze Feier würde Erka sicher eine schöne Stange Geld kosten. Das schien ihn aber nicht zu stören, im Gegenteil, er freute sich mit seinen Leuten. Auch dieses Fest ging schließlich zu Ende und das war auch ganz gut so. Manche der Feiernden konnten bereits nicht mehr richtig auf den Beinen stehen, geschweige denn laufen. Wenn ich daran dachte, wie diese Leute wohl die Heimfahrt mit dem Bus überstehen würden? Ich denke, das ging nicht ohne Blessuren ab. Erstaunlicherweise war unser Chef in sehr guter Verfassung, obwohl auch er sich vergnügt hatte. Batbayar und Baajii, unsere Fahrer, hatten nicht getrunken. Ich hatte darauf geachtet, denn auch in der Mongolei wird Alkohol am Steuer sehr streng bestraft.

Am nächsten Tag standen sicher große Aufräumarbeiten an. Mülltrennung gab es hier natürlich nicht. Ich will es gar nicht wissen, denke aber, nachdem der ganze Abfall zusammen gekehrt wurde, wird er irgendwo in einem Loch verschwunden sein. Ja, so war es zumindest hier. Nachdem alles abgebaut war, fuhren wir zum Hotel, in dem wir nur noch in unsere Betten fielen. Am Vormittag die Reise und dann diese Veranstaltung – wie müde mussten erst unsere beiden Fahrer sein?

Der nächste Tag war ein Sonntag und für diesen Tag hatte Erka natürlich wieder etwas geplant. Er wollte mit uns zu seiner „Ranch" fahren wie er es nannte. Prof. Dr. Erdenechuluun war Krankenhaus-Chef, Chef einer Firma für Arbeitssicherheit und Herr über Pferde, Kühe, Schafe und Ziegen. Ein vielseitiger Mann. Heute sollten wir seine Tiere kennenlernen und die Leute, die sie betreuten. Eigenartigerweise hatte er die Köchin von unserer großen Reise im Jahr 2004 mitgenommen, die damals den sagenhaften Fisch zubereitet hatte. Batbayar, unser bewährter Fahrer, würde uns auch heute chauffieren. An der „Ranch" angekommen, wurden wir von den Angestellten begrüßt und zwar mit einer Schnupftabakflasche. Inzwischen wusste ich, man muss nicht schnupfen, es reicht, wenn man daran riecht. Daran hatte ich mich auch gehalten. In der Jurte werkelten zwei fleißige Frauen. Der Ofen war in Betrieb und verströmte eine wohltuende Hitze. Eine der Frauen war mit Kochen beschäftigt. Ein kleines Tischchen war übervoll mit Knabbereien belegt und lud zum Naschen ein. In der Jurte gab es einen Kofferfernseher und ein Kofferradio. Die Leute hier waren also nicht von der Welt abgeschnitten. Schon beim Zugang zur Jurte sah ich, dass auf dem Dach Solarzellen lagen und etwas abseits ein Windgenerator an einer Stange befestigt war. Bestmögliche Technik also. Erka erzählte uns, dass sein dortiger Verwalter technisch begabt und interessiert sei. Diesen Eindruck machte er dann später auf mich ganz und gar nicht. Wir verließen den Ger, denn Erka wollte uns seine weiträumigen Liegenschaften zeigen. Der Hausherr der Jurte begleitete uns. Während Erka uns Teile seines Reiches zeigte, fing der Mann eine Ziege ein. Mir schwante Böses und so war es dann auch. Zwei Minuten später hing die arme Ziege am oberen Querholz der Zugangstüre zur Jurte. Unser Chef sah sehr wohl meinen verständnislosen Blick, klärte mich aber sofort auf. Er erinnerte mich, dass ich mir in einem Restaurant einmal Ziegenfleisch wünschte, es aber keines gab. Jetzt war mir auch klar, warum die Köchin mitgekommen war. Das war wieder typisch für Erka: Einmal einen Wunsch geäußert, der momentan nicht erfüllbar war, und schon war das Begehren bei ihm abgespeichert. Diese eigentlich unwichtige Episode hatte ich längst vergessen, nicht so aber unser Freund. Während mich Erka mit seinem Gelände vertraut machte, beschäftigte sich die Köchin mit der Ziege. Etwa fünfzig Meter von der Jurte entfernt sah ich ein kleines Häuschen mit einem Herzen in der Tür. Erstaunlich, dass dieses „Herz" auch hier bekannt war. Dort ging man vermutlich hin, wenn man „nach seinen Pferden" schaute. Schließlich führte uns Erka zu seinen tatsächlichen Pferden und erklärte uns das Brandzeichen und dessen Bedeutung.

Er betonte, dass er noch viel mehr Vieh hatte, insgesamt wohl um die achthundert Schafe und sechshundert Ziegen, die aber frei in der Gegend unterwegs waren. Auch nannte er achtzig Pferde und um die dreißig Kühe sein eigen, die auch zweimal am Tag gemolken werden mussten. Kamele besaß er keine. Aus der Milch wurden hauptsächlich Käsesorten produziert. Er war ganz stolz auf seine „Ranch". Da es nur Grasland und Vieh zu sehen gab, gingen wir wieder zurück zur Jurte. Inzwischen war auch Majig mit den zwei Enkeln angekommen. Baajii hatte sie gebracht. Sie wollten sich wohl am Verzehr des Ziegenfleisches beteiligen. Die Köchin informierte Erka, dass die Ziege gleich fertig sei. In der jetzt eng gewordenen Jurte mussten wir etwas zusammenrücken. Die Köchin hatte die Ziege draußen auf offenem Feuer gegart und kam jetzt mit der dampfenden Ziege, aufgespießt an zwei Gabeln, herein und legte sie in der Jurte auf einem vorbereiteten Brett ab. Jetzt war Erka an der Reihe. Dessen Aufgabe war es, die Ziege zu zerlegen. Zuerst trennte er die Fäden durch, die den geöffneten Bauch zusammen gehalten hatten. Ein wohlriechender Duft verbreitete sich. Diesen Duft hatte ich schon bei der Fahrt hierher im Auto wahrgenommen. Der Bauch der Ziege war mit Kräutern und essbaren Innereien, vermischt mit Brot angefüllt. Wasser, Wodka und Cola wurde reichlich verteilt. Alles war im Auto verstaut worden, ohne dass wir es bemerkt hatten. Die Ziege wurde verteilt und auch für das Personal fiel eine Portion ab, was nicht selbstverständlich ist. Als Beigabe gab es selbstgebackenes Brot. Für mich hatte

Erka ein besonders delikates Stück Fleisch ausgewählt, das ich aber nicht beanspruchen wollte, um es den zwei Kindern zu überlassen. Erka wurde regelrecht böse und so beugte ich mich schließlich. Bei jedem Bissen sah ich die arme Ziege vor mir, wie sie noch vor einigen Stunden vollkommen unbedarft vor der Jurte gegrast hatte. Aber so ist die Realität, die Menschen hier leben von ihren Tieren. Dieses Vieh hatte zumindest bis zu seinem Ende ein wunderbares, freies Leben. Der letzte Akt geht dann wesentlich schneller als in der Natur, wenn ein Raubtier seine Beute schlägt. Unsere Köchin hatte wieder einmal gezaubert. Die Ziege war zart und saftig sowie äußerst aromatisch. Danach habe ich nie mehr solch gutes Ziegenfleisch gegessen. Ich ließ ihr von Erka sagen, wie sehr mir die Ziege geschmeckt hat. Sie antwortete bescheiden, das liege nicht an ihr, vielmehr an den Ziegen, weil sie hier so frei leben würden. Ich nahm sie in den Arm und drückte sie. Ich denke, sie hatte verstanden.

Damit war der Sonntag natürlich noch nicht zu Ende, zumindest nicht für unseren Freund. Wir fuhren zurück nach UB. Jetzt am späteren Nachmittag war deutlich mehr Verkehr als am Morgen. Die Köchin äußerte ihren Wunsch, wo sie gerne aussteigen wollte. Danach fuhr uns Batbayar zu Erkas neuer Wohnung. Jack wohnte mit seiner Familie gleich nebenan. Inzwischen gab es ein neues Gesetz, durch das es verboten war, in einem Krankenhaus privat zu wohnen. Deshalb waren sie in ein Hochhaus umgezogen, in dem wohl nur privilegierte Leute mit entsprechendem Einkommen wohnten. Wir fuhren mit dem Aufzug hoch. Rechts vom Aufzug war die Wohnung von Majigsuren und Erka, links die Wohnung von Zaya und Jack. Schon beim Betreten der Wohnung erkannte man den Komfort, den es so in der alten Wohnung nicht gab. Die Inneneinrichtung entsprach beinahe westlichem Standard, auch wenn sofort erkennbar war, dass die komplette Einrichtung chinesischer Bauart entstammte. Majig bot sofort frisches Obst und Kekse an und dachte allen Ernstes, dass wir schon wieder essen würden. Auch Zaya kam und wollte ihrer Schwiegermutter beim Auftischen helfen. Ich setzte mich an Erkas Notebook und erledigte seinem Wunsch entsprechend verschiedene Einstellungen und Änderungen. Jack kam auch hinzu und so lagen die Knabbereien nicht umsonst bereit. Ich entdeckte eine Wandergitarre, auf der ich unbedingt ein paar Akkorde zupfen musste. So ging der Nachmittag mit Nichtstun vorüber. Der nächste Tag sollte aber anders werden. In den letzten Monaten hatte ich in Jacks Auftrag bei der Firma Zeiss ein Operationsmikroskop geordert bzw. gekauft. Jack hatte das Mikroskop ausgewählt und mir den Rest überlassen.

Bei Lieferung durch die Firma Zeiss nach Ulan Bator hätte das Mikroskop runde 80.000 € gekostet. Wenn ich es kaufen und nach Ulan Bator schicken würde, käme es auf knappe 50.000 € plus Transport. Das war natürlich ein eklatanter Unterschied. Da ich kein Händler bin, war dies einfacher gesagt als getan. Mit viel Mühe und Hintertürchen schaffte ich es schließlich. Anfangs wollte ich es mit dem Flugzeug schicken. Es hätte aber nicht durch die Türe in den Laderaum gepasst. So verpackte ich es für die Transsibirische Eisenbahn und versah es mit den nötigen Frachtpapieren. Nach knapp vierwöchiger Fahrt kam das Mikroskop wohlbehalten im EMJJ an. In Ermangelung eines Aufzuges waren viele kräftige Männer nötig, um es in die dritte Etage zu wuchten. Lediglich ein Rädchen wurde bei dieser Aktion abgerissen, was aber leicht zu beheben war. Nun waren Manfred und ich für verschiedene Elektro- und Justierarbeiten gefragt. Sarnai und Bolortuya halfen tatkräftig mit. Egi agierte erfolgreich als Dolmetscherin. So mussten wir uns nicht mit Englisch quälen und unsere beiden Ingenieurinnen auch nicht. *Siehe Bild 38*

Nach zwei Tagen Arbeit waren wir fertig und Jargalkhuu konnte seinen Test durchführen. Er war begeistert. Dieses Mikroskop war für die Zukunft von EMJJ zwingend notwendig. Der Hauptgrund zur Anschaffung dieses Mikroskopes waren die geplanten Operationen mit CI-Implantaten. Für die Zukunft sollte es also möglich sein, komplizierteste Operationen am Ohr und dem Gehörgang durchzuführen.

Der nächste Tag war bis zum Nachmittag Ganbold versprochen, meinem Freund, den ich schon sehr lange kannte. Seine Familie hatte Manfred und mich nach Hause eingeladen. Oyunchimeg würde auch dazu kommen. Naraas und Ganbolds Tochter Anujin, hatte massive Probleme mit ihren Ohren und war von Oyunchimeg deswegen mehrfach behandelt und auch operiert worden. Sie spricht ganz hervorragend die deutsche Sprache. Wir tauschten uns intensiv aus, wobei für Naraa immer wieder übersetzt werden musste, da sie kein Deutsch verstand. Ganbolds zweite Tochter war allerdings nicht dabei, da sie in Peking studierte. Obwohl ihr Tisch reich gedeckt war, schleppten sie uns anschließend in ein Lokal. Bei Kehlkopfgesang und Pferdekopfgeige erlebten wir einen sehr vergnüglichen Tag *Siehe Bild 39* mit vielen Gesprächen. Ganbold berichtete von den technischen Problemen bei der mongolischen TELECOM. Auch Naraa arbeitete dort, allerdings in einer ganz anderen Abteilung. Beide waren der Überzeugung, dass in Deutschland alles besser sei. Ich konnte sie allerdings davon überzeugen, dass auch in Deutschland nicht alles gerade läuft.

Große Schwierigkeiten gäbe es bei den Freileitungen im Winter, die in Naraas Fachbereich fallen. Auf Grund der Kälte schrumpfen die Leitungen. Sehr oft reißen daher die Überlandleitungen. Der Reparaturtrupp habe dann die größten Probleme, bei Temperaturen von -40°C und darunter, diese Orte zu erreichen.

Oftmals gebe es durch heftige Schneefälle zusätzliche Schwierigkeiten. Das Fahren im Winter mit nur einem Auto zu einem anderen Ort ist in der Mongolei lebensgefährlich. Es sollten mindestens zwei Fahrzeuge miteinander unterwegs sein. Ansonsten würde bei Ausfall eines Autos der Erfrierungstod drohen. Bei Temperaturen von -40°C in diesem menschenleeren Land, kann man über Handy und Funk nicht unbedingt Hilfe anfordern. Sehr oft werden erst nach Tagen Erfrorene gefunden.

Ganbold und Naraa erzählten auch von ihrem Plan, dass sie unbedingt wieder einmal nach Deutschland wollten, idealerweise zu der Zeit, wenn Anujin in Heidelberg studieren würde.

Für den nächsten Tag war eine nicht nur für mich schwere Fahrt geplant. Ich wollte unbedingt das Grab von Jaagii besuchen, um ihr die letzte Ehre zu erweisen. Der Zeitraum, den der Lama vorgegeben hatte, war jetzt abgelaufen, sodass man das Grab besuchen durfte. Der Friedhof lag außerhalb der Stadt, etwa zwanzig Kilometer entfernt. Dann ergab sich ein Problem. Der Friedhof von Ulan Bator ist schon ein bisschen größer, um nicht zu sagen riesengroß. Er hat sehr viele Zufahrten, aber alle ohne ein Hinweisschild. Zudem sehen alle Zufahrten ähnlich aus. So benötigten wir etwas Zeit, bis Erka die richtige Zufahrt gefunden hatte. In kyrillischer Schrift war Jargalmaa und die Jahreszahlen 1978-2009 auf den Grabstein gemeißelt. Der ganze Friedhof machte für uns einen absolut ungepflegten Eindruck. Soweit das Auge reichte und das war bis zum Horizont, keine einzige Blume, nur Sand und wilde Kräuter. Manche Gräber waren mit Steinplatten bedeckt, der Großteil allerdings nur mit Erdreich, vollkommen schmucklos. Einen Friedhof stellt man sich bei uns ganz anders vor. Erka stellte einige Cola-Dosen vor dem Grabstein ab und legte einige Geldscheine dazu. Cola war das Lieblingsgetränk seiner Tochter.

Dann zündete er mehrere Kerzen an, die er mitgebracht hatte. Auf meine Frage, was mit der Cola und den Geldscheinen geschehen würde erfuhr ich, dass die von einem Friedhofswärter geholt würden. Was die Arbeit eines Friedhofwärters hier ausmachen sollte, konnte man sich wirklich nicht vorstellen. Trotz allem waren Manfred und ich sehr gerührt. Viele Erinnerungen gingen uns durch den Kopf. Erka war sichtlich mitgenommen. Nach einigen Fotos verabschiedeten wir uns vom Grab und Erkas Tochter. Wir wollten es ihm nicht zu schwer machen. Trotz Trauer ließ es sich Erka nicht nehmen, uns in ein chinesisches Restaurant einzuladen. Vielleicht auch, weil es der letzte Tag unserer diesjährigen Reise war. Morgen würden wir zurück fliegen. Am Abend aber lud er nochmals zu einem Abschiedsessen ein. Unsere beiden Ingenieurinnen Boloroo und Sarnai, Egi und Batbayar sowie Zaya und Jargalkhuu waren auch dabei. Die Ereignisse des Vormittags sowie der Abschied dämpften unsere Stimmung. Dennoch wir waren gerne hier und wir bekamen es immer wieder zu spüren, dass wir willkommene Gäste waren. Wir alle waren uns einig, nach Möglichkeit im nächsten Jahr wieder zu kommen. Heute Abend mussten aber die Koffer gepackt werden.

Am nächsten Morgen gab es das übliche Procedere. Batbayar chauffierte uns am frühen Morgen zum Airport. Erka und Jargalkhuu waren auch dabei. Am Flughafen wartete eine Überraschung auf uns. Naraa und Ganbold waren gekommen, um uns zu verabschieden. Sie hatten in der Nähe des Flughafens ein Sommerhaus, wo sie heute arbeiten wollten. Wir haben uns darüber sehr gefreut. In mir stieg Wehmut auf, aber auch die Freude, wieder nach Hause zu kommen. Zumindest Erka würde ich in der Folgezeit in Würzburg wiedersehen. Ansonsten hielt ich mit meinen mongolischen Freunden den Kontakt über Emails aufrecht. Diesmal flogen wir zunächst nach Beijing. Dort hatten wir vier Stunden Aufenthalt. Als wir bereits an der ausgeschriebenen Abflughalle waren, wurden wir plötzlich in eine andere Abflughalle umdirigiert. Das war ein Riesenweg. Ein Glück, dass wir hier einen langen Aufenthalt hatten. Endlich saßen wir im Flugzeug und kamen letztlich wieder gut in Frankfurt an. Mit der Zugfahrt nach Würzburg endete auch diese Reise.

Wie in den Jahren zuvor, sammelten wir weiterhin fleißig und sorgsam Instrumente und Geräte. In diesem Jahr stand jedoch etwas ganz Großes auf dem Programm. Bei seinem Besuch im Dezember eröffnete mir Erka, dass er sich ein Computertomographiegerät anschaffen wollte. Das war natürlich etwas, das man nicht unbedingt geschenkt bekam und das auch nicht so einfach in einem Krankenhaus herumstand. Da ein Neugerät die Möglichkeiten von EMJJ überschritt, kam nur ein Gebrauchtgerät in Frage. Ich sollte meine Fühler ausstrecken und mich umhören, damit er bei seinem Besuch im März sich das Gerät anschauen könnte. Das war natürlich eine Aufgabe, die auch für mich absolutes Neuland und somit eine Herausforderung war. Parallel dazu erzählte ich davon auch Manfred, der ja auch sehr viele und gute Kontakte in die Welt der medizintechnischen Geräte hatte, von Erkas Wunsch. Er fand in Nürnberg eine Firma, die mit gebrauchten Philips-Geräten handelte, während ich eine Firma in Frankfurt fand, die SIEMENS-Geräte verkaufte. Im März, als Erka wieder in Würzburg war, fuhren wir drei gemeinsam nach Frankfurt. Erfahrungen mit solchen Geräten hatte niemand von uns. Wir mussten also auf eine gute Beratung bauen. Dort angekommen, betraten wir eine Riesenhalle, in der ein CT neben dem anderen stand. Die Beratung war – soweit wir es beurteilen konnten – ganz gut. Der Preisunterschied zwischen den Geräten war enorm. Einen großen

Einfluss auf die Kosten hatte die Röhre des Gerätes. Diese Röhre dreht sich während der Aufnahme um den Patienten. Mit jeder Aufnahme verringert sich die Lebenszeit einer Röhre. Genau dieser Effekt beeinflusste natürlich sehr stark die Kosten. Erka legte sich noch nicht fest, obwohl eine Tendenz schon absehbar war. Wie konnte es auch anders sein, das billigste Gerät wollte er. Wir beide haben natürlich abgeraten. Hinzu kam, dass die Scan-Geschwindigkeit langsamer war. Aber nichts war entschieden, zuerst wollten wir uns die Geräte in Nürnberg anschauen. Hier war es nicht viel anders. Diese Geräte waren bei gleicher Leistung sogar etwas teurer. Also wieder nach Frankfurt fahren. Manfred und ich hatten letztendlich keinen Einfluss mehr. Die Entscheidung hatte der Chef getroffen. Das Gerät kostete noch 15.000,00 €. Erka schloss den Vertrag ab und damit war die Sache besiegelt. Die Firma schickte den CT nach Waldbüttelbrun. Damit war die Leistung der Firma beendet. Jetzt waren wir wieder gefragt. Inzwischen war Erka wieder zurück nach UB geflogen. Die Firma Pfister und Pfrang und damit Herr Erwin Pfrang waren wieder eine bestmögliche Unterstützung. Da es in einem Großcontainer trotz des CT's noch viel Platz gab, mussten wir dafür sorgen, dass dieser Platz mit nützlichen Dingen ausgefüllt war. Zu teuer ist ansonsten der Transport. So stopften wir noch an Geräten alles was wir bekamen, in den Container. Für Oyunaa, die ehemalige Oberärztin, besorgte ich noch ein gebrauchtes Operationsmikroskop, das ich bei dieser Gelegenheit auch mitschickte. Für Ganbold hatte ich auch noch verschiedene Teile und Geräte, die er wollte. Am Schluss war der Container dann doch voll.

Mit dem Computertomographen allein war es natürlich nicht getan. Vor Ort mussten auch die Räumlichkeit und die elektrischen Anschlüsse geschaffen werden, den CT zu installieren.

Hierfür mailte mir Erka nach meiner Anforderung die Pläne des Krankenhauses. Aus meiner Sicht musste Richtung Straße ein großer Durchbruch geschaffen werden, durch den man dann auch das Gerät in das Haus bringen konnte. Ich schlug dazu vor, im Anschluss an diese Prozedur ein Tor zu montieren, das groß genug war, im Falle eines Defektes oder Austausches den CT relativ problemlos zu entnehmen. Dazu habe ich noch die Mindestdaten für den Elektroanschluss geschrieben, sowie die unbedingte Installation einer Klimaanlage, da der Tomograph viel Wärme erzeugen würde. Letztendlich gab es natürlich sehr viel mehr Schriftverkehr, da es beim Zoll in UB massivste Probleme gab. Dann endlich kam die die Nachricht, dass der CT im geplanten Röntgenraum war. Da dieser vorhandene Raum ursprünglich nicht röntgentauglich war, musste auch dieser vorher entsprechend umgebaut und vor allem der Strahlen wegen, mit Blei abgeschirmt werden. Nun kann man so eine technisch anspruchsvolle Maschine nicht ohne weiteres aufbauen. Das muss ein Fachmann erledigen, der mit solchen Geräten Erfahrung hat. Über dieses Problem hatten wir schon vor dem Kauf mit Erka gesprochen, da er annahm, dass wir beide das machen könnten. In seinen Augen war das alles kein Problem. Über diese Schwierigkeiten habe ich auch mit Jack gesprochen, der hierfür mehr Verständnis hatte. Während der Wochen des Transportes hat er mit einem, auch mir bekannten Freund, der Physikprofessor ist, über diese Problematik gesprochen. Dieser wiederum wusste in der Mongolei einen Amerikaner, der Spezialist für SIEMENS-Tomographen war. Das war also genau der Mann, den wir brauchten. Leider hatte dieser Mann auch seine Preise, da er natürlich die (Not)-Situation ausnutzte. Aber er verstand sein Handwerk und brachte den CT zum Laufen. Da die Röhrenrestkapazität, wie wir bereits in Frankfurt festgestellt hatten, sehr begrenzt war, konnte man bereits nach wenigen Tagen nicht mehr mit dem Tomographen arbeiten. Jetzt rächte sich Erkas Sturheit in Frankfurt. Die Röhre musste ausgebaut, verpackt und wieder nach Deutschland geschickt werden. Da man sie wieder reaktivieren konnte, war die Röhre noch 4000,00 US-$ wert. Im Gegenzug musste eine neue Röhre beschafft werden, die 40.000,00 US-$ plus Montage kosten würde. Ich musste mich also mit der Firma in Frankfurt in Verbindung setzen und die notwendigen Schritte einleiten. Erka hatte sich das alles wohl etwas einfacher und auch preisgünstiger vorgestellt. Wenn aber alles in Betrieb ist und funktioniert, dann ist er auch die absolute Nummer 1 in UB. Das waren also u.a. meine „Heimarbeiten" bis zur nächsten Reise, die am 5. September beginnen sollte.

Inzwischen waren Reise, Empfang und Anfahrt zum Hotel Routine. Egi war schon in das Hotel gekommen, um uns zu begrüßen. Sie erzählte uns von den Ereignissen, seit wir das letzte Mal hier gewesen waren. Sie wusste es nicht genau, aber sie erzählte auch von den Problemen bei der Installation des CT's. Mich hielt es nicht mehr am Stuhl, ich musste ins EMJJ. Was aber sah ich da? Kein Tor, wo das große Loch geschaffen wurde, statt dessen eine Wand. Man hatte, da einfacher, den CT schlichtweg eingemauert. Ich war stocksauer und schimpfte mit Erka. Warum fragte er vorher, wenn er es dann doch anders machte? Das war kein guter erster Tag. Zu allem Überdruss sah ich, dass auch keine Klimaanlage eingebaut war. Ich machte Erka klar, dass diese Klimaanlage nicht für sein Personal gedacht war, sondern für die installierte Gerätschaft. Die Kabelführung und Montage war wieder absolute mongolische Technik. Alles krumm und elendig, ohne jede Ästhetik. Der Schutzleiter, der wichtigste Draht, war gar nicht angeschlossen und lag einfachen neben der Erdleitung. Dazu konnte er natürlich nichts. Für den nächsten Tag zitierten wir die Elektrofirma ins EMJJ. Am Morgen war dann auch tatsächlich der Monteur da. Nachdem ich mich erkundigt hatte, ob das auch tatsächlich der Mann war, der dieses Chaos verursacht hatte, schimpfte ich fürchterlich mit ihm. Auch wenn er meine Worte nicht verstanden hat, verstanden hatte er mich trotzdem. Gegen Feierabend waren die Kabel ordentlich verlegt und in den Anschlusskästen sauber verdrahtet. Auch der Schutzleiter war ordentlich und sauber angeschlossen. Selbst Erka strahlte jetzt und sah den Unterschied. Offensichtlich konnten die Mongolen auch sauber arbeiten, nur machten sie es eben nicht. Leider half uns das alles am CT auch nicht weiter, da die Röhre noch nicht geliefert war. Viel Geld, das EMJJ in dieser Zeit verloren hatte. Das hatte unser Chef aber auch schon bemerkt. Er beauftragte jetzt auch diese Elektrofirma, während dieser Zwangspause, hier eine Klimaanlage zu installieren. Ich ließ dem Monteur nochmals sagen, wenn ich wieder kommen würde, dann würde ich auch diese Klimaanlage kontrollieren. Er hatte verstanden!?!?

Am nächsten Tag wollte uns der Chef zu seinem Material- bzw. Gerätelager begleiten. Damy, Erkas alter Freund aus Kindertagen, war zugegen. Wir fuhren in ein Viertel, in dem viele Jurten und Häuser von Bretterzäunen umgeben waren. Diese Bretterzäune waren typisch für die Mongolei, man kann ihnen überall begegnen. Sie dienen hauptsächlich dem Sicht- und Einbruchschutz. So war auch das von uns angesteuerte Areal mit einem Zaun abgegrenzt. Innerhalb dieses Areals waren die Jurten nochmals von einem Zaun umgeben. Die Zufahrten waren weder geteert noch geschottert. Bei Regen waren Matsch und mit Wasser gefüllte Löcher garantiert. Wie auch in den Jahren 2004 und 2005. Damals war die Zufahrtstraße zu EMJJ ebenfalls nicht geteert. Nach dem

Abzweig von der Hauptstraße zum EMJJ befand sich ein Loch von 1,50 Meter Durchmesser und 70 bis 80 Zentimeter Tiefe. Wenn die Straße trocken war, konnte man das Loch gut erkennen. Die Autos umfuhren das Hindernis. Nach einem Starkregen jedoch, war dieses Loch randvoll mit Wasser gefüllt und nicht in seiner Gefährlichkeit erkennbar. Jeden Tag gerieten etliche Fahrzeuge in diese Falle und schafften es aus eigener Kraft natürlich nicht, diesem Schrecken zu entkommen. Die Folge war, dass sich lange Schlangen an der Zufahrt bildeten. Als das neue Krankenhaus gebaut wurde, lagen viele Kubikmeter Backsteinbrocken herum. Ich empfahl Erka, er möge einen seiner Arbeiter beauftragen, dieses Loch mit diesem Backstein-Abfall zu füllen, da die Mehrheit der Betroffenen seine Patienten seien. Seine Antwort: Das sei schließlich nicht seine Straße!? Das war natürlich nicht nur Erkas Ansicht; alle dachten so oder ähnlich. Typisches sozialistisches Denken eben. In einer knappen Stunde hätte ein Arbeiter das Loch gefüllt und es hätte keine weiteren Probleme gegeben. Aber es sollte wohl nicht sein. Zurück zu Erka's Lager: Dieses Lager befand sich in einer großen Jurte. Im Innern ein heilloses Durcheinander. Die Geräte standen ohne jedes System über- und ineinander verschachtelt. Man wusste nicht, was noch funktionsfähig war, was defekt. Es gab noch ein Lager, aber das hier war in wesentlich schlimmerem Zustand. Am Boden, der aus gestampftem Lehm bestand, waren Pfützen. Geräte, die in so einer Pfütze lagerten, rosteten natürlich vor sich hin. Andere Teile aus Holz waren aufgequollen. Ein einziges Chaos, worüber ich mich sehr ärgerte. Sollte diese Reise nur von Negativem bestimmt sein? Viele dieser Geräte hatten wir in Würzburg mühsam zusammengetragen. Nebenbei entdeckte ich acht Bett-Schränkchen. Da sie Rollen hatten, standen sie nicht im Wasser und waren in Ordnung. Der Transport hierher war sehr teuer und jetzt vergammelten viele Geräte in einem verwahrlosten Lager. Ich versuchte das irgendwie zu kommunizieren. Unsere Arbeit in Würzburg machte so keinen Sinn. Ich fragte Erka, warum er die Geräte nicht an andere Kliniken abgegeben habe. Die Antwort war eigentlich nachvollziehbar: Weil sich niemand damit auskennt. Niemand könne sie bedienen. Genau aus dem Grund sei er schließlich mit Manfred und mir ins Lager gekommen. Da konnte ich ihm nicht recht böse sein, wenngleich eine andere Lagerung notwendig gewesen wäre. Wir waren aber in der Mongolei und nicht in Deutschland. Um hier Ordnung zu schaffen, bedurfte es wesentlich mehr an Zeit und Personal. Genau dies versuchten wir unserem Freund Erka bewusst zu machen und wir waren uns sicher, dass er uns verstanden hatte. Wir vereinbarten, dass am nächsten Tag Sarnai mitkommen würde, sowie ein Helfer. Der Fahrer Odon könnte eine weitere Hilfe sein. Sarnai würde vielleicht die Geräte aussortieren, die bereits im EMJJ vorhanden waren und die man an andere Kliniken abgeben könnte. Direkt neben unserem Lager befand sich ein altes Gebäude, in dem die EMJJ-Nähstube untergebracht war. Hier wurden Näharbeiten an Kleidungsstücken der Klinikmitarbeiter durchgeführt. Inzwischen waren diese Frauen in das Haupthaus umgezogen. Wahrscheinlich würden wir morgen wieder kommen, um im Lager Ordnung zu schaffen. Die übrigen Geräte wollten wir in der früheren Näherei unterbringen. Bei der Rückfahrt ins EMJJ wurde uns bewusst, wie viele Baustellen inzwischen in UB vorhanden waren. Dort wo im letzten Jahr noch Gers standen, waren jetzt Baumaschinen im Einsatz, um neue Hochhäuser hochzuziehen. Die Jurten wurden im Stadtkern verboten, um dem extremen Smog in den Wintermonaten vorzubeugen. Viele Leute erkrankten in dieser Zeit an ihren Bronchien oder starben gar. Vereinzelte Jurten sind aber trotzdem noch da.

Während unserer Rückfahrt eröffnete mir Erka eine Neuigkeit. Mit Umräumen in der Jurte würde es wohl am nächsten Tag nichts werden. Ich solle vielmehr am nächsten Tag meine beste Garderobe anziehen. Ich nahm an, dass womöglich wieder eines der vielen Feste stattfinden würde. Dem aber war nicht so. Stattdessen eröffnete mir Erka am nächsten Morgen, dass ich heute in Anerkennung meiner Verdienste um das EMJJ und die Mongolei, die Ehrenprofessur der technischen Universität erhalten würde. Das war in der Tat eine Überraschung. Jetzt wurde mir auch bewusst, warum sich unser Professor vor einem halben Jahr einen Lebenslauf von mir erbat. Ich muss es gestehen, ich habe in dieser nicht enden wollenden Nacht, denkbar schlecht geschlafen. Wie würde sich die Feier gestalten? Nach dem Frühstück fuhren Erka, Manfred, Damy und ich zur Universität. Erka kannte wohl den Weg innerhalb des Gebäudes, denn er schritt zielstrebig auf eine große Treppe zu und dann in einen Raum. *Siehe Bild 40*

Als wir eintraten, blieb mir beinahe das Herz stehen. Der Raum war wunderschön mit frischen Blumen ausgeschmückt. Viele Personen saßen um einen runden Tisch. Andere standen an den Wänden. Offenbar Personal der Universität, von denen ich niemand kannte, sehr wohl aber auch eine große Abordnung vom EMJJ, darunter auch meine beiden Ingenieurinnen Sarnai und Boloroo sowie Egi. Alle standen auf und klatschten. Jeder der Anwesenden hatte es gewusst, nur ich nicht. Erkas Sekretärin ging an das Mikrofon und hielt eine kurze Rede. Damy übersetzte, sie sprach von mir und dem, was ich für das EMJJ bisher schon geleistet hatte. Dann wurde ich zum Podium gebeten. Erka, Sarnai und Boloroo begleiteten mich. Boloroo und Sarnai begannen ein Paket zu öffnen, in dem blaue Kleidungsstücke waren. Beide Ladys zogen mir eine Art blauen Mantel an. Zu guter Letzt setzten sie mir einen

Doktorhut auf. In meinem Innern wogte und tobte es. Der Dekan der Universität hielt seine Rede in mongolischer Sprache. Ich verstand nur ab und zu meinen Namen. Schließlich überreichte er mir die Urkunde und drückte mir die Hand. Ich war überwältigt. Erka hatte es wieder einmal geschafft, mich zu überraschen. Er drückte mich und meine Hände. Boloroo und Sarnai gratulierten mir herzlichst. Eine der beiden drückte mir einen Blumenstrauß in die Hand. Am Ende drückten und herzten mich alle Anwesenden. Natürlich war auch Egi darunter, die ich an meiner Seite sehr vermisste. Sie spürte, wenn ich etwas wollte oder benötigte oder wenn ich etwas nicht verstand. Damy erledigte auch alle Aufgaben, aber dieses feine, blinde Gespür, darüber verfügte nur Egi. Es war einfach unglaublich. Nachdem ich Platz genommen hatte, ging der Dekan nochmals an das Mikrofon und hielt eine längere Rede, von der ich allerdings wieder nichts mitbekam. Damy konnte nicht alles übersetzen, da er ansonsten die Leute beim Zuhören gestört hätte. Schließlich musste auch ich ans Mikrofon und jetzt übersetzte Damy meinen Beitrag. So ohne jede Vorbereitung, mit blubberndem Herzen, war das alles nicht so einfach. Auch Erka trat noch einmal an das Mikrofon. Das meiste sprach er in Mongolisch. Nur wenn er mich persönlich ansprach, sprach er in Deutsch. Im Anschluss an diesen feierlichen Akt fuhren Erka mit Manfred, Damy und mir in sein Gesundheitszentrum. Nach den unliebsamen Vorkommnissen in seinem Lager wollte er uns beweisen, dass manche unserer Geräte im Gesundheitszentrum zum Einsatz gekommen waren. Das sollte uns versöhnlicher stimmen, was es dann auch getan hat. Auch dort wurden wir wieder mit heißem Tee, der diesmal kein mongolischer Tee (wohl aus Rücksicht auf mich) war, und Knabbereien empfangen. Erka hatte offensichtlich telefonisch informiert, was heute Vormittag geschehen war, denn auch jetzt wurde ich von allen Seiten beglückwünscht.

Mir wurde von vielen Händen gratuliert. Anschließend zeigte er uns tatsächlich die Geräte aus Würzburg, die bereits in Betrieb waren. Leider entdeckte ich aber auch hier einige, die man aus irgendwelchen Gründen in einem Schrank entsorgt hatte. Ich versprach, mir diese Geräte vorzunehmen, sobald ich mit Erka zurück sein würde. Er wollte mit uns erst noch in andere Abteilungen gehen, wo sich tatsächlich weitere Geräte von uns befanden. Wenn Damy uns aus Höflichkeit nicht angelogen hatte, war das Personal mit den deutschen Geräten sehr zufrieden. Das hatte uns natürlich sehr gefreut.

Als wir wieder zurück in der HNO-Abteilung ankamen, nahmen sich Manfred und ich sogleich der Geräte aus dem Schrank an. Erka wollte das nicht. Wir setzten uns durch und unterbreiteten ihm den Vorschlag, dass er sich selbst in seiner Klinik nützlich machen könne. Er schien sogar erfreut zu sein und verschwand mit dem Hinweis, wenn etwas sein sollte, würde ihn eine Krankenschwester anrufen. So konnten wir uns in Ruhe der Schrankgeräte annehmen. Die Techniker hier im Gesundheitszentrum glichen in ihrer Arbeitsweise offensichtlich denen vom EMJJ. Wahrscheinlich scheuten auch sie die Fahrt in die Stadt zum Einkaufen. Manfred und ich stellten jedenfalls fest, was es an Ersatzteilen brauchte. Die Techniker wollten sich darum kümmern. So recht wollten wir es wiederum nicht glauben. Während der Rückfahrt erklärte uns Erka, dass wir am Abend einer Pflicht-Veranstaltung nachkommen müssten. Dabei erinnerte er, dass eine richtige Ehrenprofessur auch eine richtige Feier verlange. Nach Feierabend waren wir zu einer kleinen Veranstaltung geladen. Wie das bei Erkas Feiern so war, so ganz klein fiel die Feier dann doch nicht aus. Die ganze Familie Erdenechuluun einschließlich Kindern war anwesend, viele EMJJ-Mitarbeiter, Manfred und natürlich auch Damy und ich.

Angeheuert war auch ein Pferdekopfgeigenspieler, der die Einleitung der Veranstaltung übernahm. Der Tisch war wieder übervoll mit Lebensmitteln, Naschereien und Getränken. Erka sprach und lobte mich für all das, was ich in den vergangenen Jahren für EMJJ getan hatte. Ich wurde richtig verlegen. Als Odon uns wieder zurück ins Hotel fuhr, hatten wir einen wunderbaren Abend erlebt.

Der nächste Tag war leider weniger schön. Manfred und mich hatte es ziemlich erwischt mit Durchfall, Kopf- und Gliederschmerzen. Wir waren richtig krank, hatten wohl irgendwo ein Virus eingefangen. Von EMJJ kam die Oberschwester und legte uns Infusionen an. Am Tag darauf war ich wieder fit und Manfred einen Tag später. Diesen Tag verbrachte ich im EMJJ mit Sarnai und Boloroo mit dem Verlegen von Kabeln für eine Sprechanlage. Dann stand eine Vorlesung an der Uni an. Manfred hatte seine Vorlesungen in Sachen Medizintechnik schon hinter sich. Die meinige galt dem Thema Elektronik. Damy fungierte jetzt als ehemaliger Elektroniker als Fachdolmetscher. Allerdings hatte ich damit meine Probleme, da Damy in den letzten Jahren nicht mehr in diesem Beruf gearbeitet hatte. Er kannte daher viele Neuerungen nicht. Ich muss gestehen, ich war über den Ausbildungsstand der Studenten erschüttert. Einfachste Fragen konnten oder wollten sie nicht beantworten. Ich konstruierte absichtlich Fehler an der Tafel, die niemand bemerkte, selbst Professoren und Assistenten nicht. Das Niveau war äußerst niedrig. Nur ein Student und eine Referentin, die selbst unterrichtete, arbeiteten für meine Begriffe aktiv mit und stellten auch sinnvolle Fragen. Anfangs fürchtete ich, dass mein Vortrag auf einem zu niedrigem Niveau stand. Langsam, wenn mir der Ausbildungsstand der Studenten bewusst war, wollte ich mich steigern. Das war aber unmöglich, da ich die Studenten mit Sicherheit überfordert hätte. Sie fotografierten

Vieles von dem, was ich auf der Leinwand und Tafel präsentierte, aber mehr konnte ich nicht erreichen. Als ich nach der Vorlesung mit Prof. Khalzaa, mit dem mich später eine innige Freundschaft verband, sprach, meinte dieser, dass meine Anforderungen zu hoch gewesen wären. Ich erwiderte ihm, dass das von mir Vorgetragene dem Lernziel in unserer Berufsschule für Lehrlinge im ersten Lehrjahr entsprach. Er konnte das nicht verstehen und bat mich, in der mir verbleibenden Zeit weitere Vorlesungen anzubieten Das wäre auch nützlich für die Referenten und Professoren. Prof. Khalzaa war ein sehr sympathischer Mensch ohne jede Allüren. Er sprach etwas Deutsch und auch Englisch, sodass wir uns auch ohne Dolmetscher recht gut verständigen konnten. Ganz wichtig war nach den Vorlesungen die Urkunde über die Teilnahme. Da ich natürlich keine bei mir hatte, nahm ich die Namen der Teilnehmer auf. Im EMJJ fertigte ich dann mit einer Bildbearbeitung die Urkunden an. Eine Vorlage von Würzburg hatte ich glücklicherweise auf meinem Notebook. Später kamen die Studenten ins EMJJ, um ihre Urkunden abzuholen. Die Bedeutung solcher Urkunden erfuhr ich auch in Würzburg. Alle mongolischen Gäste, die bei mir eine Ausbildung absolvierten, beanspruchten eine Urkunde. Das war auch mit Erka oder Jargalkhuu so. Erka sagte mir einmal, dass man in der Mongolei immer möglichst viele Urkunden benötige, wenn man z. B. an der Universität an einem Seminar teilnehmen wolle.

In der Werkstatt häuften sich viele unerledigte Arbeiten an. Ich machte Erka verständlich, dass die Werkstatt in der derzeitigen Räumlichkeit untragbar sei, worin mich Manfred mit Nachdruck unterstützte. Man konnte sich kaum bewegen. Außerdem war direkt an der Eingangstüre eine dreistufige Treppe. Wenn man schwere Teile zu reparieren hatte, musste man diese Teile die

Treppe hinunter und anschließend wieder hochtragen. Das war nicht zumutbar, zumal unsere Technikerinnen Frauen waren. An diesem Beispiel konnte man auch sehen, dass Erka für diese Art von Arbeit kaum etwas übrig hatte. Er schätzte es wohl, wenn ein Gerät wieder funktionierte, aber wie und unter welchen Bedingungen es repariert wurde, interessierte ihn nicht. Die zwei Mädels wagten natürlich auch nicht zu widersprechen, als sie diesen „Abstellraum" zugewiesen bekamen. Widersprechen, das konnten nur wir und, ich hielt mich nicht zurück, sondern erklärte unserem Chef unmissverständlich, dass ohne genügend Platz ein vernünftiges Arbeiten nicht möglich sei. In diesem Zusammenhang bewies sich aber auch, dass das Krankenhaus insgesamt viel zu klein konzipiert war. Erka versprach jedenfalls, dass das Werkstattproblem gelöst würde, es müssten einige Räume umgestaltet werden. Manfred und ich widmeten uns den Geräten, die schon längere Zeit auf eine Reparatur warteten. Auch Damy schloss sich uns an und half mit. Sarnai und Boloroo waren im Haus unterwegs, da es auf den verschiedenen Stationen Arbeit gab. Für den nächsten Tag hatten wir uns eine schwierige Aufgabe vorgenommen. Wir wollten in die Stadt, um wichtige Teile einzukaufen. Schon bei dem Gedanken graute es mir.

Am nächsten Morgen nach dem Frühstück wartete Odon mit dem Auto vor der Klinik. Das tägliche Chaos nahm uns gefangen. Nur mühselig gelangten wir vorwärts. Odon konnte das nicht erschüttern. Mir fiel aber gleichzeitig auch auf, dass Ulan Bator sich zu seinem Vorteil verändert hatte. Es gab jetzt viel mehr Grün-Anlagen und manche Denkmäler aus kommunistischer Zeit waren gegen neutrale Statuen ausgetauscht. Viele Jurten waren entfernt worden. Ulan Bator war nun ein bisschen schöner geworden. In einem parkähnlichen Areal entdeckte ich sogar einen großer

Springbrunnen. Offensichtlich wurden diese Neuerungen sehr gut angenommen, denn es saßen viele Leute auf den Bänken und fröhliche Kinder spielten auf den Grünflächen. Wir hatten großes Glück, denn am Sukhbataar-Platz kam eine Abteilung Soldaten mit wunderschönen historischen Uniformen vorbei. *Siehe Bild 41*

Nun standen wir vor dem Kaufhaus. Die verstaubte Straße mit Schlaglöchern davor ließ nicht vermuten, was wir zu sehen bekamen. Ein riesiges Kaufhaus, jedem deutschen Kaufhaus ebenbürtig. Es gab nichts, was dieses Kaufhaus nicht hätte, dachten wir. Das Sortiment in den einzelnen Abteilungen war beeindruckend. Für Frauen nicht untypisch suchten unsere zuerst den direkten Weg in die Damenabteilung und anschließend zu den Haushaltswaren. Mich dagegen beeindruckte die Elektroabteilung mit einem großzügigen Warenangebot.

Welch ein Gegensatz zum Elektronikmarkt vom letzten Jahr. Natürlich bekamen wir nicht alles, was wir gesucht hatten und mussten, verbunden mit riesigem Zeitaufwand, noch in zwei weitere Geschäfte fahren. Gegessen hatten wir den ganzen Tag nichts. Als wir auf dem Rückweg an einem Café vorbeifuhren, stoppte ich Odon und lud alle zu Kaffee und Kuchen ein. Odon bevorzugte Tee und tat sich schwer, das Kuchenangebot anzunehmen. Letztlich überzeugte ihn sein Hunger. Kurz vor Feierabend hatte uns Erka und die Klinik wieder. Ich denke, Erdenchuluun war froh über solche Tage auch wenn er das nicht sagte, konnte er doch dann seinem Kerngeschäft nachgehen. Wir waren ziemlich geschafft und waren uns längst einig, am Abend nicht mehr auszugehen. Daher hatten wir uns in der „German bakery" mit Backwaren eingedeckt. Erka zeigte sich enttäuscht, waren ihm doch die Restaurantbesuche eine Herzensangelegenheit.

Nach dem Erwerb der nötigen Ersatzteile gaben wir uns am folgenden Tag den aufgelaufenen Reparaturen hin. Boloroo, zuständig für Hörgeräte, berichtete uns von Problemen mit defekten Geräten im EMJJ-Audiocenter. Sie bat uns mit Nachdruck darum, sie in das Audio-Center zu begleiten, um dort die schadhaften Geräte zu inspizieren. Das bedeutete, sich erneut in das Verkehrsgetümmel zu stürzen, was zudem einen entsprechenden Zeitverlust bedeutete. Wir willigten schließlich ein und so war unser heutiger Arbeitsplatz nicht im EMJJ, sondern im Audiocenter. Dort arbeiteten wir gemeinsam unsere Aufträge ab und Bolortuya zeigte sich hochzufrieden und konnte Erka am Telefon Positives berichten. Das war es dann auch und wir stürzten uns in den verdienten Feierabend.

2012 standen größere Baumaßnahmen an, denn das EMJJ wurde erweitert. Erka zeigte sich zuversichtlich, dass die dadurch bedingten Einschränkungen nur von kurzer Dauer sein würden. Was sich uns dann aber auf dieser Baustelle bot, übertraf jedes Vorstellungsvermögen eines Europäers. Absolutes Chaos und ein endloses Durcheinander, zumindest in unseren Augen. Sicherheit am Arbeitsplatz schien absolut kein Thema zu sein, wobei wenigstens ein Großteil der Arbeiter Sicherheitshelme trug. Schalbretter lagen kreuz und quer, die Gerüste wackelten wie Espenlaub, weil sie nicht auf festem Untergrund standen. Mich wunderte, dass es bisher zu keinen schwereren Unfällen gekommen war. In diesem Erweiterungsbau sollte auch eine Patientenaufrufanlage installiert werden. Erwartungsgemäß – wir waren unterdessen Realisten – wurde die Beschaffung von Transformatoren (Übertragern) und einem geeigneten Lautsprecher unausweichlich. Damit war eine weitere Einkaufsfahrt angesagt. Es war bereits später Vormittag. Selbst wenn wir augenblicklich losgefahren wären, wären wir erst am späten Abend zurückgekommen. Damy war nicht zugegen, wobei er uns beim Einkaufen eine große Hilfe gewesen wäre. Also wurde er angerufen, sich in einem bestimmten Geschäft einzufinden, damit der Zeitverlust nicht zu groß würde. Da uns leider kein Fahrer zur Verfügung stand, rief Boloroo ein privates Taxi. Zum Thema „Taxi" eine Anmerkung: Überall in UB warten solche privaten Taxis auf Kundschaft oder sie durchqueren die Stadt. Potentielle Kunden stehen mit erhobenem Arm am Straßenrand. Diese Taxifahrer arbeiten meist „schwarz" und sind nicht angemeldet, dafür aber wesentlich billiger als die offiziellen Taxis. Touristen würde ich diese Taxis nicht empfehlen. Immer wieder hört man von Entführungen und davon, dass Touristen ausgeraubt wurden. Taxis mit Fahrer und Beifahrer gehen oftmals auf Raubzug. Ich hatte diesbezüglich nie Probleme und nahm auch meist Taxis in Begleitung Einheimischer. Boloroo hatte also ein solches Taxi gerufen, das auch schnell vor Ort war. Manfred blieb im EMJJ und machte sich dort nützlich. Bolortuya und ich fuhren mit dem Taxi zu dem Geschäft, zu dem auch Damy kommen sollte. Die Fahrt dauerte eine Stunde. Damy wartete bereits. Er war zu Fuß gekommen, da er in der Nähe wohnte. Auch ließ er mich wissen, dass wir in diesem Geschäft vermutlich nicht fündig werden. Schon einmal hier, betraten wir das Geschäft. Zufällig entdeckte ich in einem Nebenraum mehrere alte Röhrenverstärker, in welche Übertrager eingebaut waren. Diese Verstärker waren bereits ohne Gehäuse und teilweise ausgeschlachtet. Da die Übertrager in heutigen Verstärkern nicht mehr benötigt werden, waren sie glücklicherweise noch vorhanden. Die erste Hürde war somit genommen. In einer Ecke stand ein Wandlautsprecher, der optisch recht gut aussah und dessen Leistung auch passen würde. Damit hatten wir, was wir benötigten und das zu einem Spottpreis. Inzwischen war es 19 Uhr 30. Damy ging zu Fuß nach Hause. Boloroo rief wieder ein Privattaxi. Wenn die Ersatzteile funktionieren würden, hätten wir zusammen mit den Erfolgen vom Vormittag einen äußerst guten Tag gehabt. Um 20 Uhr 45 kamen wir im EMJJ an. Einem Notizzettel entnahm ich Erkas Einladung zum Abendessen. Meine Frage, ob diese Einladung auch für Bolortuya gelte, bejahte er. Da ich erst duschen wollte, vereinbarte ich einen Termin um 21 Uhr 30. Er selbst würde nicht kommen, nur Odon der Fahrer, weil Manfred und er bereits im Lokal saßen. Odon war pünktlich, ich hatte wegen des Verkehrs meine Bedenken. Wir informierten Erka natürlich über unseren Erfolg vom Vormittag. Ich berichtete von unserem Einkauf und davon, dass ein gewisses Risiko durchaus bestünde. Erka war überzeugt, dass ich das Richtige gekauft hatte. Das baute in mir einen gewissen Druck auf. Wenn es nicht funktionieren sollte, was dann? Er wollte im Anschluss noch eine Abendveranstaltung besuchen. Dazu hatten wir keine Lust, weil wir schlichtweg zu müde waren. Odon fuhr uns daher nach dem Essen ins Hotel. Ich bewunderte immer wieder seine Arbeitsmoral. Es war für Erka das größte Selbstverständnis, dass seine Fahrer jederzeit zur Verfügung standen.

Am nächsten Morgen war für uns klar, heute sollte uns nichts davon abbringen können, im EMJJ unserer Arbeit nachzugehen. Manfred hatte vor längerer Zeit einen Laser nach UB geschickt. Dieser ist geeignet, Hautverunreinigungen, wie z.B. Tätowierungen, mehr oder weniger gut abzutragen. Er hatte mit Erka abgeklärt, welches Personal diesen Laser bedienen sollte, da dessen Bedienung auch nicht ganz ungefährlich war. Allerdings bedurfte es einer Schulung. Genau diese bot jetzt Manfred an. Ich wollte mich unterdessen mit Sarnai um die „Lautsprecher" kümmern. Dazu wurde eine Leitung, immerhin über eine Distanz von 170m, vom Alt- in den Neubau notwendig, die wir erst über mehrere

Kabel hinweg, schalten mussten. Die vorhandenen Kabel, bzw. das Kupfer darin, schienen von elender Qualität zu sein. Nach getaner Arbeit war der erste Test sehr vielversprechend. Die gewünschte Lautstärke wurde problemlos, bei guter Sprachqualität, erreicht. Einfach Glück gehabt, oder lag es doch an meinem Können? Sarnai bestätigte jedenfalls „Mani, you are a very good teacher!" Das erfüllte mich, trotz aller Bescheidenheit, durchaus mit Stolz. Die physikalischen Hintergründe unserer Arbeit, wollte ich dann später ihr und Boloroo noch erklären.

Es blieb noch etwas Zeit, nach dem CT zu schauen. Die defekte Röhre war eingetroffen und der Amerikaner war schon an der Arbeit. Das Erdungsband, das nachträglich verlegt werden musste, weil man es vergessen hatte, bot ein erbärmliches Bild. *Siehe Bild 42* Ich wollte das unbedingt geändert wissen und der von mir alarmierte Erka rief auch sofort die schuldige Firma an, die am nächsten Morgen zwei Monteure schickte. Sie erweckten nicht den Eindruck, dass solche Arbeiten zu ihrem täglichen Brot gehören. Die beiden verstanden wohl gar nichts, denn sie schauten mich vollkommen verständnislos an. Verlegt waren diese Schienen ohne jeden Sachverstand, einfach katastrophal. Ich überlegte mir, was ich wohl als geeignete Halterung verwenden könnte und stöberte in Sarnais Werkstatt, wobei ich eigentlich nicht so genau wusste, was ich suchte. Schließlich fand ich ein Stück Kabelkanal. Von diesem Kanal schnitten wir schmale Streifen ab, in die wir ein Loch bohrten. Nun konnte man diese Streifen, ähnlich einer großen Beilagescheibe, als Unterlage zwischen Schiene und Wand verwenden. Mit viel Mühe trennten wir die alten Halterungen mit einem kleinen Winkelschleifer ab. Da der CT heute nicht in Betrieb war, konnten wir auch gefahrlos die Erdleitung abklemmen.

Der Amerikaner wollte morgen mit dem Einbau der Röhre beginnen, was jetzt auch problemlos möglich war. Wenn der CT erst wieder in Betrieb gewesen wäre, hätte man diese Arbeiten nur unter erschwerten Bedingungen erledigen können. Selbst der Amerikaner, sonst eher wortkarg, lobte uns: „Very good work!" Die vorhandenen Mängel in diesem Raum, waren damit nicht restlos beseitigt. Im Vorraum des CT's waren einige Wasserleitungs- sowie Abwasserrohre unfachmännisch verlegt. Das war natürlich nicht unser Job, aber ich machte unseren Chef darauf aufmerksam. Inzwischen war im CT-Raum auch die von mir empfohlene Klimaanlage sauber und ordentlich installiert worden. Doch im Nebenraum stand ein Röntgengerät aus Würzburg. Leider war der Raum nicht fertig verputzt, ja noch nicht einmal fertig gemauert. Auch dieses Röntgengerät würde nach Fertigstellung nicht mehr durch die Türe passen. Manchmal fragte man sich schon, ob es überhaupt sinnvoll ist, sich bei so viel Nachlässigkeit zu engagieren.

Auch der folgende Tag war für die Instandsetzung weiterer Geräte geplant. Manfred hatte einen kompletten Messplatz sowie weiteres Material gesponsert. Auch ich hatte wichtige Werkzeuge und Apparate beigesteuert. Ohne diese Grundausstattung wären unsere beiden Ingenieurinnen ziemlich hilflos gewesen. Wir arbeiteten allerdings mit Hobbywerkzeugen, denn Profiqualitätswerkzeuge waren einfach zu teuer, zumindest empfand das unser Chef so. Es war direkt eine Wohltat, an diesem Tag konnten wir uns ausschließlich der Werkstattarbeit widmen. Die Zeit reichte auch, um Sarnai und Boloroo die physikalischen Zusammenhänge unserer Patientenaufrufanlage mit den Übertragern zu erklären. Ich war mir sicher, sie würden in Zukunft solche Probleme selbst in den Griff bekommen.

Zum Abendessen hatte Erka in den „Blue Sky Tower" geladen. Ein gigantischer Neubau, gute 100 Meter hoch. Im Jahr 2009 eröffnet, hatte er die Form eines „großen Messers", wie die Mongolen zu sagen pflegen, weil eine Seite abgerundet wie die eines Messers oder einer Axt ist. An der senkrechten Seite des Towers bietet ein gläserner Außenaufzug ein besonderes Fahrgefühl. Ich muss gestehen, nachdem die Hälfte erreicht war, entschied ich mich, den Rest der Reise in einem Innenaufzug anzutreten. Von ganz oben genießt man einen großartigen Panoramablick auf die Stadt, ähnlich der Aussicht aus einem Flugzeug. Das Gebäude umfasst Restaurants, ein Hotel, Konferenzzimmer und auch Privatwohnungen.

Immer mit dem Wissen, warum wir überhaupt hier waren, nahmen wir uns für den nächsten Tag Erkas Speziallager vor. Das Wetter war günstig, so dass wir vorübergehend auch Geräte im Freien abstellen konnten. Sarnai, Boloroo, Manfred und ich sind zusammen mit dem Fahrer Odon zum Lager gefahren. Wir waren den ganzen Tag beschäftigt. Leider mussten wir auch Geräte entsorgen, die durch unfachmännische Lagerung unbrauchbar geworden waren. Andere, bei denen man den Umfang der Reparaturarbeiten abschätzen konnte, nahmen wir zum EMJJ mit, um sie dort zu reparieren. Apparatur, die man an andere Kliniken abgeben konnte, stellten wir in der ehemaligen Nähabteilung ab. Wir stellten auch keine Geräte mehr auf den Lehmboden, sondern legten Bretter darunter, die Boloroo besorgt hatte. Als wir fertig waren, präsentierte sich das Lager in einem ganz passablen Zustand.

Zum Abendessen verabredeten wir uns im „Irish Pub", einem relativ neuen Lokal am Sukh Bataar-Platz. Der „Laden" war ziemlich besetzt, so dass wir gerade noch einen großen Tisch erwischten. Ein mir fremder Mann kam hinzu und erkundigte sich höflich in englischer Sprache, ob er mit seiner Begleitung an unserem Tisch

Platz nehmen dürfe. Von unserer Seite gab es keinen Einwand. Wir erfuhren sehr schnell, dass unser dankbarer Tischnachbar selbst Deutscher war, im Gegensatz zu seiner Begleitung. Er gestand, froh zu sein, wieder einmal Menschen mit deutscher Sprache zu hören. Er sei Pilot einer türkischen Gesellschaft und sei mit seiner Crew unterwegs, um die spezifischen Eigenschaften des Flughafens von UB kennen zu lernen.

Ich hatte gehört, dass der hiesige Flughafen sehr schwierig anzufliegen sei, was der Kapitän nun bestätigte. Am Tisch hatten neben ihm sein Co-Pilot und seine beiden Stewardessen Platz genommen, eine davon Tochter des Co-Piloten. Die Englisch-Kenntnisse seiner Crew seien sehr beschränkt und da sich deren Kommunikation in deren Muttersprache vollzog, könne er diese für ihn fremde Sprache kaum noch hören. Eine Band begann Oldies aus den 50ern und 60ern zu spielen. Musik wie für mich gemacht. Die Band war richtig gut! Hinter den Musikern wurden Bilder von einem Beamer an die Wand geworfen. Aber was waren das für Motive? Kaum zu glauben, Bilder aus unserer fränkischen Heimat. Es wurde ein wunderschöner, kurzweiliger Abend. Leider hatten wir bei der Verabschiedung vergessen, unsere Daten auszutauschen, sodass keine Möglichkeit eines Wiedersehens mit unserem Piloten besteht.

Der nächste Tag brachte eine Besonderheit, ja eine absolute Neuheit. Im EMJJ sollte das erste Baby ein CI implantiert bekommen. Die OP würde ein chinesischer Professor durchführen, den ich bereits von Würzburg kannte. Das war ein großer Tag für das gesamte Krankenhaus. Bei dieser ersten OP würden auch Techniker der australischen Herstellerfirma des Implantates anwesend sein. Jargalkhuu würde assistieren. Zaya und andere EMJJ-Ärzte wollten dem Geschehen beiwohnen. Es würde eng werden im OP und einige der Anwesenden mussten deshalb den OP-Saal verlassen. Sie nutzten die Monitore, die ich installiert hatte. Die Operation wurde ein absoluter Erfolg und läutete damit eine neue Ära ein. Am Abend lud Erka zu einer Art „Richtfest". Alle, die irgendwie mit diesem Erfolg zu tun hatten, waren geladen. Auch Egi, Damy, Manfred und ich zählten dazu. Mit dieser OP wurde im EMJJ eine neue Epoche eingeleitet. In Zukunft würden allerdings noch viele Verbesserungen nötig sein, um diese Operationen optimal durchführen zu können. Dieser kleine Patient wurde zum Thema der nächsten Tage, war es doch die erste Cochlea-Implantation im EMJJ und wahrscheinlich auch in der gesamten Mongolei. Für den nächsten Tag hatten Ganbold und Naraa, Oyunchimeg und Enkhee, eine ehemalige EMJJ-Anästhesistin, Manfred und mich zum Abendessen eingeladen. Natürlich war auch hier die gestrige Operation das Thema des Abends. Wie würde es nach diesem Eingriff dem Baby ergehen? Wahrscheinlich würde es recht erschrecken, wenn es zum ersten Mal in seinem kurzen Leben, Geräusche hören würde. Wie würde es sein, wenn ältere Kinder operiert würden? Dazu konnte ich mitteilen, dass es in Würzburg eine Spezialschule für solche Kinder gibt. Alle waren der einhelligen Meinung, dass eine solche Einrichtung auch in der Mongolei benötigt wird. Unsere mongolischen Freunde fürchteten allerdings, dass der Staat für eine solche Schule kein Geld haben würde. Ohne eine Spezialschule würde bei diesen Kindern das nun erlangte Gehör, mit großer Wahrscheinlichkeit verkümmern. Dabei würde dem Staat sehr viel Geld erspart werden, wenn er diese Kinder fördern würde. Andernfalls würden diese Behinderten spätestens im Jugend- und Erwachsenenalter dem Staat zur Last fallen, weil sie von einer Ausbildung ausgenommen wären. Dank dieser Implantation aber wären sie „normalen" Kindern beinahe gleichgestellt und könnten später jeden Beruf ergreifen. Das alles waren gewichtige Gründe, sich mit diesem Thema weiterhin zu befassen. Gefordert waren hier insbesondere maßgebliche Ärzte wie unser Freund Erka, dies bei der Regierung durchzusetzen.

Am folgenden Tag widmeten wir uns der Telefonanlage. Sie sollte um einige Anschlüsse erweitert werden. Ganbold und Damy waren zugegen. Rechtzeitig zum Mittagessen wurden wir fertig. Wir verabredeten, dass wir in der EMJJ-Kantine essen wollten. Das haben wir dann auch getan. Während wir aßen, rief mich Erka an und fragte, wo wir seien. Als ich es ihm sagte, legte er wortlos auf und drei Minuten später stand er schimpfend vor uns. Als ich ihm eröffnete, wir würden das für die Zukunft gerne beibehalten, flippte er völlig aus. Dieses Essen wäre unser unwürdig. Als wir entgegneten, es würde uns aber vorzüglich schmecken, setzte er sich schweren Herzens zu uns und beteiligte sich sogar am Essen. Nachdem sich alles in Wohlgefallen aufgelöst hatte, bat ich Erka, die Station besuchen zu dürfen, in der die frisch operierten Patienten lagen. Die Technik in dieser Abteilung würde mich sehr interessieren. Einen Patientenruf gab es nicht. Dabei hatte ich Erka das entsprechende Material schon vor längerem in Würzburg übergeben. Ich hatte damals den Eindruck, dass er nicht so richtig verstand, was damit zu machen wäre. Als ich ihn jetzt danach fragte, wusste er von nichts. Er meinte, die Anlage wäre wahrscheinlich im Abfall gelandet. Als wir in die Bettenstation kamen, erkannte ich die Betten wieder, die bei meinen Schwiegereltern in der Scheune gelagert waren. Auch die Nachtschränkchen, die Manfred und ich sehr sorgfältig für den Transport verpackt hatten. Eine spezielle Kinderstation gab es nicht. Die Kinder, auch Kleinkinder, lagen mit den älteren Patienten in einem Zweibett-Zimmer. Diese Zimmer waren relativ klein, aber absolut sauber. Wenn Besuch käme, wäre es mit Sicherheit aber sehr eng.

Für den Spätnachmittag hatte Manfred einen Wiederholungskurs mit seinem Laser anberaumt. Ich persönlich war der Meinung, dass dieses Angebot nicht viel bringen würde, da kein spürbares Interesse auszumachen war. Dieses Projekt wurde dann später auch aufgegeben.

Erka hatte das kommende Wochenende längst verplant. Er fuhr mit uns am Samstag zu einem weitläufigen Gercamp mit Exponaten aus dem 13. Jahrhundert, also der Dschingis Khan-Zeit. Dieses Camp hatte mit einem normalen Jurtencamp nichts gemein. Auch Maajiig und eine Enkelin waren mitgekommen. Batbayar war unser Fahrer, Damy fungierte als Dolmetscher. Kaum angekommen, mussten wir auch schon wieder essen. Manche der Speisen waren mir unbekannt, aber aus Anstandsgründen überwand ich meine Bedenken. Die Jurten auf diesem Gelände waren riesig und mit reichen Verzierungen versehen. Rikschas mit üppigen Holz-Arbeiten standen vor vielen Jurten. Das ganze Areal war in einem riesigen, extrem bergigen Gelände angelegt. Vielfach war der Untergrund der Gers mit Schotter aufgefüllt oder dank Holzbohlen, wurde ein brauchbarer Untergrund geschaffen. In den Jurten waren Waffen, Uniformen sowie Bekleidungsstücke und Haushaltsgegenstände aus der Dschingis-Zeit ausgestellt. Auf den Betten lagen aus Filz gefertigte Hüte und Mützen. In Vitrinen präsentierten sich feingearbeitete Messingarbeiten. Im Freien konnte man Wurfmaschinen und Pferdewagen aus der damaligen Zeit besichtigen. Es waren riesige Wagen mit Holzrädern, mit denen komplette Jurten transportiert wurden. Manche Exponate befanden sich leider in einem etwas verwahrlosten Zustand, auch die Sauberkeit ließ – zumindest nach unseren Maßstäben – zu wünschen übrig. Trotzdem alles in allem eine empfehlenswerte Anlage für Geschichtsinteressierte.

Da es zu spät für die Rückfahrt war, fuhr Erka mit uns zu einem Hotel. Dieses Hotel war früher hohen Offizieren vorbehalten, da es relativ modern ausgestattet war. Es lag, in einer herrlichen Landschaft. Erst jetzt bemerkte ich, dass es Herbst geworden war. Das Laub hatte sich bereits verfärbt. Viele Gäste schien das Hotel nicht zu haben, wie wir beim Frühstück bemerkten. Nach dem Frühstück chauffierte uns Batbayar nach UB. Da Sonntag war, wollte Erka unbedingt einen Stadtbummel machen. Zunächst gingen wir in das uns schon bekannte Riesenkaufhaus. Manfred brauchte eine neue Brille. Man hätte denken können, dass man in einem deutschen Kaufhaus mit großem Angebot ist. Damy bemerkte, dass es in sozialistischer Zeit, solche Kaufhäuser nicht gab. Dies war dann auch unser letzter Tag für dieses Jahr in der Mongolei. Wir hatten sehr vieles erledigen können und unser dreiwöchiger Aufenthalt war dafür auch gerechtfertigt. Die Rückreise erfolgte wie gewohnt unspektakulär.

Dann im nächsten Jahr, eine neue Reise stand an.

Am 24. Juni 2013 sind wir erneut vom Hauptbahnhof in Würzburg zu unserer diesjährigen Mongoleireise gestartet. Wir hatten wieder bei Aeroflot gebucht, mit der wir bereits einige Male nach UB geflogen waren. In diesem Jahr war alles so ideal, dass nur ein Direktflug besser gewesen wäre.

Am Dschingis Khan-Flughafen in UB angekommen, empfingen uns längst vertraute Freunde und Bekannte: Erka, Majicsuren und ihr Sohn Jack (Jargalkhuu) sowie der Fahrer Odon. Alle Formalitäten wurden von Jack erledigt, sodass wir vollkommen entspannt auf unser Gepäck warten konnten.

Die Fahrt nach UB war unspektakulär, nur mein Herz öffnete sich wie jedes Mal, wenn ich in dieses Land komme. Wir stiegen diesmal im Hotel Edelweiß ab, das nicht weit vom EMJJ liegt. Nach ein paar Stunden Ruhepause sollte es ein Wiedersehen im EMJJ mit unseren Bekannten geben. Die Begrüßung verlief wieder sehr herzlich. Längst hatte ich diese Menschen ins Herz geschlossen, regelrecht lieb gewonnen, wenn sie mich manchmal auch bei der Arbeit in Rage bringen. Wir informierten uns über die anstehenden Arbeiten und besichtigten auch den CT. Inzwischen hatte er erhebliche Kosten auf Grund von Reparaturen verursacht. Der Neubau war von der Vollendung noch weit entfernt. Die Koordination und Bauorganisation lag in den Händen von Erkas Neffen, Farmverwalter und gelegentlichem Chauffeur Batbayar. Entsprechend dessen Qualifikation sah auch der Zustand des Neubaus aus. Der gute Mann war sicherlich bemüht, alleine das ersetzt keine mangelnde Qualifikation. Dabei kennen wir ihn schon lange, er ist ein hilfsbereiter und lieber Mensch. Nur, diese ihm übertragene Arbeit lag ihm nicht. Es zeigte sich wieder, EMJJ braucht unbedingt eine gute Fachkraft, die ihr Handwerk versteht. Das kostet natürlich auch Geld und aus diesem Grund scheute Erka sich, unserer dringenden Empfehlung nachzukommen. Eine Binsenweisheit ignoriert er dabei: Qualität macht sich letztlich bezahlt. Die jungen Ingenieurinnen sind bemüht, aber es fehlt die Erfahrung und für Installationen, waren sie auch nicht geschult. Die sozialistische Erziehung und das sozialistische Denken hinterlassen ihre Spuren. Für manche ein ideales Gesellschaftmodell, weil es eigenes Handeln und die damit verbundene Verantwortung ausschließt.

Zur Mittagspause verwöhnte uns Erka mit einem üppigen Mahl. Anschließend überreichten wir unsere Mitbringsel und Geschenke an die uns gut bekannten Mitarbeiter im EMJJ, auch um die Zusammenarbeit und das Vertrauen in uns zu stärken. Da es sich vielfach um technische Geschenke zwecks Weiterbildung für die Ingenieurinnen handelte, gewann ich den Eindruck, dass unsere Geschenke für die Damen eher auf eine engagiertere Mehrarbeit abzuzielen drohte. Auch die mitgebrachten Webcams, eigentlich zur besseren Skype-Kommunikation mit uns gedacht, würden vermutlich ihre Schlafplätze in einem der Schränke einnehmen, anstatt der praktischen Arbeit zugeführt zu werden. Es waren nun einmal junge Menschen, die ihre eigenen Vorstellungen entwickeln und vertreten.

Schon bei der ersten Besichtigung des Kontrollraums für den CT fiel mir ein Haufen unsortierter Kabel in einer Ecke des Raumes auf. Bei genauer Betrachtung stellte sich heraus, dass es sich um Verbindungskabel vom Alt- in den Neubau handelte. Da die Leitungen unterschiedlich lang waren und in den Zugrohren total verschlungen, konnte man sie nicht mehr auf eine einheitliche Länge nachziehen und lies sie einfach so liegen. Das ist eben mongolische Technik. Nun lagen hier am Boden mehrere Kabelenden mit 25 bis 35 Meter Länge verstreut, die aber niemanden zu stören schienen. Meine Recherchen ergaben, dass dies der aktuelle „Bauorganisator" zu verantworten hatte. Unsere Nachfrage bestätigte dies, wie auch, dass er sich von diesem Missgeschick in keiner Weise betroffen zeigte. So entschloss ich mich spontan mit Hilfe von Sarnai Abhilfe zu schaffen, was für uns beide durchaus kein Kinderspiel war. Am Ende gewann man das Gefühl, in keiner Weise wertgeschätzt zu werden. Unbestritten führte diese Erkenntnis bei mir zu manchen Enttäuschungen und einer nüchternen Einschätzung meines Wollens und Wirkens. Ich denke zum wiederholten Male, diese Verhaltensweisen waren dem über Jahrzehnte aufgezwungenen Sozialismus geschuldet. Zu diesen menschlichen Schwächen gesellen sich Probleme wie Materialbeschaffung, Lieferengpässe usw. dazu.

Es sind an sich die kleinen Probleme, die sich zu Riesenproblemen mausern.

Luxusgüter sind zu bekommen – vorausgesetzt, man verfügt über das nötige Kleingeld. Jedoch kann auch ein größeres Projekt an ein paar lumpigen Schrauben oder marginalen Ersatzteilen scheitern. Jede Einkaufsfahrt bedeutet bei dem irrsinnigen Verkehr bereits eine gewaltige Herausforderung. Um diese Situation zu verbessern, dürfen seit Sommer 2012 abwechselnd nur noch Autos mit geraden oder ungeraden Nummernschildern fahren. Trotz dieser durchaus fragilen Vorschrift, konnte ich keinerlei Entspannung des Verkehrs feststellen. Oft retteten mich meine Improvisationskünste, die ich nicht selten belächeln musste und mit denen ich in meiner Heimat keinen Blumentopf hätte gewinnen können. Es ließen sich unzählige Beispiele anführen, die von Improvisationskünsten zeugen.

Andererseits beeindruckt die Geschichte und Kultur dieses letztlich liebgewonnenen Landes. Im Stadtbild von UB gab es jedes Jahr Neuerungen. Wir besuchten ein altes sozialistisches Denkmal als Aussichtspunkt, um von hier aus das neue Stadtbild von Ulan Bator zur studieren. Überall schießen moderne Hochhäuser aus dem Boden. Jurten sind aus dem Stadtbild verschwunden. Praktisch alle Neubauten werden von den Chinesen gebaut. Für mich unverständlich ist die Tatsache, dass man auf den Baustellen kaum mongolische Arbeiter findet. So entwickelt sich natürlich in der Mongolei keinerlei Knowhow. Das Wissen bleibt den Chinesen vorbehalten und die Löhne wandern in die chinesische Heimat. Auch ist es Realität, dass sich die mongolische Bevölkerung kaum die teuren Neubauwohnungen leisten kann. Die Folge davon ist, dass trotz dringendem Bedarf, viele Wohnungen leer stehen und viele Menschen nach wie vor in den unterirdischen Kanälen hausen.

Erka war von meiner Arbeit im Bereich der EKG-Ärztin Tungaa sehr angetan, so dass er sich die gleiche Elektroinstallation in seinem Arbeitsbereich wünschte. Das war allerdings nicht der Grund, warum ich diesmal nach UB gekommen war. Etwas unwirsch begann ich schließlich, seinem Wunsch nachzukommen und während ich als nicht mehr ganz junger Mann unter Erkas Tischen und Möbeln herumkroch, war meine „rechte Hand" Sarnai plötzlich verschwunden. Eine typische Unart, der nicht nur Sarnai verfallen war. Auf Grund meiner ungewohnten Arbeit unter Erkas Möbeln hatten sich zwischenzeitlich massivste Rückenschmerzen eingestellt. In dieser Situation sprach Sarnai mit Manfred unverdrossen über „ungelegte Eier". Mein Unverständnis brachte ich dann höchst uncharmant den beiden gegenüber zum Ausdruck. Freilich verbesserten sich dadurch meine Beschwerden nicht, so dass mir Erka wenigstens eine „betriebseigene" Masseurin vermittelte.

Für Manfred standen in dieser Woche drei Vorlesungen an der Technischen Hochschule an. Erka hatte hierfür seinen Freund aus „Wiegentagen", Damiran, als Fachdolmetscher aufgeboten. Allerdings mochte Manfred seine Vorlesungen lieber in Englisch durchführen, da er nicht unbedingt ein guter Freund Damy's war. Das wiederum war nicht in meinem Sinn, da in der Mongolei die englische Sprache auch unter Studenten (noch) nicht sehr weit verbreitet ist. Dies mag sich in Zukunft ändern, im Moment aber spielt die englische Sprache eine untergeordnete Rolle. Niemand würde hier Manfred's Vorlesung verstehen. Außerdem hatte Manfred Angst, dass er den Kontakt zu den Studenten verliert. Ich war der Meinung, dass in der kurzen Zeit, die wir mit den Studenten verbringen konnten, ohnehin kein tiefer, anhaltender Kontakt möglich war. Das bewies sich auch dadurch, dass Manfreds Vorlesungen im Gegensatz zu den meinigen, von Mal zu Mal schlechter besucht wurden. Anfangs hatte er vier Dozenten und um die 20 Studenten, während am Schluss gar nur noch zwölf Personen teilnahmen.

Der Dienstag wurde dann der erste richtige Werktag. Manfred werkelte in seinem Bereich und ich in dem Meinigen. Manchmal kreuzten sich auch unsere Tätigkeiten, wobei ich hauptsächlich von Sarnai unterstützt wurde und Manfred von Bolortuya (Boloroo). Oft stand mir dann unsere Dolmetscherin Egi zur Seite, während Manfred notgedrungen die Dienste des Fachdolmetschers beanspruchte. Ohne unsere Dolmetscher wurde es immer brenzlig, da unserer Verständigung in Englisch Grenzen gesetzt waren.

Gelegentlich interessierten sich auch die Patienten für unsere Arbeit, die situationsbedingt in unsere Arbeitsprozesse durch ihre pure Anwesenheit involviert wurden. Die Mittagessen ließen wir vorzugsweise ausfallen oder wir aßen in der EMJJ-Kantine, was Erka immer wieder kritisierte. Oftmals musste uns Egi – auf Erkas Anordnung hin – ins benachbarte DHL-Haus zum Essen bringen, wo man ganz gut essen konnte. Dafür weigerten wir uns dann, zum Abendessen ausgeführt zu werden. Das DHL-Haus war erst wenige Jahre zuvor von den Chinesen erstellt worden. Ein modernes Hochhaus, wie man es sich auch in Deutschland vorstellen konnte. Im Hof parken jede Menge DHL-Busse der Marke Toyota. Selbst der Aufdruck auf den Türen ist in deutscher Sprache. *Siehe Bild 43*

An den Nachmittagen dozierte Manfred im EMJJ-Schulungsraum meist über Laser, Monitoring, EKG und Defibrillatoren gegenüber den anwesenden Ärzten, Schwestern und natürlich auch unseren Ingenieurinnen. Obwohl Erka dagegen war, stellte Manfred den Teilnehmern gerne Zertifikate aus, die in der Mongolei einen sehr hohen Stellenwert haben. Die Studierenden reißen sich regelrecht darum. Notgedrungen bedeutete dies für mich, dass auch ich solche Zertifikate ausstelle musste. Zu Beginn meiner Vorlesung wollte ich erst einmal den Ausbildungsstand der Studenten erfahren. Wie im letzten Jahr, hatte ich hierzu einiges Material vorbereitet und über einen Beamer dokumentiert. Meine Fragen, ob diese Lehrinhalte verstanden werden, wurden grundsätzlich bejaht. Nachdem ich auch nur andeutete, den Wissensstand abzufragen, bemerkte ich schon ein zögerliches Verhalten. Schließlich beließ ich es nicht bei der Ankündigung. Ich bat spontan drei der Studenten nach vorne, um sie zu befragen. Das Ergebnis war ernüchternd. Selbst eine Dozentin fiel bei der Befragung durch. Um die anwesenden Professoren nicht vor ihren Schülern bloß zu stellen, befragte ich sie gar nicht erst. Soviel zu diesem Thema.

Die erste Woche verging wie im Flug, und am zweiten Wochenende zeigten uns Erka und Damiran die Änderungen in UB seit dem letzten Jahr. Es war herrliches Wetter. Bei durchschnittlichen 25 Grad, konnte man in Sommerbekleidung durch die Stadt gehen. Mehrmals waren wir auch im „Blue SkyTower", dem neuen imposanten Wahrzeichen der Stadt.

Die nächsten Tage verbrachten wir oftmals am Neubau oder auch in der kleinen EMJJ-Werkstatt. Probleme bereiteten die bereits erwähnten Kabel vom Alt- in den Neubau, deren phsikalische Eigenschaften, schlichtweg elendiglich waren. Im Altbau nahm ich eine Patientenaufrufanlage wieder in Betrieb, die ich schon vor Jahren eingerichtet hatte und deren Sinn aber offensichtlich niemand verstand. Erst jetzt wurde die erstklassige Sprachqualität erfasst, die ja in einer HNO-Klinik besonders wichtig ist. Man konnte von jedem beliebigen Telefonapparat, seine Patienten aufrufen.

Auch diese Woche war schnell vorbei. An diesem Wochenende sollten wir einen Ausflug machen zu dem riesigen Dschingis Khan-Denkmal. Das Denkmal hatte ich schon einmal gesehen, was Erka offenbar vergessen hatte. Es ist wirklich gigantisch. Auf einem ganz aus Edelstahl gefertigten Pferd sitzt der Nationalheilige, in dessen rechten vorderen Bein man in einem Aufzug nach oben bis zur Kruppe des Pferdes fahren kann. Alternativ hierzu führt eine Wendeltreppe im linken Bein nach oben bzw. unten. Nach dem man den Aufzug verlassen hat, kann man über eine Treppe bis zu den Ohren des Pferdes gehen, wo man einen imposanten Ausblick auf die Umgebung hat. Die gesamte Anlage ist weitflächig und großzügig angelegt. Leider sind auch hier, z.B. beim Treppenaufgang zum Gebäude, bereits die ersten Erosionsschäden sichtbar. Die Naturgewalten nagen in der Mongolei eben doch wesentlich intensiver als hier bei uns. Zurück in UB am nächsten Morgen, herrschte auch wieder herrlichstes Wetter. Bei einem kleinen Stadtrundgang in EMJJ-Nähe genossen wir die Blumen, Bäume und Büsche, die in kleinen Gruppen jetzt in UB zu sehen sind. Die Stadt – das muss man ganz deutlich sagen – hat eine freundlichere Note bekommen. Am Abend waren wir zu Gast in Erkas Wohnung, wo uns Zaya und Majicsuren mit mongolischer Kost verwöhnten. Sie kredenzten uns ein ausgesprochen leichtes, aber sehr gutes Mahl.

Am Montag fuhr ich mit Sarnai und Manfred ins Audio-Center um die dort von Sarnai installierte und von mir gesponserte Telefonanlage zu inspizieren. Natürlich installierte sie die von mir mitgeschickten und für teures Geld gekauften Anschlussdosen nicht. Ich hatte sie vor der Montage ausdrücklich darauf hingewiesen und ihr noch detaillierte Zeichnungen für die Anschlussklemmen angefertigt. Die Stecker an den Telefonapparaten zwickte sie einfach ab und schloss die zwei Drähte direkt an. Wie bereits an anderer Stelle gesagt, in der Mongolei braucht man das nicht!? So lagern nun für 500,00 € Telefonanschlussdosen in den Schubfächern der Werkstatt. Eines Tages werden sie wohl entsorgt werden, weil niemand mehr weiß, zu was diese Dosen gedacht waren.

Am Montagabend beanspruchte Manfred „seinen" Abend. Mit Egi unserer Dolmetscherin und einigen EMJJ-Mitarbeiterinnen hatte er vereinbart, ein Tanzlokal zu besuchen. Egi schleppte einige EMJJ-Mädels an, sodass der Dressman, Manfreds schwarzer Satin-Anzug, seinen Einsatz bekam. Manfred ist leidenschaftlicher Tänzer und ließ sich den Abend auch etwas kosten. So gab er für die Mädels nicht weniger als 190.000 Tugrik aus, was ungefähr einem Wert von 120,00 € entspricht.

Am nächsten Tag trafen wir uns mit Professor Khalzaa. Er berichtete, dass er im Herbst zusammen mit einem Kollegen, für zwei Monate nach Deutschland, an die TH Rüsselsheim, kommen werde. Wir verabredeten, dass wir in Kontakt bleiben und ich ihn zu uns nach Hause einladen würde. Hier könnte er meine Elektronik-Ausrüstung begutachten. Im Anschluss daran hatte Erka natürlich noch etwas vor. Er plante einen Besuch im Sanatorium. Auch mich interessierte der Stand und Ausbau. Zunächst aber fuhr er mit uns – Damy war auch dabei – in die schöne Natur rings um das Sanatorium. Im Sanatorium hatte sich viel getan, wenngleich der Zustand für unsere Begriffe immer noch ziemlich elendig war. Nein, mit unseren Sanatorien konnte man die Anlage hier in keinster Weise vergleichen. Erka aber war mächtig stolz. Inzwischen war das Sanatorium bezogen und wie es schien, ziemlich ausgelastet. Selbst ein Springbrunnen und Spielgeräte für Kinder waren da. Die Mongolen waren begeistert. In der Speisesaal-Jurte hatte Erka schon wieder auftischen lassen. Als wir am Tisch saßen, bemerkte ich eine junge Dame, die scheinbar ohne Grund immer wieder bei uns an den Tisch kam. Dann plötzlich kam es aus ihr heraus. Sie sprach Deutsch und das nicht schlecht. In Ulan Bator studierte sie Germanistik und arbeitete in den Semesterferien hier. Sie freute sich ungemein, dass sie ihr Gelerntes hier einmal ausprobieren konnte.

Auf der Rückfahrt bog Erka wieder einmal zu seiner Farm ab, um dort nach dem Rechten zu sehen. Rund um die Jurte waren hauptsächlich Pferde, Schafe und Ziegen zu sehen. Es war alles in bester Ordnung. Natürlich konnten wir auch dieses Anwesen nicht verlassen, ohne vorher gegessen zu haben. Zurück in UB eröffnete uns Erka, dass er Karten für das Nationaltheater geordert habe. Wir „mussten" also heute Abend wieder weggehen. Dabei hätten wir auch gerne wieder einmal unsere Ruhe gehabt. Aber Erka in seinem unbändigen Willen, uns alles bieten zu wollen was möglich war, ließ uns keine Wahl, wollten wir ihn nicht beleidigen. Die Vorstellung war dann auch ganz anders als im letzten Jahr. Natürlich wieder grandios, aber eben anders.

Zur mongolischen Bautechnik möchte ich doch unbedingt einmal die Türe zur Elektro-Werkstatt anführen. In ca. 35 cm Höhe ist die Unterkante der Türe. Unten am Fußboden gehen beidseitig Rohre entlang. Damit diese Rohre nicht in die Schwelle der Türe gingen, hat *Siehe Bild 44* man einfach die Türe nach oben verlegt. Man muss also, will man in die Werkstatt gehen, einen großen Schritt über dieses Hindernis machen. Das ist natürlich besonders schlecht, wenn man mit schweren Teilen zur Reparatur in die Werkstatt gehen muss. Solche „Kleinigkeiten" belasten unseren Chef natürlich nicht unbedingt. Nach dem Öffnen der Tür darf man nur nicht vergessen, die Beine anzuheben. Dieses Handicap scheint aber niemand zu stören, zumindest habe ich keinen Menschen erlebt, der wegen dieser Türe geschimpft hätte, im Gegenteil, das wird lächelnd in Kauf genommen.

In der Poliklinik herrscht alltäglich viel Betrieb. Die Leute sitzen im sowieso schon engen Flur auf Sitzbänken. Babygeschrei vermischt sich hier mit den Gesprächen der Erwachsenen oder mit den Geräuschen der Spielzeugautos. Ich denke, bei uns würde niemand in eine solche Klinik gehen. Hier ist das ganz anders. Niemand beschwert sich über Wartezeiten. Der Raum, in dem die Anmeldungen erfolgen, wurde komplett saniert. Er macht jetzt einen freundlichen Eindruck. Ich denke, hier macht sich schon der Einfluss von Zaya und Jack bemerkbar. Auch die Apotheke sieht jetzt sehr ordentlich, wenn auch beengt aus. Für unsere Vorlesungen wollte sich Erka dankbar erweisen und hat uns, sowie Sarnai und Boloroo, daher zum Abendessen in ein Restaurant in einem großen Kinderpark eingeladen. Vorgelagert war ein künstlicher See, auf dem Tretboote in Form von Schwänen waren. Das Essen war gut und auch reichlich. Das Lokal war sehr sauber. Am nächsten Morgen waren wir zunächst bei Oyunchimeg, der ehemaligen EMJJ-Oberärztin. Wir sollten ihre Praxis auf fehlerhafte Instrumente überprüfen und auf solche, die sie noch brauchen würde, aufmerksam machen. Das war in einer guten Stunde erledigt. Dann hatten wir noch einen Termin mit Professor Khalzaa und einem Kollegen von ihm. Die Beiden wollten uns ihre Universität zeigen. Erka war auch dabei. Im Anschluss daran führte Khalzaa uns zum Gandan-Kloster, das wir aber bereits ganz gut kannten. Viele Leute standen in tiefer Ehrfurcht vor ihrer Göttin und beteten oder drehten die großen Gebetsmühlen. Danach verabschiedeten wir uns von Prof. Khalzaa und fuhren wieder zurück zum EMJJ. Allerdings wurde am Sukhbataar-Platz ein Stop eingelegt, da hier für kurze Zeit das Skelett eines fleischfressenden Sauriers ausgestellt war. Dieses Skelett war vor längerer Zeit irgendwie in die USA entführt und jahrelang von der mongolischen Regierung zurückgefordert worden. Jetzt war der Zeitpunkt gekommen, an dem es wieder da war, wo immer es auch herkam? Wie das so mit Frauen ist, nutzte Majiig den Stop, um in ein Bekleidungsgeschäft zu gehen. Da nebenan ein Souvenirladen war, musste Erka natürlich auch dorthin. Er wollte uns unbedingt Messingstücke kaufen, was wir aber ausschlugen. Diese Teile waren viel zu schwer. Dafür machte er jetzt etwas anderes aus, ein koreanisches Lokal. Schließlich war jetzt Mittagszeit. Er bestellte wieder üppig, viel zu üppig, wie das seine Art war. Aber es schmeckte ausgezeichnet. Dann ging es endlich am späten Nachmittag zurück in die Klinik, wo wir uns sogar noch etwas nützlich machen konnten. Der nächste Vormittag war wieder Professor Khalzaa und seinem Kollegen versprochen. Wir sollten mit beiden zum Direktor der Universität kommen. Es waren höchst interessante Gespräche, die wir führten. Leider konnte der Direktor weder Deutsch noch Englisch. So musste Khalzaa immer wieder übersetzen. Da Khalzaa nur spärlich Deutsch sprach, gestaltete sich die Unterhaltung sehr zäh. Hätte ich geahnt, dass der Direktor weder Deutsch noch Englisch kann, dann hätte ich Damy mitgenommen. Der Direktor erzählte uns davon, wie beschränkt sein Etat sei. Er hätte viele Pläne, aber es fehlt das Geld dies umzusetzen. Schließlich kamen wir auch auf die Studenten zu sprechen und ich erzählte ihm von meinen Erfahrungen, die ich mit den Studenten gemacht hatte. Manfred sagte dazu, dass er dies nur bestätigen kann. Wir vereinbarten ein Hilfsprojekt für diese Studenten. Ich würde versuchen, von einschlägigen deutschen Firmen, kostenlose Geräte und Apparatur zu bekommen. Die mongolische Universität müsste allerdings die Transportkosten tragen. Allerdings konnte der Direktor dies auch nicht versprechen. Wenn wir wieder kommen würden, könnte man die Studenten schulen. Leider wurden all diese Pläne zunichte gemacht. Dazu später mehr.

Odon holte uns wieder von der Universität ab und fuhr mit uns zum EMJJ. Einkauf stand an, wichtiger Einkauf. Es war schon verhältnismäßig spät. Sarnai meinte, sie sei heute schon in der Stadt gewesen und der Verkehr sei „dünn". Tatsächlich waren wir dann relativ schnell in einem riesigen Einkaufscenter für Installationstechnik mit dem vielsagenden Namen „Hermes". Ich benötigte eine bestimmte Sorte Kabel, das ich auch sofort gefunden habe. Es sah ganz danach aus, dass man hier alles finden konnte, was man zu einer Installation benötigte. Dass nicht alles unseren Qualitäts-Maßstäben entsprach, musste man tolerieren. Wir fanden alles, was wir benötigten. Egi war auch dabei, um bei Verständigungsproblemen vorbereitet zu sein. Tatsächlich kamen wir noch kurz vor Feierabend im EMJJ wieder an. So etwas war auch für mich neu. In relativ wenigen Stunden zum Center gefahren, eingekauft und wieder zurück. Auf der Rückfahrt sahen wir zwei Fensterputzer die an einem Wolkenkratzer in schwindelerregender Höhe ihre Arbeit machten. Sie hingen an einem Seil und hatten ganz lumpige, ja man kann es so sagen, Schlappen an ihren Füßen. Nein, das wäre mit Sicherheit nicht mein Traumjob.

Für den nächsten Tag stand ein heikles Problem an. Die 16 Anschlüsse der Telefonanlage reichten nicht mehr aus. Eine Erweiterungsmöglichkeit gab es nicht. Ich wusste von diesem Problem schon in Deutschland und hatte daher nochmals eine Telefonanlage desselben Typs mitgebracht. Diese Anlage wollte ich so verschalten, dass man zumindest im Haus mit den anderen Telefonen sprechen konnte. Das war nicht ganz einfach, vor allem hatte ich Angst, dass das Personal diese etwas umständliche Bedienung nicht verstehen würde. Aber es war eine Alternative, vor allem eine kostenlose Alternative. Auch Ganbold interessierte das was ich vorhatte und so war er hinzugekommen. Man konnte sogar nach außen anrufen, aber für Laien war das doch etwas schwierig. Ansonsten war die Funktion aber einwandfrei. Für ewige Zeiten würde man dieses System nicht behalten, aber einige Jahre war das schon tragbar. Ich muss zugeben, es hat sich besser bewährt, als ich gedacht hatte. Der Tag ging bei dieser Aktion vollkommen drauf. Ich war aber zufrieden, dass es gut funktionierte. So ein System hatte ich auch noch nicht gebaut. Am Abend war für Manfred wieder einmal Tanzen angesagt. Für diese Anlässe hatte er immer extra Kleider dabei. Er hatte einen ganzen Harem von Frauen eingeladen. Wenn die alle kommen würden, so dachte ich, dann müsste er ganz schön tief in die Tasche greifen. So war es dann auch.

Das Großprojekt der Computertomograph funktionierte jetzt und wurde offensichtlich reichlich verwendet. EMJJ hatte zwei Mitarbeiterinnen für den CT ausbilden lassen. Alles in allem schien jetzt doch die CT-Geschichte ein gutes Ende genommen zu haben. *Siehe Bild 45*

Am Tag darauf nochmals Fahrt zum Sanatorium. Unter anderem wollte ich auch Blumenableger von Erkas Grundstück für unseren Garten mitnehmen. Vom naheliegenden Berg genießt man einen herrlichen Blick auf das Sanatorium, das sich inzwischen zu einem stattlichen Anwesen erweitert hat. Ich nannte es spontan „Erka-City". Vor sechs Monaten wurde ein Neubau erstellt, in direkter Anbindung an das Hauptgebäude. Im unteren Teil soll dort Schulunterricht für die CI-implantierten Kinder angeboten werden. Diese Kinder bedürfen eines qualifizierten Unterrichts. Da aber der mongolische Staat nicht bereit ist, eine solche Schule zu finanzieren, wollte Erka aus privaten Mitteln dies realisieren und auch die laufenden Unterhaltskosten übernehmen. Ich hatte mich bereit erklärt, ihn in seinem Vorhaben grundsätzlich zu unterstützen.

Mit neuen Erkenntnissen und über langfristige Aufgaben informiert, näherte sich das Ende unserer diesjährigen Reise. Aus diesem Grund hatte Erka für uns in der Speisesaal-Jurte eine kleine

Abschiedsfeier organisiert. Eingeladen waren Majigsuren mit den Kindern, Egi, Zaya, der chinesische Professor, der die bisherigen CI-Operationen durchgeführt hatte, Manfred, Erka, Batbayar, Baajii, Odon sowie Personal aus den verschiedenen Fachbereichen und ich. Und was wurde als Hauptmahlzeit angeboten? Natürlich, Horhog, zubereitet in Milchkannen. Erka hielt seine Rede in Deutsch und Zaya übersetzte für den chinesischen Professor ins Englische. Wieso Zaya verstanden hatte, was ihr Schwiegervater vortrug, erschloss sich mir nicht, da die Deutschkenntnisse von Zaya eher sehr dürftig waren. Offensichtlich fand sie aber die richtigen Worte, denn der Professor erfreute sich sichtlich an der Übersetzung. Das Essen mundete allen Beteiligten, so auch dem chinesischen Professor. Ich denke, es war das erste Mal, dass er in den Genuss dieses speziellen Mahles kam.

Unsere Koffer mussten noch gepackt werden. Die Rückreise – inzwischen schon Routine – begann wie immer in aller Herrgottsfrühe. Nein, so eine richtige Routine war es dann doch nicht. Am Flughafen musste ich mich zur weiteren Kontrolle hinunter in die Katakomben begeben. Irgendetwas schien verdächtig zu sein. Dort unten warteten riesige Röntgengeräte auf verdächtige Gepäckstücke. Man bedeutete mir, meinen verschlossenen Koffer zu öffnen. Schnell wurde mir der Grund für diese Maßnahme bewusst. Auf die Plastikflaschen mit den Pflanzen hinweisend, wiederholte der Kontrolleur immer nur das eine Wort: „Gift". Nun verstand ich den Sinn nicht: Meinte er das Wort Rauschgift oder das englische Wort für Geschenk? Als er meine Arme nach Einstichstellen kontrollieren wollte, wurde mir bewusst, es ging um Rauschgift. Ich bat um eine Übersetzerin. Eine junge Frau mit wenigen Deutschkenntnissen kam hinzu. Sie forderte mich auf, ihr in einen Nebenraum zu folgen. Wir gingen in einen kleinen Raum. Dort forderte sie mich auf, mich zu entkleiden. „Bis auf kleine Hose alles." Das gab sie mir zu verstehen. So präsentierte ich mich ihr am Ende nur noch in Unterhose. Ich weiß nicht, wem von uns beiden es peinlicher war. Ich solle mich an die Wand stellen und die Beine „öffnen", also spreizen, lautete die nächste Anweisung. Dann kontrollierte sie unter Hinzuziehung eines Kollegen meinen gesamten Körper ohne Erfolg und so durfte ich meine Kleider anziehen. Inzwischen wurde die Zeit knapp, um zum Flugzeug zu gelangen. Die Beamtin lotste mich dann freundlicherweise direkt in die Abflughalle, wodurch ich ohne Probleme den Abflug erreichte. Etwas Ähnliches hatte ich hier schon mal erlebt. Ich war mir sicher, keine Blumen mehr mitzunehmen. Manfred wartete bereits. Von nun an ging alles seinen gewohnten Lauf. Ohne Probleme ging es über Moskau nach Frankfurt und weiter nach Hause.

Das folgende Jahr über war ich u.a. damit beschäftigt, die mir selbst gestellten Aufgaben zu erledigen. Dazu gehörte vor allem das Versprechen, das ich dem Direktor der Universität gegeben hatte, mich nach brauchbaren Gerätschaften zum Aufbau eines technischen Labors an seiner Universität umzuschauen. Ich knüpfte daher vielversprechende Kontakte zu Firmen wie SIEMENS, Philips, Zettler usw., die mir auch mit kostenlosen Geräten helfen wollten. Auch das Problem mit der Telefonanlage ließ mich nicht los. Allerdings wurde mir hierbei keine (kostenlose) Hilfe angeboten. Weiterhin trug ich zusammen, was sich an brauchbaren Geräten und Instrumenten ansammelte, allerdings keine Großgeräte mehr. Dafür war im Moment kein Bedarf. Vor allem galt meine Sorge den Kindern in der CI-Schule. Ich organisierte daher Lichtbildervorträge, verbunden mit der Bitte um eine Spende für die CI-Spezial-Schule.

Die Vorbereitungen für die nächste Mongolei-Reise standen an. Diesmal sollte uns ein „Frischling" begleiten. Manuel, ein Neffe von Manfred und Elektromeister, würde uns bestimmt behilflich sein können. Er war nicht nur nett, sondern auch sehr hilfsbereit. Das bei meinen Vorträgen gesammelte Geld wollte ich Chimgee, der Leiterin der CI-Schule, übergeben. Ich hatte die Ehre, diese Schule offiziell zu eröffnen. Neben sonstigen Gästen waren auch Eltern betroffener Kinder zur Eröffnung gekommen. Es war Ferienzeit und da lebten die Kinder bei ihren Eltern, ansonsten das Jahr über in einer Art Internat. Dass nur einige Eltern kamen, war dem Umstand der teilweise sehr großen Entfernungen zwischen Wohnort und Schule geschuldet.

Erka organisierte einen Nachmittag, bei dem die Spenden offen gelegt werden sollten. Dazu hatte er zwei Minister, den deutschen Botschafter sowie drei Damen aus dem Sozialbereich und Teile seiner Belegschaft eingeladen. Manfred durfte natürlich nicht fehlen. Ich entdeckte viele bekannte Gesichter. Egi fungierte wieder als bewährte Dolmetscherin. Als Ehrengäste waren Eltern geladen, deren Kinder ein CI implantiert bekommen hatten. Fernsehen und Rundfunk sowie die Presse waren zugegen. Mehr an Persönlichkeiten konnte man nicht aufbieten. Erka eröffnete mit einer Rede. Darauf folgte ich und Egi übersetzte für das Publikum. Am Ende wurde es zu einem Redemarathon. Egi war immer an meiner Seite, um mich über alles zu informieren. Schließlich kamen wir zum Hauptakt, dem Öffnen der Spendenbox.

Ich hatte in Deutschland nach einer originellen Spendenbox, vielleicht in Form einer Figur, vergeblich gesucht. Manfred wusste um Abhilfe durch einen Keramik-Clown, den er irgendwo zuhause seit ewigen Zeiten aufbewahrte. Ursprünglich diente der Clown als Sparbüchse.

Mit einem Hämmerchen sollte nun das Innenleben des Clowns offengelegt werden. Dazu wurden zwei Kinder auserkoren. Offensichtlich wagten sie es nicht mit der Befürchtung, etwas kaputt zu machen. So griff ich mir die Hand eines Jungen und führte sie samt Hämmerchen dem Zerstörungswerk entgegen. Dies alles geschah unter den Augen der Fernsehkameras. Das Geld lag nun offen da und Bolormaa die Buchhalterin (nicht zu verwechseln mit der Elektronikerin) von EMJJ, war jetzt mit dem Zählen des Geldes beschäftigt. Zum Schluss bedankten sich die beiden Minister und gaben der Hoffnung Ausdruck, dass auch in den nächsten Jahren solche Geldspenden für die CI-Schule eingehen würden. Schließlich griff sich eine der Mütter das Mikrofon und bedankte sich rührend für die Operation bei allen Ärzten und dem Pflegepersonal. Besonderer Dank galt auch unserem Professor Erdenechuluun für die Gründung dieser Spezialschule, ohne die diese Operationen nur wenig Sinn machen würden. Auch bedankte sie sich bei mir, dass mir als Ausländer die mongolischen Kinder nicht egal wären und ich mit so viel Engagement hinter diesem Schulprojekt stünde. Sie würde sich über mein weiteres Engagement freuen. Schließlich bedankte sie sich auch bei Chimgee, der Leiterin der Schule und ihren Mitarbeitern, die mit viel Freude und Einsatz diese Schule aufgebaut hatten. Danach berichtete eine junge Frau, die ein CI implantiert bekommen hatte. Sie erzählte von ihren Schwierigkeiten, die sie in ihrem früheren Leben als gehörlose Frau hatte erleiden müssen. Niemand habe sie ernst genommen oder gar respektiert. Das alles habe sich nun geändert. Sie fühle sich neugeboren wie ein Baby. Auch sie wünschte EMJJ und allen Mitarbeitern für die Zukunft viel Erfolg.

Auch in Deutschland sind namhaften HNO-Kliniken solche Spezial-Schulen angegliedert. Leider sind mongolische Kinder den deutschen gegenüber benachteiligt. Während deutsche Kinder in der Regel bilateral, also beidseitig, ein Implantat bekommen, werden aus Kostengründen die mongolischen Kinder nur einseitig mit einem Implantat versehen. Dies hat zur Folge, dass die einseitig operierten Kinder nur in Mono hören können, die Geräuschrichtung daher nicht erkennen. Trotzdem, diese Operationen bedeuten grundsätzlich einen gewaltigen Fortschritt für Hörbehinderte.

Zu guter Letzt meldete sich Professor Khalzaa zu Wort, womit ich nicht gerechnet hatte. Er erinnerte an die Vorlesungen, bei denen wir uns kennengelernt hatten sowie an unsere Freundschaft und dass wir uns für die Zukunft noch Vieles vorgenommen hätten.

Im Anschluss daran gab ich die Gründung eines neuen Sozial-Vereines in der Mongolei bekannt. Dieser Verein sieht den VdK in Deutschland als großes Vorbild, bei dem ich Ortsvorsitzender war. Oyuntsetseg war die eigentliche Initiatorin. Ich übergab ihr das Mikrofon, damit sie den Verein und dessen Ziele dem Publikum vorstellen könne. Es war mir durchaus bewusst, dass es sehr schwer werden würde, eine solche Organisation in der Mongolei zu etablieren.

Zur Überbrückung hatte Erka für das leibliche Wohl gesorgt. Vom Mineralwasser bis zu Sekt und Häppchen, Kuchen, Keksen und Obst. Sein Personal hatte an alles gedacht.

Um meine Heimat näherzubringen, zeigte ich ungeschminkte, alte Bilder von mir zuhause und auch von meinem Geburtstort. Die Leute sollten sehen, dass auch in Deutschland nichts perfekt ist. Daran lag mir sehr viel. Oftmals gewann ich bei Gesprächen den Eindruck, dass in der Mongolei von Deutschland ein völlig falsches Bild vorliegt. Nur durch Arbeit und Opfer konnten wir unseren Wohlstand begründen. Natürlich zeigte ich auch Bilder von meinen Reisen innerhalb der Mongolei. Es wurde eine großartige, informative Veranstaltung. Am Abend – wie konnte es auch anders sein – lud Erka wieder zum Essen ein.

Noch ein Wort zu Oyunaa (Oyuntsetseg): Ich hatte sie zufällig im Hotel Edelweiß kennengelernt, wo sie an der Rezeption arbeitete. Damals gab es noch kein WLAN. Es stand daher ein PC auf dem Flur des Hotels. Beim Vorbeigehen entdeckte sie auf dem PC das VdK – Emblem, weil ich gerade unseren Ortsverband aufgerufen hatte. Sie wollte in gutem Deutsch wissen, was ich mit dem VdK zu tun habe. Nun erzählte sie, dass sie sieben Jahre in einem Salzburger Hotel beschäftigt war und daher den VdK kannte. Wir unterhielten uns und schließlich bat sie mich, ihr beim Aufbau eines VdK-ähnlichen Vereines behilflich zu sein.

Nach meiner Rückkehr nach Deutschland nahm ich mich der Sache an, da Oyunaa in dieser Sparte vollkommen unerfahren war. Eine Unterhaltung mit unserem Bezirksgeschäftsführer Carsten verhalf mir zu einem entscheidenden Hinweis. Zunächst bedürfe es einer rechtlichen Klärung der Satzung und hierfür sei, wie auch für andere rechtlichen Fragen, eine Juristin oder ein Jurist zwingend notwendig. Ich recherchierte im Internet und fand doch tatsächlich eine deutsche Rechtsanwältin mit Kanzlei in Ulan Bator. Sie erklärte sich bereit, in der Gründungsphase kostenlos zur Verfügung zu stehen. Als kleine Gegenleistung wurde ein Training für mongolische Sprache vereinbart. Das Ganze funktionierte hervorragend über eine Zeitspanne von etwa einem Jahr. Dann musste die Rechtsanwältin zurück nach Deutschland und wir bekamen ein Problem.

Der Zufall wollte es, dass ich einige Wochen später, bei meinem Flug von Moskau nach Ulan Bator, neben einer Mongolin saß.

Ich versuchte, mit der Dame ins Gespräch zu kommen. Dies gestaltete sich sehr mühsam, da sie weder Deutsch noch Englisch sprach. Ich holte mein Notebook hervor und zeigte ihr, wo ich schon überall in der Mongolei war und was ich schon erlebt hatte. Die Zeit verging wirklich wie „im Flug". Kurz vor der Landung in UB interessierte sie sich für meine Tätigkeit, in der Mongolei. Ich klopfte an meine Brust und antwortete „Elektronik", worauf sie an ihre Brust klopfte und meinte „Jurist". Das traf wie die Faust aufs Auge. Wir vereinbarten unter komplizierten Umständen, dass sie am nächsten Tag von Oyunaa angerufen würde, um die Details abzusprechen. Nun hatten wir vielleicht wieder eine Juristin?

Der Nachteil war, dass sie zwar hervorragend mit Oyunaa klar kam, ich aber meine Verständigungsprobleme hatte. Gerade in der Anfangszeit sollte auch ich mit ihr einen engen dienstlichen Kontakt pflegen, was ohne Dolmetscher ausgeschlossen war. Darüber besprach ich mich auch mit Egi, die mich prompt mit einer Juristin namens Odontuya (oder auch Odnoo) bekannt machte. Sie verfügte über hervorragende deutsche Sprachkenntnisse. Außerdem musste ein Arbeitskreis gefunden werden, ohne den ein solches Unterfangen nicht möglich würde. Ein schwieriges Unterfangen in einem Land, in dem die Bevölkerung, gemessen an unseren Verhältnissen, sehr arm ist. Und letztlich musste auch ein Name mit einer markanten Aussagekraft gefunden werden. Wir einigten uns auf „Hunleg yos" was so viel wie „Menschlichkeit" bedeutet. Schließlich gelang es Oyunaa, eine fünfköpfige Crew zusammenzustellen, die nun die offizielle Registrierung in Angriff nahm. Dies gestaltete sich sehr schwierig, da die Bürokratie auch in der Mongolei unberechenbar ist. Bereits hier zeigte sich, dass es absolut richtig war, eine Juristin zu haben. Mit etwas Nachdruck durch Odnoo, sowie Zähigkeit und Ausdauer, schafften wir es schließlich, wir waren jetzt ein offizieller Verein. Nachdem unserem Verein offiziell das Gründungs-Zertifikat überreicht worden war, waren wir alle mächtig stolz. Soviel zu Oyuntsetseg und dem VdK. Leider erfuhren wir, trotz mehrmaliger Anfragen bei der damaligen VdK-Präsidentin in Deutschland, keinerlei Unterstützung. Dabei ging es mir nicht um materielle Hilfe, sondern um eine ideelle Unterstützung bei der Gründung des Vereines.

Erka hatte geplant, Manfred, Manuel, Naraa (aus der Elektrowerkstatt) und mir die Neuerungen im Sanatorium zu zeigen. Das Gewächshaus war aufgebaut mit Stahlrohren und darüber montierte Plastikbahnen. Ob das Gewächshaus, in dem Tomaten und Stangengurken wuchsen, einen großen Sturm überstehen würde, mochte ich nicht beurteilen. Daneben ein Karottenfeld. Das war natürlich für die Patienten eine gute Sache, direkt vom Acker und nicht erst aus China. Es war kalt geworden und das Laub an den Bäumen hatte sich gelblich verfärbt. Der übliche kurze Herbst war eingezogen. In der Küche wartete das Essen auf uns. Ohne unser Wissen waren auch Odon, Majig und unsere Superköchin erschienen. Mit Sicherheit hielt Erka eine Überraschung bereit. Da die Köchin hier war, musste diese Überraschung mit dem Essen zu tun haben. So war es dann auch.

Unser Chef wollte uns noch etwas zeigen, das wir noch nicht gesehen hatten. Hier in der Gegend war ein neues Kloster errichtet worden mit Namen Aglag buteeliin hiid. Es lag eingebettet in einer wunderbaren bergigen Region. Der Zugang war sehr steil, weshalb man in Ausnahmefällen sich ein Auto mieten konnte, um zu der umfassenden Klosteranlage zu gelangen. Im Hauptgebäude befinden sich Gottheiten und Geister mit für uns furchteinflößenden Fratzen. Dieses markante Gebäude kann man vollständig besichtigen. Auch hier oben zeigte sich der Herbst in seinem vielfältigen Farbengewand. Bis zum Horizont reichte der grandiose Blick. Überall in der Anlage entdeckte man Steinfiguren mit für uns rätselhaften Symbolen und Ornamenten. Auch die vielen Höhlen mussten irgendeine religiöse Bedeutung haben. Der Auf- und Abstieg zum Kloster auf einem unbefestigten Pfad hatten uns herausgefordert. Der nimmermüde Erka eröffnete uns nun, dass wir zu seiner Farm weiterfahren würden. Dort würde „etwas" auf uns warten. Ich kombinierte, die Köchin und Majiigsuren waren zwar im Sanatorium, nicht aber im Kloster gewesen. Welche Möglichkeiten blieben da noch? Eine Ziege würde bestimmt wieder dafür herhalten müssen. Tatsächlich, als wir ankamen, briet die Ziege im Feuer. Majig war mit der Köchin vom Sanatorium direkt hierhergekommen und hatte bereits alle Vorbereitungen getroffen. Wir mussten uns nur noch an den Tisch setzen. Heute fungierte Naraa (nicht zu verwechseln mit Naraa, Ganbolds Frau) aus der Elektronikwerkstatt als Fahrer, während Batbayar für unser Wohl zuständig war. Die Hausherrin der Jurte zählte drei Söhne, wovon keiner den Hungertod sterben würde. Dann wurde aufgetischt. Erkas Aufgabe war es wie immer, die Ziege zu zerteilen, die wie auch beim letzten Mal, mit Gemüse und Kartoffeln gefüllt war. Zur Ehre unserer Köchin eine Anmerkung. Mit vier Sternen ausgezeichnet, durfte sie sogar für Dmitri Medwedew, den ehemaligen russischen Ministerpräsidenten, eine Ziege braten. Eine besondere Köchin! Nach diesem unerwarteten Festmahl lud uns Erka zu einem Abschiedstrunk in seine Privatwohnung ein, denn es war unser letzter Tag. Wir mussten noch unsere Koffer packen. Wieder näherte sich eine ereignisreiche Zeit ihrem Ende entgegen. Auch Manuel hatte es sehr gut gefallen.

Im Jahr 2015 wurden wir in einem neugebauten Hotel untergebracht. Es lag ziemlich entfernt vom EMJJ, sodass ein Fahrzeug notwendig wurde. Das EMJJ-Krankenhaus war umgebaut worden und erstrahlte mit einer neuen Fassadenfarbe. Im neu errichteten Anbau gelangte man an der Rezeption vorbei zum CT, in die Werkstatt und zur Kantine. Das Krankenhaus selbst durfte sich jetzt mit dem Prädikat „Universitätsklinik" auszeichnen. Jetzt konnten auch Patienten über eine Krankenkasse abgerechnet werden.

Die Parksituation vor dem Krankenhaus war nach wie vor chaotisch. Hierauf hatte EMJJ aber auch keinen Einfluss, da dieses Gelände nicht zu EMJJ gehörte. Diesmal waren wir in großer Besetzung angereist: Martin, Gert, Luki und Uki, Gottfried, Ralf und Ramona, Manfred und ich. Manfred und ich widmeten uns „unseren" Arbeiten, während die anderen sich um ihre audiologischen Projekte kümmerten. Wir sahen uns deshalb oft nur in den Pausen und beim Frühstück oder am Abend. Am ersten Tag eröffnete uns Erka, dass wir am nächsten Morgen in das Audiocenter in der CI-Schule kommen sollten. Die von ihm angekündigte kleine Veranstaltung wurde eine Feier zum einjährigen Bestehen der Schule. Die Räumlichkeiten waren geschmackvoll dekoriert und Bilder vom vergangenen Jahr zierten die Wände. Ich übergab bei dieser Gelegenheit meine Spendenbox. Die Medien waren natürlich zugegen und kamen auf ihre Kosten. *Siehe Bild 46*

Die Kinder zeigten, was sie gelernt hatten und sangen Lieder, was eine absolute Herausforderung war. Man bedenke, dass diese Kinder vor gar nicht langer Zeit weder wussten, was ein Lied ist, noch wie es sich anhört oder was hören überhaupt ist. Das war eine unglaubliche Leistung und zeugte davon, dass Chimgee und ihre Mitarbeiter ihre Arbeit sehr gut gemacht haben. Auch konnten sich die Kinder sprachlich verständigen. Auf diesen Erfolg konnte Erka stolz sein und das zeigte er auch. Die Kinder und deren Angehörige vermittelten einen glücklichen Eindruck. Eine der Mütter umarmte mich und küsste mich rechts und links auf die Wangen. Was sie dabei flüsterte verstand ich nicht, lediglich ein mehrfaches Bayarlalaa, bayarlalaa, was so viel wie „Danke" bedeutet. Andere Mütter fanden ebenfalls dankbare Worte, die mir Egi übersetzte. Erka überreichte Chimgee und mir eine schön gerahmte Urkunde. Solche Momente sind unbeschreiblich und sagen mehr als 1000 Worte. Die Zeitungs- und Fernsehleute waren voll beschäftigt, und Erka hatte etwas Hochgeistiges zum Anstoßen mitgebracht. In diesen Tagen musste ich auch mehrfach zusammen mit Egi und Erka zu Fernseh- und Radiostationen wegen verschiedener Interviews.

Zurück im EMJJ, gingen wir in den OP, wo Ralph gerade operierte. Wir, das waren Sarnai, Naraa und ich, wollten einige Videoleitungen ändern, die für OP-Aufnahmen gebraucht wurden. Egi war dabei und dolmetschte. Danach baute ich im Lehrzimmer mein Notebook auf und zeigte Bilder von meinen Mongolei-Reisen, die auch immer wieder gerne von den EMJJ-Mitarbeitern angeschaut wurden, natürlich auch von meinen Begleitern.

Irgendetwas hatte Erka für den Abend des nächsten Tages geplant. Er fragte mich, ob ich eine ordentliche Bekleidung mitgebracht hätte. Ich bemerkte, dass ich so schlecht auch nicht angezogen wäre. Er schmunzelte und sagte, dass ich am morgigen Abend als Hauptperson eine entsprechende Garderobe benötigen würde. Presse und Fernsehen wären auch da. Ich hatte keine Ahnung, was mich da erwarten würde. Im Jahr zuvor trug ich Klamotten von Erka, die mir aber zu klein waren. Erka meinte, er hätte mit „Hochmann" gesprochen. Damit meinte er Baajii, der ca. zehn cm größer ist als ich. Ich könne dessen Kleidung benutzen. Was hatte er nur wieder vor? Er schwieg, wie üblich. Auch Egi und Sarnai waren ahnungslos. Ob das der Wahrheit entsprach? Das Geheimnis: Erka hatte in ein Edelrestaurant geladen. Vor dem

Lokal waren Kontrollen wie am Flughafen aufgebaut. Man sagte uns, dass hier sehr viele hohe Gäste, sowie auch Politiker aus dem In- und Ausland verkehren. Als wir unseren Platz zugewiesen bekamen, waren bereits sehr viele EMJJ-Mitarbeiter anwesend, die ich kannte. Auch ein Minister, der bei meiner Spendenboxöffnung im letzten Jahr zugegen war. Was hatte dieser hohe Gast zu bedeuten? Immer mehr Gäste füllten den Raum. Wir Deutsche waren vollständig vertreten, wie auch Baajii, der „Hochmann", dessen Jackett und Krawatte ich trug.

Dann war es so weit, der Akt begann. Zuerst sangen eine Frau und ein Mann in wunderschöner mongolischer Tracht mongolische Lieder, begleitet von einem Musiker mit seiner Pferdekopfgeige. Überraschend für mich, wurden Egi und ich auf die Bühne gebeten, wo zwischenzeitlich der Minister wartete. Egi übersetzte, was der Minister nun verkündete. Er fand überschwängliche Worte, die meinem Wirken in der Mongolei galten. Er betonte meine Empathie, die ich seit Jahren seinem Land entgegenbringe. Feierlich legte er mir eine beschriftete rote Schärpe um. Egi war ihm dabei behilflich. Höhepunkt war die Übergabe einer Messingurkunde, die auf Holz aufgeschlagen war. Erst jetzt begriff ich den Stellenwert dieser Verleihung durch den Minister und zitterte vor Aufregung am ganzen Körper. Mir war gerade die zweithöchste Auszeichnung die der mongolische Staat zu vergeben hat, überreicht worden, wie mir gesagt wurde. *Siehe Bild 47*

Natürlich hielt auch unser guter Professor Erdenechuluun, der alles organisiert hatte, nicht hinter dem Berg. Bei den herzlichen Umarmungen durch das Klinikpersonal und der Gäste geriet ich schier in Atemnot. Erka hatte nach der Verleihung zu einer Feier geladen, die direkt hier im Saal stattfand. Es wurde ein gelungener Abend, bei dem wir viel gelacht haben. Mir gegenüber saß der

Minister und es zeigte sich, dass er sogar einige Worte Englisch sprach. Auch Jargalkhuu hielt eine humorvolle Rede, die unsere Audiologin Enkhtuya übersetzte. Der Abend verging leider viel zu schnell.

Der VdK-ähnliche Verein mit Namen Hunleg yos, wurde mit viel Engagement über das vergangene Jahr aufgebaut. Über Facebook hatte ich eine mongolische Frau mit Namen Badmaa kennengelernt, Leiterin eines Heimes für geistig- und körperbehinderte Kinder. Sie suchte damals für ihr sanierungsbedürftiges Heim einen ehrenamtlichen Elektriker. Da ich eine Woche später nach UB kommen würde, hatte ich mich gemeldet und ihr angeboten, bei der Installation zu helfen. Als ich sie aufgesucht hatte, waren die Arbeiten bereits abgeschlossen und wir fanden Zeit, um uns über Gott und die Welt auszusprechen. Auch sie war der deutschen Sprache mächtig. Sie berichtete über ihre Probleme mit der Einrichtung, während ich ihr von „meinen" operierten Kindern erzählte. In mir entstand die Idee einer gegenseitigen Kooperation. Diese Idee fand sie ausgesprochen gut. In dieser Nacht ging mir dieser Gedanke nicht mehr aus dem Kopf. Da fiel mir Tungaa ein, die Frau, die ich in Deutschland in einem Nachbarort kennen gelernt hatte. Sie war Leiterin einer Selbsthilfegruppe für alleinerziehende Mütter. Diese Mütter arbeiteten das Jahr über an Filzprodukten. Tungaa und ihr Mann Bataa reisten in der Weihnachtszeit nach Deutschland, um diese Produkte zu verkaufen. Tungaa, die sehr gut Deutsch spricht, hatte natürlich mit ihrem Verein auch Probleme, die sie meist alleine zu bewältigen hatte. Ich musste unbedingt mit Tungaa sprechen, ob sie auch an einer solchen Kooperation Interesse habe. Am nächsten Morgen rief ich sie an und sie war begeistert. Ich sprach mit Badmaa und Oyunaa. Wir vereinbarten einen Termin, um dieses Vorhaben schriftlich zu dokumentieren. Bei der Unterzeichnung der Papiere bemerkte Badmaa: „Da muss ein Deutscher kommen, um uns, die wir alle in UB leben und wohnen, zusammen zu bringen." *Siehe Bild 48*

Zu Tungaa, der Frau, die ich zusammen mit ihrem Mann in meinem Nachbarort kennengelernt habe, einige Bemerkungen. In der Weihnachtszeit las ich zufällig in einem Werbeblatt, dass ganz in unserer Nähe, in einer ehemaligen Mühle, ein Weihnachtsmarkt stattfinden würde. Es waren verschiedene Händler aufgelistet, unter anderem auch Mongolen, die ihre original mongolischen Produkte anbieten würden. Meine Frau und ich wollten uns vergewissern, ob es sich tatsächlich um Mongolen handelt. So fuhren wir die fünf Kilometer und sahen schon aus 10m Entfernung, das mussten echte Mongolen sein. Wir sahen einen Mann in originalmongolischer Tracht. Dann eine Irritation: Als ich „sain uu" sagte, das heißt etwa Hallo, erfolgte keine Reaktion. Erste Zweifel kamen auf. Dann probierte ich es mit Oroin mend: Guten Abend. Jetzt reagierte die Frau und sagte in bester deutscher Sprache: „Ich dachte vorhin, da hat doch jemand sain uu gesagt. Aber wer sollte in diesem kleinen Ort auch schon mongolisch sprechen?" Bei Oroin mend war sie sich dann sicher. Es gab ein großes Hallo und ich erzählte, dass ich schon oft in der Mongolei war. Natürlich tauschten wir unsere Daten aus und ich versprach den beiden, sie anlässlich meiner nächsten Reise zu besuchen. Aber damit ist die Geschichte nicht zu Ende. Wieder zuhause erzählte Tungaa ihrer besten Freundin Sugaraa, dass sie in Deutschland einen Mann kennengelernt habe, der schon oft in UB war und der meist im EMJJ-Hospital arbeiten würde. Auf die Frage, ob die Freundin das EMJJ-Hospital kenne, erklärte diese: „Weißt du eigentlich nicht, dass ich im EMJJ-Krankenhaus arbeite? Und ich sage dir auch, wer dieser Mann ist, das ist Mani Haas". Diese Geschichte, kaum glaubhaft, ist aber wahr.

Für den nächsten Tag war ich dann zusammen mit Egi und Sugaraa bei eben dieser Tungaa zuhause eingeladen. Sugaraa arbeitet im EMJJ im Büro. Über abenteuerliche Wege erreichten wir Tungaa und Bataa in ihrem Haus mit dem „typisch mongolischen" Namen „Zum Goldenen Hirschen" bzw. in mongolischer Sprache „Altan Buga". Tungga und Bataa betreiben während der Saison ein Reiseunternehmen für deutschsprachige Touristen. Sie bewirten ihre Gäste in einem mit Holzschnitzereien ausgekleideten Saal ihres Hauses. An einem Fenster prangen die deutsche Flagge sowie eine Fahne mit dem fränkischen Rechen. Natürlich durfte ein voller Tisch nicht fehlen.

Auf dem Rückweg fuhren wir erneut zu Baadma, um ihr, für ihre Verhältnisse sehr schön eingerichtetes Heim, zu besichtigen. Sie versucht den Kindern alles zu bieten, was ihr nur möglich ist. Auch in diesem Heim werden Filzsachen produziert, die dann in Europa, hauptsächlich in der Schweiz, verkauft werden. Unterstützt wird Badmaa auch von einem Schweizer Verein.

Für den nächsten Tag, den letzten der diesjährigen Reise, hatte ich eine Einladung von den Hunleg yos-Damen bekommen. Zuerst musste ich noch etwas für die Gastgeberin Anu einkaufen, wie das hier so üblich ist. Die Fahrt führte uns gute 25 Kilometer weit zu einem Ort außerhalb von UB. Dort wohnte Anu mit ihrer Familie. Sie würde für uns ein Essen zubereiten. Anu ist Kasachin. In ihrem Wohnort leben fast ausnahmslos Kasachen. An der Nase kann man es ganz deutlich sehen, dass Anu keine Mongolin ist. Sie ist Muslima und ihr Mann Moslem, wie dies bei den Kasachen üblich ist. Im Gegensatz dazu sind die Mongolen meist Buddhisten. Man sah es Anu nicht an, dass sie bereits drei Kinder hatte. Der ganze Ort und auch das Haus in dem Anu wohnt, sahen für unsere Verhältnisse etwas verwahrlost aus. Für meine Begleiterinnen nichts Besonderes. In Anu's Wohnung allerdings war es blitzsauber und aufgeräumt, trotz ihrer Kinder. Auf dem Tisch die obligatorischen Naschereien. Das Sitzen bereitete mir etwas Probleme, da die Räume ziemlich beengt, um nicht zu sagen, sehr klein waren. Es gab verschiedenen Teesorten und auch Kaffee. Sie wusste wohl von meiner Abneigung gegen mongolischen Tee und stellte mir unaufgefordert grünen Tee hin. Als es dann zum Hauptgericht ging, wurde ich stutzig. Ich hatte das Wort „Pferdefleisch" vernommen und das verband ich nicht unbedingt mit höchstem Gaumenspaß. Mit Pferdefleisch hatte ich bis dato in der Mongolei keine guten Erfahrungen gemacht. Als meine Mädels zu speisen anfingen, waren sie voll des Lobes über dieses Fleisch. Sie redeten mir zu, bis ich es doch probierte. Es war der absolute Hammer. Zart und mit einem tollen Geschmack. Dieses Fleisch hatte nichts, aber auch gar nichts mit dem Pferdefleisch zu tun, das ich bisher hier gegessen hatte. Ich konnte Anu nur loben für das, was sie uns da zubereitet hatte. In Namibia hatte ich einmal Zebra gegessen, das ähnlich gut und zart war. Noch heute lobe ich Anu für dieses Festmahl, wenn wir uns sehen, das sie uns damals bereitet hatte.

Am Abend lud Jack hatte zu einem Abschiedsessen. Dabei war auch Ganbold sowie Jacks langjähriger Freund, der Physikprofessor, den ich von Würzburg her bereits kannte. Auch diesmal erfasste mich Wehmut beim Gedanken an den Abschied. Aber im nächsten Jahr würde ich ja wieder kommen. Versprochen!

Natürlich war ich auch 2016 in der Mongolei und sammelte vorher wie immer benötigte Geräte. Allerdings wurden diesmal keine größeren Objekte mehr benötigt. Im Herbst 2016 schrieb mir Erka, dass er gesundheitliche Probleme habe. Er flog mit seiner Frau und einer Dolmetscherin mehrmals nach Südkorea und konsultierte dort mehrere Ärzte. Das, was er mir von Korea aus schrieb, hörte sich nicht gut an. Die Nachrichten wurden immer dramatischer. Sie widerspiegelten einen Kampf um Leben und Tod, was mir auch Jargalkhuu bestätigte. Dann die finale Nachricht von Erka, dass er wohl nicht mehr lange schreiben könne, da er sehr schwach sei. Mit dieser Nachricht, erhielt ich auch einige aktuelle Bilder von ihm. Schließlich schrieb mir Oyunaa, die ehemalige Oberärztin, dass er zu einer letzten Abschieds-Vorlesung in die Universität geladen worden war. Hier saß er bereits im Rollstuhl. Ich befürchtete das Schlimmste. Zwar trat eine vorübergehende Besserung ein, doch dann erreichte mich die furchtbare Nachricht seines Sohnes Jack, dass sein Vater verstorben sei. Ein Riesenschock für mich und sogleich war für mich selbstverständlich, dass ich zur Beerdigung kommen würde. Natürlich informierte ich alle von denen ich wusste, dass sie Erka gut kannten und teilte mit, dass ich zur Beerdigung fliegen würde. Luki, der schon oft dabei war, sagte spontan zu, sich auch zu beteiligen. Das war mir lieber, als alleine unterwegs zu sein. Tatsächlich gelang es, zwei Tickets mit passenden Flugzeiten zu bekommen.

Der folgende Text ist dem Schreiben entnommen, das ich nach unserer Rückreise, allen deutschen Freunden von Erka geschickt habe.

Liebe Mongolei-Reisende und Freunde,

nachdem Jargalkhuu (Sohn, kurz Jack) mir vom Tod seines Vaters berichtet hatte, entschloss ich mich spontan, in die Mongolei zu fliegen, um an der Beerdigung unseres Freundes teilzunehmen. In meinem tiefsten Inneren war ich es mir, Erka und auch seiner Familie schuldig. Nachdem ich mit Luki darüber gesprochen habe, sagte er sofort zu, mich auf der Reise zu begleiten. Ich versuchte noch, mich in dieser kurzen Zeit möglichst gut vorzubereiten, damit wir dort niemanden beleidigen, kränken oder sonst wie verletzten (z. B. Farbe der Kleidung, Namensnennung bzw. Nichtnennung u.a. mehr).

Die Umstände waren nicht ganz einfach, da auf die Schnelle zwei freie Plätze für den Flug gefunden werden mussten. Am Mittwoch, den 29. März, flogen wir dann nach UB, wo wir am Donnerstagmorgen um 7.00 Uhr ankamen. Am Nachmittag „mussten" wir einen „Pflichtbesuch" bei Majigsuren (Ehefrau) in Erkas Wohnung machen. Dort waren bereits zahlreiche Verwandte, der größte Teil war mir bekannt, versammelt. Man war gewissermaßen verpflichtet, an einem Essen teilzunehmen, was wohl zu den Gebräuchen gehörte. Der wichtigste Hauptanteil bestand aus gekochtem Reis mit Rosinen. Die Symbolik hierfür konnte ich leider nicht in Erfahrung bringen. Diese Reis-Mahlzeiten begegneten uns noch mehrere Male. Die Stimmung war verständlicherweise sehr emotional, bedrückt. Die ganze Wohnung war mit Personen belegt. Natürlich stiegen auch bei mir Erinnerungen hoch, wo ich mich in froher Runde in dieser Wohnung sah. Bei dieser Gelegenheit versuchte ich mich mit Majigsuren etwas abzusondern, um ihr einen größeren Geldbetrag zu überreichen. Dieser Betrag, so recherchierte ich vorher bereits von Deutschland aus, sei vollkommen normal für ein „großes Gebet" des Klosters für den Verstorbenen. Nachdem ich zuerst etwas ungläubig über diesen doch beträchtlichen Brauch reagierte, informierte ich mich bei mehreren mongolischen Freunden, die mir die Richtigkeit bestätigten. Nach deren Angaben wird der nicht unbedeutende Betrag aufgeteilt für das Gebet durch die Mönche und zur Unterhaltung des Klosters. Man beachte, auch bei den Buddhisten verhält es sich nicht viel anders als bei den Christen!

Nach zweistündigem Aufenthalt fuhren wir wieder zum Hotel, um den immer wieder neu ankommenden Besuchern Platz zu machen.

Am nächsten Morgen, gegen 7 Uhr 30, fuhr uns unser Fahrer Odon zu dem Krankenhaus, in dem Erdenechuluun verstarb. Dort angekommen, wartete bereits eine große Menschenmenge. Überall liefen den Menschen Tränen über die Wangen, alles war sehr bewegend. In einer Art Aussegnungshalle stand der Sarg. Am Tag zuvor hatte ich Jack gebeten, seinen Vater noch einmal sehen zu dürfen, was er auch bejahte. Nun sah ich keinerlei Chancen mehr, da nur die allernächsten Familienangehörigen um den Sarg versammelt waren. Die Menschenmenge schwoll immer mehr an. Viele kamen und zeigten ihre Bewunderung dafür, dass wir den weiten Weg nicht gescheut hatten. Nach einer Stunde etwa wurde der Sarg in einen Leichenwagen geschoben. Nun formierten sich die meisten der Anwesenden für die letzte Reise zum 60 km entfernten Friedhof. Angeführt wurde der Leichenzug von einem Polizeiauto mit Blaulicht, gefolgt von zwanzig Geländewagen und zwei Omnibussen. In Anbetracht der schlechten Straßenqualität gestaltete sich die Fahrt sehr langsam. Dann endlich erreichten wir ein großes Areal, auf dem mehrere Gebäude standen und auch der Friedhof angrenzte. Im größten Gebäude war der Gebetsraum, ich denke ein Tempel, in dem ein Großteil der Trauergäste Platz fanden. Viele Trauernde aber mussten im Freien verharren. Ein Lama eröffnete mit lauten Gebeten die Feierlichkeit.

Dann sprach Jack neben dem Sarg, Worte des Gedenkens. Damy übersetzte für mich, was Jack gerade sagte u.a. auch folgendes: „Ich habe meinen Vater verloren, mit Mani habe ich einen neuen Vater bekommen." Mich friert heute noch, wenn ich an diese Worte denke. Der Sarg, dessen Deckel zweigeteilt war, wurde nun von

Jack in Höhe des Kopfes des Verstorbenen geöffnet. Jack bat Luki und mich, an den Sarg zu kommen, um Abschied von unserem Freund zu nehmen und ein paar Worte zu den Trauergästen zu sprechen. Ich muss gestehen, mir hatte es vor Rührung beinahe die Stimme verschlagen. Unser Dolmetscher Damy übersetzte auch meine kurze Ansprache und informierte uns über die jeweils nächsten Schritte. So umrundeten wir auch dreimal den Sarg, um damit dem Verstorbenen die letzte Ehre zu erweisen.

Buddhistische Gebete, den christlichen Chorälen nicht unähnlich, schlossen sich an, während die übrigen Trauergäste den unterdessen geschlossenen Sarg dreimal umrundeten. Ein Laien-Lama betete dabei an der Seite des Sarges. Nach geraumer Zeit wurde der Sarg aus dem Raum gefahren, gefolgt von den direkten Verwandten also Majigsuren, Jargalkhuu und Zaya (Schwiegertochter) sowie den Enkelkindern. Tubscha, Jacks Sohn, trug ein Bild des Verstorbenen vor dem Sarg. Diese Gruppe, so sagte uns Damy, würde sich jetzt zum Grab begeben, wo ein Lama Gebete sprechen wird. Danach würden auch alle anderen zum Grab gehen können. Der Weg von der Gebetshalle zum Grab betrug etwa 300 Meter. Auf dem Weg dorthin wurde uns zur Eile geraten, um möglichst nahe am Grab sein zu können. Der Sarg stand bereits neben dem ausgehobenen Grab. Der Himmel meinte es gut mit uns. In Anbetracht der Tatsache, dass das Gelände wüstenartig, ohne jede Blume oder Grashalm, nur aus Sand bestand, wäre es nicht auszudenken gewesen, hätte es heftig geregnet. So aber bereitete uns Erdenechuluun, der uns immer einen freundlichen Empfang gewährt hatte, nun einen entsprechenden Abschied. Unter dem Gebet des Lama's wurde der Sarg von sechs Personen in die Erde gelassen. Überall weinende Gesichter und sich umarmende Menschen, verbunden in der Trauer. Luki und ich durften, direkt nach den Verwandten dem Brauch folgen, einige Schaufeln Sand auf den Sarg als einen letzten symbolischen Akt zu werfen.

Die Trauergemeinde löste sich auf und begab sich zu einem kleineren Gebäude gegenüber des Tempels, in dem bereits eine riesige Menge an Kerzen angezündet war. Auch wir entzündeten Kerzen, um den Verstorbenen den Weg ins Nirwana leichter finden zu lassen. Danach ein neuerlicher Gang zum Grab, das inzwischen aufgefüllt und leicht angehäuft war. Der Rand war mit Astern umstellt und die Erde des Grabes (angeblich Weihrauchkörner) grün eingefärbt. Leider wies der nun enthüllte Grabstein ein falsches Geburtsdatum aus. Von Weihrauchschwaden umgeben, umrundeten die Anwesenden das Grab dreimal und drückten sich auch gegen den wertvollen Grabstein. Die ganze Zeremonie neigte sich nun mit einem allerletzten symbolischen Akt dem Ende zu. Neben dem Kerzenraum wusch man sich symbolisch die Hände." *Siehe Bild 49 und 50*

Im Konvoi ging es zurück nach Ulan Bator zu einer Art Leichenschmaus. Ich traf mich nochmals im Hotel mit dem Vorstand von Hunleg yos, Tungaa, Sereter, Egi und Badmaa, auch damit sich diese besser kennenlernen würden.

Für mich bedeutete das Geschehen der letzten Tage eine Zäsur, die schlimmste Zeit in all meinen Mongoleiaktivitäten. Jack hatte versucht mich zu trösten, es würde alles so weitergehen wie bisher. Aber das konnte nicht sein. Mein Freund war nicht mehr da.

Viele Jahre hatten wir uns an und mit Erka gefreut und manchmal auch über ihn geärgert. Wie das eben bei guten Freunden so ist und jetzt ist er nicht mehr da. Das Leben aber geht weiter.

Ich möchte hier auch noch eine Geschichte erzählen, die auf absoluter Wahrheit beruht. Eines Tages erreichte mich der Anruf einer mir völlig fremden Frau namens Elfriede aus Würzburg. Sie hatte etwas über mich in der Zeitung gelesen und wollte sich die Richtigkeit bestätigen lassen, was ich bejahte. Dabei erfuhr ich, dass sie in Ulan Bator ein Patenkind habe, welches in einer weltweit agierenden Einrichtung als Waisenkind gelebt hatte. Die jüngere Schwester sei noch immer dort untergebracht. Nachdem ihr Patenkind mit dem Namen Ariungerel 18 Jahre alt wurde, musste es diese Einrichtung verlassen. Seit dieser Zeit war jeder Kontakt zwischen Ariungerel und ihrer Paten-Oma Elfriede abgebrochen. Elfriede versuchte über diese Einrichtung Kontakt zu Ariungerel aufzunehmen. Dies wurde mit dem Hinweis auf den Datenschutz verweigert. Wie wir später herausfanden, hatte parallel dazu auch Ariungerel ergebnislos versucht, Kontakt zu ihrer Paten-Oma aufzunehmen. Elfriede fuhr damals zusammen mit ihrem inzwischen verstorbenen Mann nach Ulan Bator. Natürlich war dies etwas blauäugig. Ohne Hilfe waren die Chancen gleich Null. Lange danach las nun Elfriede von meinem Engagement in der Mongolei und schöpfte neue Hoffnung. Ohne ihr vorab Versprechungen zu machen, bat ich Odnoo, die Hunleg yos-Rechtsanwältin, uns zu helfen. Nach deren intensiven Recherchen wurde zu unser aller Freude ein Kontakt zu Ariungerel innerhalb einer Woche hergestellt. Ein Problem ergab sich durch die Sprachbarriere. Elfriede spricht natürlich kein Mongolisch und verfügt auch über keine Computerkenntnisse. Ihr Patenkind wiederum, spricht nur Mongolisch. Die Kommunikation gestaltet sich unterdessen so: Ariungerel schreibt ihren Brief in Mongolisch an Odnoo oder Egi. Diese übersetzen mir den Brief in die deutsche Sprache. Ich leite die Übersetzung an Elfriede weiter, entweder durch die Post oder per Telefon. Elfriede nimmt dank meiner Vermittlung den umgekehrten Weg. Etwas kompliziert, aber erfolgreich.

Unterdessen hatte ich eine weitere Reise in die Mongolei geplant. Zum ersten Mal mit einer Reisegruppe vom 21. Juni bis 4. Juli. Egi und ich hatten die Route ausgearbeitet. Ich hatte dreizehn Anmeldungen, wovon eine Anmeldung eine Novität wäre in Person von Juanita aus Lima/Peru, von Beruf Krankenschwester und hauptsächlich mit CI-Patienten in Lima beschäftigt. Für diese Reise würde sie im Gegensatz zu uns, ein Visum benötigen. Das Problem war aber, dass es in Lima und im ganzen südamerikanischen Raum, keine mongolische Botschaft gab. Von einem Bekannten erfuhr sie, dass in Brasilien gerade eine mongolische Botschaft eingerichtet würde. Sie rief dort an und man empfahl ihr, sie solle ihren Pass und die anderen Papiere an eine bestimmte Adresse schicken. Dort würde das Visum ausgestellt, sobald die Gebühren überwiesen wären. Ihr Glück war, dass sie etwas Portugiesisch verstand. Sie wartete leider erfolglos. Inzwischen wurde die Zeit knapp. Auf Nachfrage erhielt sie die Auskunft, man würde ihr alle Unterlagen unbearbeitet zurückschicken, da man noch kein Visum ausstellen konnte. Die Unterlagen kamen zurück, die versprochene Rückerstattung der Gebühren blieb aber aus. Weitere Nachfragen ergaben, dass sie ihr Geld nicht mehr zurückbekäme, wobei sie in Erwartung des Visums bereits den teuren Flug gebucht hatte. Mangels Flugverbindungen konnte sie entweder über Europa, Moskau, Ulan Bator fliegen oder über Nordamerika nach Japan, und von dort aus über Peking nach Ulan Bator. Diese Route hatte sie schließlich gebucht. Die gesamte Reise von Lima nach UB, würde sechsunddreißig Stunden beanspruchen. Zwei Tage vor unserer Ankunft würde sie bereits in UB sein. Egi würde sich in dieser Zeit ihrer annehmen. Aber kein Visum in Aussicht und die Zeit drängte. Also wandte ich mich an die mongolische Botschaft in Berlin. Bis 2014 mussten auch wir dort ein Visum beantragen, was immer problemlos funktionierte.

Nun aber funktionierte nichts. Es kam zu keiner Verständigung. In meiner Not dachte ich an den Minister, der mir damals die hohe Ehrung überreichte. Mein Schreiben ließ ich ins Mongolische übersetzen um Irritationen zu vermeiden. Es blieben nur noch wenige Tage bis zum Abflug. Juana schrieb mir, dass sie auch ohne Visum fliegen werde. Am Tag vor ihrem Abflug – ich wollte ihr gerade mitteilen, dass ich noch keine Nachricht aus der Mongolei erhalten hatte – traf eine Mail vom Ministerium bei mir ein. Man teilte mir in englischer Sprache mit, dass sich Juanita mit dem beiliegenden, gestempelten Formular, bei den Einreisebehörden in UB melden solle. Das funktionierte dann auch ausgezeichnet. Sie bekam problemlos ihr Visum. Es war sehr knapp, aber es war dennoch alles gut gegangen.

Drei Teilnehmer unserer Gruppe flogen von München aus, da Gertrud aus München stammte. Wir kannten uns schon von 2004, als sie und ihr inzwischen verstorbener Mann, an einer Reise teilgenommen hatten. Unsere beiden Gruppen kamen idealerweise zeitgleich in UB an. Uki, gebürtige Österreicherin, benötigte aber entgegen der Vergangenheit, unterdessen ein Visum. Das sorgte natürlich wegen der Sprachprobleme für viel Wirbel. Nach langer Zeit kam endlich die erlösende Auskunft, das Visum sei erteilt worden. Da unsere beiden Maschinen auf Grund unserer Verspätung zeitgleich landeten, entstand im Flughafen ein großes Chaos. Die Halle war total überlastet. Als wir dann endlich an der Gepäckausgabe warteten, gab es die freudige Überraschung: Alle Gepäckstücke, auch das Zusatzgepäck, das ich für die Kinder mitgenommen hatte, waren angekommen. Am Ausgang erwartete uns die gute Egi, unsere Reiseleiterin. Nach einer überschwänglichen Begrüßung konnte ich sie im wartenden Bus den anderen Mitreisenden vorstellen. Uki und Luki kannten sie bereits. Ziel war das neu erbaute Alpha-Hotel, in dem jetzt Oyuntsetseg (Oyunaa), frühere Mitarbeiterin im Edelweiß-Hotel, als Managerin arbeitete.

Das Hotel wartete mit großzügigen Zimmern auf. Es fehlte an nichts. Leider gab es mit einer Mitreisenden kleinere Probleme, die aber dann doch gelöst wurden. Stephan und ich teilten uns ein sogenanntes Einzel-Zimmer, wobei jeder einen Raum von 42qm für sich hatte. Egi, Oyunaa und ich teilten die mitgebrachten Geschenke für die Kinder auf, die zum größeren Teil den Kindern von der CI-Schule zukamen. Der Rest war für Nomaden-Kinder gedacht. Egi hatte in einem Edellokal ein Begrüßungsessen für uns reserviert. Dort angekommen, stieß auch Juanita zu uns, die bereits zwei Tage zuvor angekommen war und sich im EMJJ-OP–Bereich nützlich gemacht hatte. Wir sahen uns das letzte Mal in Würzburg vor mehr als zwei Jahren. Umso größer war jetzt die Wiedersehensfreude. Auch Anujin, Tochter von Freund Ganbold, war hinzugekommen. Sie spricht sehr gut Deutsch, da sie Germanistik zunächst in der Mongolei und später in Heidelberg studierte. Unser erster Besuch galt der CI-Schule. Hier konnten einige meiner Reisebegleiter nachvollziehen, was mit ihren Spenden für diese Schule unternommen wurde. Auch diesmal waren zwei Mütter von weit her angereist, um bei unserem Besuch anwesend zu sein. Wir hatten uns auch diesmal für die Ferienzeit entschieden, in der die Kinder eigentlich bei ihren Eltern sind. Die Freude über die mitgebrachten Geschenke war natürlich riesig. Im Nachhinein gesehen, wäre es billiger geworden, die Geschenke in UB einzukaufen, da der Transport sehr teuer geworden war.

An diesem Abend hatte Jack die ganze Gruppe zum Abendessen eingeladen. Er hielt eine kurze Willkommensrede und überreichte mir eine in Messing geschlagene Urkunde.

Am nächsten Tag stand das Gandan-Kloster auf dem Programm, das ich bereits kannte. Wie immer tummelten sich auch diesmal viele Touristen im Klosterbereich. Zufällig entdeckte ich einen Kopf, der alle anderen überragte. Ich war sicher, diese Person zu kennen. Es war kein geringerer als Guido Knopp, der bekannte Historiker. *Siehe Bild 51*

Meine Frage ob es sein könnte, dass ich ihn kenne, er aber mich nicht, bejahte er. Angeregt unterhielten wir uns eine Zeitlang. Der Nachmittag war für den Sukhbataar-Platz und die Umgebung reserviert. Zum Abendessen hatte Egi ins „Modern Nomads" geladen.

Am nächsten Tag aber wollten wir auf Tour gehen. Es war sehr heiß. Mitkommen wollten auch Egis Söhne Dudu und Jagaalaa. Im Bus kam es bei der Platzverteilung mit derselben Dame zu kleineren, vorübergehenden „Reibereien". Die Mittagspause genossen wir unter freiem Himmel. Egi hatte klappbare Hocker und Tische organisiert. Die Sonne brannte gnadenlos. Man konnte sich nicht vorstellen, dass im Winter hier Temperaturen von -45 °C oder darunter herrschen. Zunächst erreichten wir einige kleinere Sanddünen, in deren Nähe man Kamele zum Reiten mieten konnte, was einige auch nutzten. Heute würden wir die erste Nacht in einem Jurtencamp verbringen. Dort angekommen, waren wir positiv überrascht. Das Restaurant und die sanitären Einrichtungen waren neu und im Blockhaus-Stil errichtet. Auch die Gers machten einen sauberen Eindruck. Paaren wie auch Einzelpersonen wurde jeweils eine Jurte zugeteilt. Die sanitären Einrichtungen waren nicht nur sauber, sie funktionierten auch. Die Nacht verlief ohne Zwischenfälle. Auch das Frühstück war gut und wir waren rundum zufrieden. Nächstes Ziel war das Lager einer Nomadenfamilie.

Dann geschah es, im Wüstensand rutschte unser Bus in ein Loch. Keine Hilfe weit und breit. Wir mussten uns selbst helfen und ich ärgerte mich über den Busfahrer, weil er nicht einmal eine Schaufel dabei hatte. Nach vielen Schweißtropfen schafften wir es. Der Bus stand wieder in seiner Spur. Ohne weitere Probleme, kamen wir bei unseren Gastgebern an. Es gab eine Wohnjurte und eine Jurte für Tiere. Normalerweise lässt sich eine Jurte innerhalb einer Stunde aufbauen, wobei immer mit den Möbeln begonnen und das Zelt um die Möbel herum errichtet wird. Viele Nomaden bedienen sich heute der Solarzellen oder/und Windräder. Fernseher und Handys gehören heute zum Standard. Selbstverständlich muss Wasser in der Nähe sein. Die Herden bestehen aus Schafen, Ziegen, Kühen und Pferden. Kamele sieht man seltener. Ziegen liefern die berühmte Kaschmir-Wolle. Natürlich sind die Tiere auch Fleischlieferanten. Die Kuhmilchgewinnung spielt eine untergeordnete Rolle und ist hauptsächlich für die Kinder. Unsere Gastgeber verfügten über keine Kamele. Die großen Herden der Familie befinden sich in einiger Entfernung. Hier in Campnähe sind nur Stuten mit ihren Fohlen und Kühe zum Melken sowie Pferde zum Reiten.

Die Geschenke breiteten wir in der Haupt-Jurte aus, zur Freude der Kinder. Danach ging es weiter, zu unserem nächsten Jurtencamp. Auch dieses Camp war sehr sauber. Wenn ich an die ersten Jahre denke und an die damalige Hygiene, so schüttelt es mich heute noch.

Wir verbrachten auch diese Nacht in sauberen Betten. Als besonderen Service konnte man sich seine Jurte am frühen Morgen einheizen lassen. Unser heutiges Ziel würde Karakorum sein, die alte Mongolenhauptstadt. Die einzige Änderung gegenüber den Vorjahren war die eklatante Zunahme der Händler vor den Toren von

Erdene Zuu. Nach der Kloster-Besichtigung ging die Fahrt weiter zu unserer nächsten Übernachtungsstätte. Die hiesigen Camp-Betreiber schienen phantasievolle Leute zu sein. Überall auf dem Gelände standen Tische, Bänke und Stühle, gefertigt aus Palletten. Am Abend saßen wir bei herrlichen Temperaturen im Freien. Unzählige Grillen zirpten und Myriaden von Heuschrecken hüpften um uns herum. Der sternenklare Himmel tat sein Übriges. Unser nächstes Etappenziel war der Ogi-See, den ich auch schon kannte. Im Bus kam immer mehr Stimmung auf. Einen großen Beitrag dazu lieferte Juana, eine echte humorvolle Bereicherung unserer Gruppe.

An den Ogi-See gelangten wir an einer anderen Stelle als zuletzt. Die Zufahrt war extrem steil, so dass uns der Fahrer bat, sicherheitshalber den Bus zu verlassen und zu Fuß bis zum Camp zu gehen. Der erste Eindruck, den unser heutiges Camp hinterließ, war enttäuschend, leider der zweite auch. Das Restaurant (oder wie man es nennen wollte) war sehr einfach ausgestattet. Über den Zustand der Toiletten schweigt „des Sängers Höflichkeit". Alles in allem schade, dass wir ausgerechnet hier zwei Nächte sein würden. Das Abendessen war dann besser als befürchtet und die kleine Terrasse vor dem Restaurant entschädigte uns etwas, was unserer Laune sehr förderlich war. Dieser Abend unter der mongolischen Milchstraße, blieb uns dann letztlich doch in guter Erinnerung.

Den nächsten Tag konnte man individuell gestalten. Der Ogi-See ist in der ganzen Mongolei als Ausflugsziel begehrt. Unzählige Vögel ziehen hier in diesem Naturschutzgebiet durch. So zog es auch uns am nächsten Tag zum See, dessen Ufer in ca. 500 m Entfernung lag. 2004 war das Wasser glasklar. Was ich aber jetzt zu sehen bekam, glich eher einer Kloake. Im Wasser kühlten sich Pferde und Kühe, aber auch Schafe und Ziegen von der Hitze ab, was naturgemäß nicht ohne Folgen blieb. An Schwimmen war nicht zu denken. Auch wir hätten uns gerne abgekühlt, aber das war unmöglich. Dabei hatte ich noch im Bus angekündigt, wie sauber und bekömmlich hier das Wasser wäre. Am Schlimmsten empfand ich die Ölspuren auf der Wasseroberfläche. Wir waren entsetzt und wollten dieses Drama schnellstmöglich hinter uns lassen. Versöhnlich waren dann die Abende im Freien, die wir genossen. In diesem Camp gab es nicht einmal einen Kühlschrank und so legten wir unseren „Not-Wodka", den wir von Jack am ersten Abend geschenkt bekommen hatten, in ein Erdloch, damit er halbwegs kühl war. Prompt vergaßen wir ihn am nächsten Tag. Die Leute im Camp werden ihre Freude daran gehabt haben. Am nächsten Morgen ging es bei strahlend blauem Himmel weiter. Meine Bedenken wegen der steilen Zufahrt lösten sich auf. Der Bus schaffte es ohne Probleme. Wird man hier allerdings von einem Regen überrascht, so hat man mit Sicherheit schlechte Karten. Wir erreichten bei sengender Hitze die Sanddünen, die sogar etwas Bewuchs auswiesen. Etliche Kühe hatten hier Schutz unter Bäumen und Büschen gesucht. Ohne Schuhwerk konnte man nicht laufen, so heiß war der Sand. Egi und der Busfahrer waren losgefahren, um etwas zu essen zu besorgen. Nach ihrer Rückkehr widmeten wir uns dem Essen im Schatten der Bäume.

Unser nächstes Ziel war der Hustai-National-Park, die Heimat der Przewalski-Pferde, mongolisch Takhi genannt. Auch in diesem Park war ich schon einige Male. Diesmal würden wir hier sogar übernachten. Ein Ranger stieg bei uns im Bus zu um zu gewährleisten, dass wir die vorgegebenen Wege nicht verlassen.

Zu dieser Pferderasse ein paar Worte. Das letzte Takhi in freier Wildbahn wurde 1969 gesehen. Danach galten sie als ausgestorben. Es gab nur noch wenige Tiere im Prager Zoo und im Tierpark

Hellabrunn. Durch gezielte Züchtungen konnte die Art erhalten werden. 1992 kamen die ersten Tiere aus Tschechien, Deutschland und den Niederlanden und wurden im Hustai-National-Park ausgewildert. Viele Tiere starben leider bereits beim Transport, der von tschechischen Militärflugzeugen durchgeführt wurde. Die überlebenden Tiere kamen zunächst in Quarantäne bzw. in ein Übergangslager, wo sie nach einer Eingewöhnungszeit freigelassen wurden. Inzwischen gibt es in der Mongolei drei Gebiete mit etwa 2000 freilebenden Przewalski Pferden. Das größte Problem stellt dabei der Genpool dar, der inzwischen ziemlich erschöpft ist. Das ganze Zuchtprogramm wird hauptsächlich vom Zoo in Prag überwacht. Kreuzungen von Przewalski-Pferden mit Hauspferden, die immer wieder vorkommen, werden rigoros getötet, um Kreuzungs-Nachzuchten zu vermeiden. Leider fallen Tiere auch Wilderern zum Opfer, oder Nomaden sehen in ihnen Futter-Konkurrenten und bekämpfen sie.

Diesmal also übernachteten wir im Gercamp des Hustai-Parkes. Im Gegensatz zum vorherigen Camp gab es diesmal nichts zu bemängeln. Am nächsten Morgen in aller Frühe fuhren wir in die Weiten des Parkes. An Bord unser Aufpasser, der Ranger. Allerdings war er nicht nur Aufpasser, sondern auch ein kompetenter Landschaftskenner. Wie zu erwarten war, sahen wir unzählige Murmeltiere, Vögel und andere Tierarten. Bald begegnete uns ein stattlicher Rothirsch. Aber dann waren sie da, so nah, wie ich es noch nie erlebt hatte. In fünf Meter Entfernung graste eine ganze Familie mit Hengst, Stuten und den niedlichen Fohlen. Sie ließen sich durch uns nicht stören und schienen im Menschen keinen Feind zu sehen. Es war ein großartiges Erlebnis. Am späten Vormittag ging es zurück ins Camp, um unsere Abreise in Richtung Sanatorium vorzubereiten. Vorher würden wir aber noch in einem

Camp übernachten. Wieder ein ganz neues Camp. Alles sauber, so wie wir es erwarten. Aber leider waren die Jurten aus Eternitplatten oder ähnlichem erstellt. Der Form nach wie eine Jurte, aber alles andere war auf der Strecke geblieben. In diesen Jurten war es extrem heiß und man konnte kaum lüften. Sie waren ein deutliches Beispiel dafür, dass nicht alles Neue auch zwangsläufig besser sein muss. Alles andere an diesem Camp war wirklich gut, selbst die Wege waren gepflastert. Noch in der Nacht war es in diesen Jurten sehr warm, sodass ich meinen Schlafplatz nach draußen verlegte.

Am nächsten Tag steuerten wir das Sanatorium an. Jack hatte zu einem Abschiedsessen geladen. Was würde es wohl geben? Im Sanatorium angekommen, wurde ich völlig überrascht. Bereits die Außenanlagen waren wesentlich gepflegter als im letzten Jahr. Erweiterungen an den Gebäuden und neue 1.Klasse-Häuschen beeindruckten mich. Das ganze Anwesen war jetzt zu einer wirklich vorzeigbaren Erka-Town geworden. Im Innern erkannte ich es nicht wieder. Alles war neu. Von dem 300 Jahre alten Aussehen war nichts mehr vorhanden. Alles sah sauber und gepflegt aus. Hier war mit einem „großen Besen" gekehrt worden. Die Decken, die Wände, der Fußboden, alles, aber auch alles war neu und zweckmäßig. Aus der einen Speisesaal-Jurte waren inzwischen vier Jurten geworden. Dann kam der Hauptakt. Batbayar war wohl der Oberkoch. Natürlich gab es wieder Horhog, das Essen aus der Milchkanne. Auf den Tischen waren bereits vielerlei Getränke und Gebäck aufgetischt. Mit tüchtigen Helfern sowie Majigsuren, die inzwischen gekommen war, wurde das Essen zubereitet. Nach dem Garen wurde aufgetischt. Ich erklärte, was es mit den Steinen auf sich hatte, weil diese auch auf den Tisch gelegt wurden. Diese noch heißen Steine sollte man wechselweise von einer Hand in die andere werfen. Bei richtiger Anwendung soll dieser Brauch vor

Krankheit und Unglück schützen. Auch Chimgee, die Leiterin der CI-Schule, war gekommen, um uns zu verabschieden. Es war eine fröhliche Runde, die sich hier gefunden hatte. Juanita, die neben mir saß, schmeckte das Essen offensichtlich, denn sie schöpfte mehrere Male nach. Man sah Majigsuren die schwere Zeit an, die sie durch den Tod ihres Mannes durchlebt hatte. Leider konnte Jack nicht kommen, denn er musste in der Klinik arbeiten. Nachdem wir alle satt waren und noch einen Plausch geführt hatten, ging es zurück nach UB. Heute würden wir wieder im Hotel schlafen! Diesmal gab es wegen der Zimmer keinerlei Querelen. Alle waren mit ihren Quartieren zufrieden.

Für den nächsten Tag stand zunächst ein Besuch des EMJJ-Krankenhauses an. Auch diese Klinik war unterdessen mit dem früheren Krankenhaus nicht mehr zu vergleichen. Das hatte sich bereits im Frühling abgezeichnet, als ich das letzte Mal hier war. Nur beengt war es damals. Inzwischen wurde modernisiert, beinahe westlicher Standard. Die Möbel, überhaupt die gesamte Einrichtung war erneuert worden. Aber auch bei den medizinischen Geräten hatte sich Vieles positiv geändert. Die Sauberkeit, das Wichtigste in einem Krankenhaus, war beeindruckend. So gefiel mir die Klinik jetzt.

Nach dem Krankenhausbesuch stand für unsere Damen der obligatorische Besuch in einem Kaschmir-Laden an. Inzwischen sind auch diese Geschäfte nicht mehr zu vergleichen mit denen von 2005. Damals waren es dunkle, muffige Geschäftsräume. Jetzt sind sie hell und freundlich, die Verkaufsware ist ansprechend ausgelegt. Auch das Personal ist freundlicher und aufgeschlossener. Inzwischen gibt es viele reiche Chinesen die hier einkaufen. Sie stellen mit Sicherheit das Hauptklientel dar, ebenso hört man oft die englische oder französische, vereinzelt auch die deutsche Sprache.

Der nächste Tag führte uns zum „Tsonjinboldog", diese riesige Dschingis-Khan-Statue in der mongolischen Steppe. Auch um dieses Denkmal finden sich viele Änderungen und Neuerungen zu früher. Um die Anlage herum entstanden unterdessen zahlreiche Jurten-Camps. Angeblich sollen auch Hotels geplant sein. Ich hoffte innig, dass es eine Falschinformation war. Noch grasten hier friedlich Kuh- und Yakherden. Nach Ende der Besichtigung fuhren wir in den Terelji-Park, mit dem berühmten Schildkrötenfelsen, über den ich bereits im Zusammenhang mit früheren Reisen berichtet habe. Egi hatte für uns unterdessen in einem Jurtencamp im Terelji-Park die Übernachtung gebucht. Ihr Mann war zu uns gestoßen. Inzwischen kennen wir uns auch schon einige Jahre. Ich mag ihn, er ist ein ruhiger, liebenswerter und immer hilfsbereiter Typ. Dies würde für dieses Jahr die letzte Nacht in einem Jurtencamp sein. Morgen würde es wieder zurück nach UB in das Alpha-Hotel gehen.

Im Alpha-Hotel hatte es uns durchaus gefallen, jedoch stand die Abreise bevor. Zumindest dachten wir das, aber es kam ganz anders! Im Hotel angekommen, bereitete jeder seine Abreise vor. Wir fotografierten uns gemeinsam und gegenseitig. Juanita hatte eigens für mich eine peruanische Mütze aus Alpaka-Wolle mitgebracht. Wolle, wie ich sie liebte, wundersam weich. Unser „letztes" Abendessen hatte Egi in einem Lokal im „Blue Sky Tower" gebucht. Der Tisch war festlich geschmückt. Natürlich mussten Egi wie auch ich an diesem „letzten" Abend eine kleine Rede halten. Egis Mann und Chimgee sowie eine Mitarbeiterin von ihr waren eingeladen. Natürlich übersetzte sie alles zurück ins Mongolische, damit Chimgee und ihre Kollegin verstanden, von was wir sprachen. Egis Mann spricht ganz gut Deutsch. Beiden hatten zusammen in Deutschland studiert. Der Abend verlief sehr harmonisch und bei manchen Teilnehmern verständlicherweise auch schwermütig. Am nächsten Morgen verließ uns Juana als Erste. Sie hatte noch eine lange Reise vor sich. Die nächste Reisegruppe waren wir die nach Frankfurt über Moskau flogen und dann erst kamen Gertrud, Uki und Luki nach München, ebenfalls über Moskau. Aber es sollte alles anders werden! Wir, die Frankfurter Gruppe, wurden durch unseren Busfahrer zum Flughafen gebracht, nachdem wir uns von Egis Mann verabschiedet hatten. Egi begleitete uns bis zum Check-in und verabschiedete sich dann. Als es soweit war, bestiegen wir die Maschine. Meiner Eigenart, mich sofort im Flugzeug dem Schlaf hinzugeben, blieb ich auch diesmal treu. Im Unterbewusstsein merkte ich, dass sich das Flugzeug bewegte. Draußen war es stockdunkel. Dann wachte ich irgendwann auf, weil das Flugzeug offensichtlich still stand. Halb schläfrig schaute ich aus dem Fenster und konnte ebenfalls keine Bewegung ausmachen. Schlagartig wachte ich auf und fragte den Nachbarn, ob er eine Erklärung wisse. Allerdings konnte auch er mir keine Auskunft geben. Im Flugzeug war es dunkel und niemand wusste etwas. Nach mehr als einer Stunde bekamen wir ein Essen, aber keinerlei Auskunft über den Stillstand. Nach einer weiteren Stunde gingen die Lichter an und wir wurden aufgefordert, das Flugzeug zu verlassen und auch wieder auszuchecken. Irgendwie schien alles gespenstisch, weil niemand erfuhr, was das Problem war. Wieder ausgecheckt, sah man erst was hier vonstatten ging. Der ganze Flughafen war voller Menschen. Keine Durchsage, nichts. Auch den anderen Passagieren erging es wie uns, niemand wusste etwas. Ich lernte eine englische Reisegruppe kennen, die aus philippinischen Fluggästen bestand. Auch sie wussten Nichts. Ich rief Odnoo an, die Rechtsanwältin. Sie versprach, sich darum zu kümmern, damit wir wenigstens Bescheid bekämen. Natürlich sagte ich auch Egi Bescheid. Im Moment konnte sie jedoch nichts tun. Der Flughafen schien inzwischen überfüllt. Immer noch Rätselraten. Schließlich rief Odnoo zurück und meinte, es läge eventuell an den Wetterverhältnissen und einer Sturmgefahr. Davon hatten wir nichts bemerkt. Mir war bekannt, dass der Flughafen von UB sehr schwierig anzufliegen sei. Im Gegensatz zu anderen Flughäfen sind die Start- und Landebahnen wohl um 180° gedreht. Genau aus diesem Grund hielt sich auch der deutsche Pilot, den wir im Irish Pub kennenlernten, hier kurzzeitig auf. Jetzt war uns wohl dieses Problem zum Verhängnis geworden. Nach langer Wartezeit sah ich, dass sich in einem Raum neben dem Eingang etwas bewegte. Ich kämpfte mich durch die Massen. Als ich endlich dort angekommen war, hatte sich bereits eine kleine Schlange gebildet. Was das zu bedeuten hatte, wusste ich nicht, ich gab aber meiner Gruppe durch Handsignale Zeichen, dass ich hierbleiben würde. Als ich endlich an der Reihe war, stellte sich heraus, dass die Dame in diesem Raum eine Russin war, die Englisch sprach. Nach Vorlage meines Tickets und der Unterlagen, die ich von meiner Gruppe mitführte, bekam ich ein Dokument ausgehändigt, das uns berechtigte, in einem der hier zur Verfügung gestellten Busse unsere Plätze einzunehmen. Die Angestellte sagte noch, dass wir nach UB in ein Hotel gefahren werden. Welches Hotel das war, konnte oder wollte sie nicht sagen. Jedenfalls winkte ich meiner Gruppe zu, mir zu folgen. Mit Koffer und allem Gepäck kämpften wir uns durch die Menschenmenge, die inzwischen erfahren hatte, dass man in diesem Raum Hilfe erfahren konnte. Auf dem Flughafengelände warteten mehrere Busse. Wir wurden einem Bus zugewiesen. Nach kurzer Zeit kam auch meine „philippinische Engländergruppe". Nachdem der Bus voll besetzt und das Gepäck untergebracht war, ging die Fahrt Richtung UB. Wir wurden an einem ansehnlichen Hotel abgesetzt. Da wir bei den beiden ersten Bussen waren, kamen wir im Hotel relativ schnell zum Check-in. Ich musste meine Handynummer hinterlassen für den Fall, dass sich etwas ergeben würde. Schließlich bezogen wir unsere Zimmer. Ich vereinbarte eine Uhrzeit und einen Treffpunkt an der Rezeption, um Weiteres mit meiner Gruppe zu besprechen. Dieses Treffen war dann nicht mehr möglich, da die Rezeption völlig überfüllt war. Das Hotel selbst war ganz ordentlich. Wie ich später erfuhr, hatte es früher den Parteibonzen als Unterkunft gedient. Mir wurde gesagt, wann wir am nächsten Morgen frühstücken könnten. Wir waren regelrecht geschlaucht, anders lässt es sich nicht beschreiben. Geschlafen habe ich dann vor Erschöpfung ausgezeichnet. Am nächsten Morgen im Frühstücksraum sah die Welt auch schon etwas besser aus. Nun ja, nicht gut, aber doch besser. Das Frühstück war ausgezeichnet, wie auch das ganze Hotel. Einziges Manko, es gab keine Klimaanlage. Nach dem Frühstück suchte ich den Kontakt zu Odnoo um von ihr als Anwältin mehr zu erfahren. Sie war inzwischen nicht untätig und wusste, dass wir wahrscheinlich am nächsten Tag früh um 6.00 Uhr fliegen werden. Bis zu unserem Abflug würden wir im Hotel kostenlos verpflegt werden.

Ursache der ganzen Misere sei ein Sturm, bei dem nur speziell geschulte Piloten starten dürfen. Offensichtlich waren die Piloten unserer dritten Gruppe entsprechend ausgebildet, da deren Flugzeug starten durfte. So blieb nichts anderes übrig, als uns in den nächsten Tag irgendwie die Zeit zu vertreiben. Ich informierte Egi und Oyuntsetseg vom letzten Stand der Dinge. Im Laufe des Vormittags kamen dann auch beide zusammen mit Odnoo ins Hotel. Hauptgesprächsthema war natürlich unsere Misere. Allerdings musste man es auch aus anderer Sicht betrachten. Lieber hier bleiben und warten, als abzustürzen. Gegen Mittag kam Egis Mann mit jeder Menge Trinkwasser. Im Hotel war zwar Essen und

Schlafen frei, aber Trinken bekamen wir nur zu den Mahlzeiten. Als Egi dies von mir erfuhr, hatte sie sofort hinter meinem Rücken gehandelt und ihren Mann beauftragt, Wasser zu besorgen. Sie ist schon eine gute Seele, die liebe Egi! Am Nachmittag führte uns Egi dann zum EMJJ-Krankenhaus. Meine, wie auch die Tabletten der anderen Mitreisenden gingen zu Ende. Wer weiß, wie lange wir noch hier ausharren müssten? Sicherheitshalber wollte ich mein Depot auffüllen und die anderen auch. Das konnten wir hier in der EMJJ-Apotheke erledigen. Auf dem Rückweg zum Hotel gingen wir zur „German bakery", tranken einen Kaffee und kauften auch einige Stücke Kuchen. Im Hotel wurde mir bestätigt, was Odnoo am Vormittag erklärt hatte. Morgen früh um 6.00 Uhr würden wir fliegen. Das bedeutete: 3.00 Uhr aufstehen. Dann Transfer zum Flughafen und dann hoffentlich keine weitere Verzögerung. Wir verabschiedeten uns erneut von Egi, Odnoo und Oyuntsetseg. Das Abendessen war reichlich und gut. Wir saßen noch längere Zeit in relativ entspannter Atmosphäre zusammen.

Morgen früh würde es Richtung Moskau gehen. Um 3.00 weckte mich mein Handy und ich wiederum meine Kollegen. Um genau 4 Uhr 30 fuhren wir in Richtung Flughafen. Vier oder fünf Busse warteten vor dem Hotel. Am Flughafen gab es den üblichen Check und das Warten. Ich versuchte nach dem Wetter Ausschau zu halten, aber es war noch zu dunkel. Schließlich durften wir das Flugzeug besteigen. Dann bewegte sich das Flugzeug. Bis jetzt sah ja alles gut aus, aber soweit waren wir gestern auch schon. Diesmal legte ich mich nicht schlafen. Ich schaute nach draußen. Aber das, was ich da sah, wirkte nicht so, als würde der Flieger mit Vollgas abheben. Er fuhr an, bremste ab, fuhr wieder an und stand endgültig. Die Türen gingen auf und an der Gepäckausgabe konnten wir unsere Koffer abholen. Die Organisation war heute aber wesentlich besser. Während wir auf den Bus warteten, bemerkte ich eine andere deutsche Gruppe von Medizinern, die ehrenamtlich in der Mongolei arbeiteten. Den Leiter der Gruppe traf ich zufällig ein Jahr später erneut in der Mongolei. Mit ihm stehe ich auch heute noch in Kontakt. Unseren philippinischen Engländern, einer religiösen Gruppe, begegneten wir erneut. Auch zu ihnen habe ich noch Kontakt. Zurück im Hotel das gleiche Procedere wie am Vortag. Unsere mongolischen Freundinnen trafen ein, um sich um uns zu kümmern. Dann erneutes Wecken um 3.00 Uhr, dann Frühstück und um 4.30 Uhr Abfahrt zum Flughafen. Doch der Abflug sollte auch diesmal nicht gelingen. Es war zum Verzweifeln. Erneut stand ein kostenloser Hotelaufenthalt bevor. Am Spätnachmittag rief mich Odnoo an und meinte, laut Wettervorhersage wäre die Sturmgefahr vorbei.

Die Rezeption rief mich an mit den Worten: Wenn wir wollten, könnten wir am Morgen um 6.00 Uhr gemeinsam nach Moskau fliegen. Dort müssten wir uns trennen, da die Flugzeuge nach Frankfurt ziemlich ausgelastet wären. Ich besprach mich mit meinen Freunden und wir stellten zwei Gruppen zusammen, damit zumindest die Ehepaare zusammen bleiben könnten. Am nächsten Morgen flogen wir gen Moskau, allerdings wurden unsere Pläne zerstört. Aeroflot hatte uns ohne Rücksicht auf Zusammengehörigkeit aufgeteilt. Die zweite Gruppe sollte sechs Stunden nach der ersten fliegen. Aber das würden wir auch noch schaffen. Eine Gruppe musste demnach in Moskau sechs Stunden auf den Abflug warten, während die andere Gruppe für diesen Zeitraum in Frankfurt ausharren müsste.

Ich wusste, es würde ein weiteres Problem auf mich zukommen. Unsere Bahntickets waren abgelaufen. Da ich der zweiten Gruppe angehörte, musste ich mich nach Ankunft sofort um diese Tickets kümmern. Einer Mitreisenden mit guten Englischkenntnissen hatte ich die erste Gruppe anvertraut. Leider hat sie sich dann in Frankfurt aus dem Staub gemacht und ihre Gruppe allein gelassen. Nach Ankunft der zweiten Gruppe hatten wir noch eine Stunde Zeit, bis der Zug nach Würzburg fahren würde. Somit konnte ich problemlos die Tickets buchen. Nach einer abenteuerlichen Reise erreichten wir schließlich unser heimatliches Ziel, übermüdet, aber glücklich.

Zu Professor Khalzaa noch diese Worte: Zwischen uns entwickelte sich ein reger Email-Verkehr. Wie angekündigt, kam er für 2 Monate an die FH in Darmstadt. In dieser Zeit besuchte er mich auch einmal zuhause. Ihm schwebte eine Kooperation mit einer deutschen Hochschule vor, die ich auch mit der FH in Schweinfurt realisierte. Er war ein Mann mit Ideen. Wir planten zusammen unsere Vorhaben für das Labor der Studenten an der technischen Universität Ulan Bator. Auch hatte ich ihm für sein privates Auto, einem alten VW-Bus, noch Ersatzteile besorgt und nach UB geschickt. Eines Tages brach der Kontakt urplötzlich ab. Viele Recherchen erbrachten nichts. Ich bekam keine Antwort mehr, was ich mir gar nicht erklären konnte. Zurück in UB, erkundigte ich mich mittels Dolmetscher an der Universität. Sein Chef, der Direktor, mit dem wir gesprochen hatten, hatte inzwischen gewechselt. Nach langem Suchen fanden wir ihn. Er erzählte, dass Prof. Khalzaa an einem Herzinfarkt verstorben war. Es war für mich ein Riesenschock. Mit ihm endeten dann auf Grund der Sprachschwierigkeiten, alle unsere Vorhaben für die mongolischen Studenten. Später bestätigte mir Boloroo diese Angaben. Auch sie hatte sich für mich erkundigt.

2018 organisierte Jack im EMJJ ein Symposium für HNO-Ärzte. Dabei sollten Operationen aus dem OP in den Hörsaal übertragen werden. Jack wollte, dass zu dieser Veranstaltung seine Einrichtung sich bestmöglich präsentiert. Er bat mich nach UB zu fliegen, um entsprechende Vorbereitungen zu treffen und die Kabel im OP besser zu verlegen. Ich flog wieder mit Aeroflot, dieser inzwischen bewährten Airline. Diesmal nächtigte ich im Edelweiß-Hotel. Meine Aufenthaltsdauer war für eine Woche vereinbart.

Nicht unerwartet stand ich vor einem technischen Problem bezüglich der Verlegung der Kabel. Ich besprach mich mit Sarnai und Bolortuya und wir informierten Jack, dass wir eine Lösung gefunden hätten, nach der die offen liegenden Kabel durch Kabelkanäle geführt werden sollten. Sein Wunsch, die offenliegenden Kabel irgendwie verschwinden zu lassen, war nicht erfüllbar. Die Beschaffung der Kabelkanäle stand an. Meine Haare stellten sich bei dem Gedanken auf, diese in der Stadt beschaffen zu müssen. Sicherheitshalber hatte ich Steckverbinder, vor allem für Video-Leitungen, bereits mitgebracht, da ich den Verdacht von Erka bestätigt sah, dass die hier erhältlichen Stecker oftmals 2. oder 3. Wahl aus China waren. Erka hat zu Recht vermutet, dass China an seine asiatischen Nachbarn die schlechtere Qualität liefere, während die 1. Wahl nach Europa oder Amerika gelange. Am Spätnachmittag kamen wir von unserer Einkaufsfahrt zurück. Wir hatten das Gewünschte bekommen. Das Warenangebot war quantitativ mit dem von 2004 nicht mehr zu vergleichen. Leider mangelte es weiterhin an Qualität. Für die Arbeiten standen uns Helfer zur Verfügung: Naraa, Mitarbeiter in der Elektrowerkstatt, ein weiterer Kollege, Baajii, sowie Enkhtuya, eigentlich Audiologie-Ärztin, die als Dolmetscherin fungierte. Wir kannten uns bereits gut und so kamen wir gut voran. Selbstverständlich mussten wir auf den Organisationsplan der Klinik Rücksicht nehmen. Die täglichen Operationen gingen weiter.

Den nächsten Vormittag nutzte ich, um mich erstmals mit Ariungerel zu treffen. Ariungerel ist das Würzburger Patenkind, das Odnoo in UB aufgespürt hatte. Natürlich war Odnoo mitgekommen, denn sie diente auch als Dolmetscherin, da Ariungerel nur Mongolisch spricht. Für den Abend hatte Jack zum Essen eingeladen. Anwesend waren seine ganze Familie und Mitarbeiter. Jack's Kinder waren inzwischen groß geworden. Am nächsten Vormittag ließ ich mich in das Audiologie-Zentrum zu Chimgee, der Chefin der CI-Schule, fahren. Diesmal chauffierte mich Muugii. Aus Dankbarkeit mir gegenüber (ich hatte ihr mal einen Gefallen getan), wollte sie dort für die Kinder Geschenke abgeben. Muugii spricht hervorragend Deutsch, denn ihr leider verstorbener Mann war ein Deutscher. Mit dabei waren Bolortuya und Sarnai. Ich übergab Chimgee das gesammelte Geld für die Schule und Muugii ihre Geschenke für die Kinder, die ferienbedingt zu Hause waren. Zwei Mütter waren jedoch mit ihren Kindern gekommen. Boloroo und Sarnai fuhren mit einem Taxi zurück in das EMJJ. Nach dieser Visite in der CI-Schule, fuhren wir zu Muugiis sehr gepflegtem Hotel, auf dessen Dachterrasse man einen phantastischen Blick über UB genoss. Auf das Essen verzichtete ich, denn es würde später als geplant und so kehrte ich erst am Spätnachmittag in die Klinik zurück. Meine Mitarbeiter hatten die gestern unterbrochene Arbeit weiter fortgeführt. Am nächsten Tag würden wir fertig werden, sollten keine Probleme auftauchen. Am Nachmittag mussten wir unsere Arbeit im Krankenhaus beenden.

Der folgende Tag bedeutete, Vorbereitungen für die Heimreise zu treffen, die diesmal problemlos verlief.

Meine Material-Sammelaktivitäten konnte ich spürbar zurückfahren. Inzwischen waren die Krankenhäuser in UB und im EMJJ gut versorgt. Der Schwerpunkt meiner Aktivitäten hatte sich daher etwas verlagert, hin zu den Kindern der CI-Schule. Hunleg yos, der neu geschaffene Verband, versorgte sich inzwischen selbst. Ich musste nur selten helfend eingreifen.

Für 2019 war die nächste Gruppenreise geplant. Ich hatte insgesamt zehn Anmeldungen, darunter ein amerikanisches Ehepaar sowie zwei Österreicher. Uki und Luki zählten bereits zu den „alten Hasen". Auch Stephan kannte bereits die Mongolei. Die Österreicher flogen direkt ab Wien und würden schon zwei Tage vor uns in UB sein. Die Amerikaner gehörten in unsere Gruppe. Problemlos landeten wir am Morgen des 4. Juni am Dschingis Khan Airport in UB, wo unser Busfahrer sowie Egi bereits zugegen war. Leider waren einige unserer Koffer nicht angekommen und so musste der Verlust gemeldet werden. Nachdem alles dokumentiert war, gelangten wir zu unserem Bus, wo ich Egi vorstellen konnte. Mir war bekannt, dass wir in einem anderen Hotel nächtigen würden. Oyunaa vom Alpha-Hotel hatte nämlich ihren Arbeitsplatz gewechselt und war jetzt Generalmanagerin im UB Grand Hotel. Konsequenterweise war dies auch unser Hotel in UB, ein stattlicher Hochbau mit tollem Blick auf die Stadt. Das Hotel liegt im Zentrum von UB, in unmittelbarer Nähe zum Sukh Bataar Platz. Egi lud zu einer Rundfahrt durch die Stadt, während ich mich im EMJJ umsah. Außerdem war für den Abend eine Feier im Hotel angekündigt. Für mich ein bewegender Abend, da ich auf Grund einer schweren Erkrankung 2018 nicht mehr mit einem Besuch in UB rechnete. Umso erfreulicher nun, dass ich hier sein durfte. Sehr viele meiner Bekannten und Freunde waren gekommen. Darunter die Familie Erdenechuluun. Was mich besonders berührte. Chimgee war mit zwei kleinen Mädchen gekommen, die wunderbare Lieder sangen. Diese Kinder hatten vor gar nicht langer Zeit noch gar nicht hören können. Sie hatten keine Vorstellung, was Musik bedeutet oder was es heißt, ein Lied zu singen. Es war grandios. Chimgee konnte auf ihre Kinder stolz sein. Oyuntsetsegs Mann spielte auf einer Pferdekopfgeige und sang dazu. In der Mongolei war er übrigens kein Unbekannter, da er eine eigene Radiosendung hatte, in der er neben dem Gesang verschiedene Techniken des Kehlkopfgesanges erklärte. Jargalkhuu hielt natürlich auch eine Rede, in der er erwähnte, dass die neue CI-Schule meinen Namen tragen wird. Da ich der Hauptmoderator war und viel sprechen musste, verlor ich an diesem Abend meine Stimme. Als Übersetzer fungierten Egi und Oyuntsetseg. Ich empfand diesen Abend als eine absolute Ehre. Natürlich übergab ich Chimgee meine gesammelte Spende, die für sie angesichts ihrer geringen Mittel sehr wichtig war. Sie bedankte sich ganz rührend. Ich überreichte Majiigsuren ein Bild, das zum Titelbild dieses Buches wurde mit einer Widmung von mir und mit der Unterschrift ihres verstorbenen Mannes. Es war Erkas Lieblingsbild. Sehr gefreut hat mich auch die Anwesenheit von Oyunchimeg, der ehemaligen Oberärztin und Egis Vorgängerin. Sie hatte ihre Freundin Enkhee mitgebracht, die frühere Anästhesistin im EMJJ. Beide hatte ich schon lange Zeit nicht mehr gesehen. Es wurde viel fotografiert und pausenlos kommuniziert. Am Schluss wurde noch ein Gruppenfoto gemacht. *Siehe Bild 52*

Leider passten nicht alle Anwesenden auf das Bild. Auf jeden Fall war es ein rundum gelungener Abend. Nur meine Stimme, aber...

Der nächste Morgen begann mit einem ausgiebigen Frühstück. Auch Oyunaas Mann war zugegen. Hauptthema war der gestrige Abend und der bevorstehende Ausflug.

Erste Station war wie immer das Gandan-Kloster. Ich ließ mich stattdessen zum Audio-Center bzw. in die CI-Schule fahren. Wegen der Ferien waren die meisten Kinder zuhause. Trotzdem waren elf Kinder mit ihren Eltern gekommen. Man spürte es, die Kinder waren gerne hier. Schon einmal im Audiocenter, ließ ich meinen Hals anschauen. Diagnose: schwere Laryngitis, also Kehlkopfentzündung. Die Ärztin sprühte irgendetwas in meinen Hals und gab mir Lutschpastillen mit. Geholfen hatte allerdings nichts von beidem. Ansonsten fühlte ich mich gesund.

Nach unserem Besuch in der CI-Schule fuhren wir weiter in den Hustai-Nationalpark mit seinen bekannten Przewalski-Pferden. Auch diesmal nächtigten wir in deren Nähe. Am nächsten Morgen kam Egis Mann und brachte die vermissten Koffer. Das war natürlich erfreulich und wir waren ihm sehr dankbar. Anschließend fuhren wir mit einem Ranger zu den Pferden. Leider kamen wir an die Pferde nicht so nahe heran wie 2017. Egis Sohn Dodo freundete sich mit unserem routinierten Fahrer an. Meiner Stimme immer noch verlustig, „verordnete" mir Egi Inhalationen. Über den Hustai-Park habe ich ja schon berichtet. Unser nächstes Ziel war der Khugnu Khan-Tempel, mir schon lange vertraut. Dort wurden 1935 ca. 250 buddhistische Mönche zwangskastriert. Zu Abend aßen wir in einem Jurten-Restaurant.

Der nächste Tag würde uns auch wieder an einen bekannten Ort bringen. Karakorum, die alte Hauptstadt, stand auf dem Programm. Während die Gruppe zur Besichtigung im Erdenezuu-Kloster weilte, konsultierten Uki und ich eine sehr nette HNO-Ärztin im Ort Karakorum. Sie hatte uns ein Antibiotikum verschrieben, von dem wir auch Carmen etwas abgaben, da auch sie Probleme bekommen hatte. Dieses Antibiotikum wirkte zumindest als Schlafmittel ganz ausgezeichnet. Ansonsten war die Wirkung eher schwach. Als nächstes Ziel wartete eine Nomadenfamilie auf uns, die gerade ihre Jurte aufbaute. Sie besaßen sogar Kamele, die bereits für Touristen gesattelt waren. Bisher kannte ich Kamele nur mit einer aufgelegten Decke. Wir übernachteten in einem Gercamp, in unmittelbarer Nähe zu den Tsenkher-Quellen. Diese Quellen befördern das Wasser mit einer Temperatur von über 80 °C an die Oberfläche. Dem Camp angegliedert war ein sehr gepflegtes Restaurant. Die Jurten selbst waren ordentlich und sauber ausgestattet. Das Essen wie auch das Frühstück war gut. Leider war es in der Nacht sehr laut, da einige Gäste aus einer anderen Gruppe unbedingt in der Nacht baden mussten. Erst früh am Morgen kehrte Ruhe ein. Direkt neben unserem Camp graste eine große Herde Yaks. Ich hatte Angst, dass uns die Fliegen plagen würden. Diese Angst war aber unberechtigt. Nach dem Frühstück ging es wieder weiter.

Uki, Carmen und mich plagte die Schlafkrankheit, hervorgerufen durch dieses angebliche Antibiotikum. Einen anderen Reisekollegen plagte der Durchfall, was ungleich unangenehmer war. Wir wollten ja zum Khuvsguul-See und so ging es immer weiter Richtung Norden. Die Landschaft änderte sich, es wurde immer waldiger. Wir fuhren an einem Meer von gelben Mohnblumen vorbei. Dann standen wir plötzlich vor einem gigantischen Felsbrocken, völlig alleine in der weiten Landschaft. Dieser riesengroße Stein trägt den mongolischen Namen Taikhar Chuluu. Er misst 20 Meter in der Höhe und ist aus Granit. Eine Legende besagt, dass ein Held diesen Felsen auf eine riesige Schlange geschleudert und sie damit erdrückt habe. Ganz in der Nähe hatte Egi in einem kleinen Lokal das Essen bestellt.

Die Nacht verbrachten wir in einem gemütlichen Jurtencamp. Der nächste Tag würde uns zum Khorgo-Vulkan und zum weißen See führen. Da ich immer noch mit meiner Gesundheit zu kämpfen hatte, entschied ich, dem Vulkan fernzubleiben.

Was ich vom Bus aus sehen konnte, war die wunderbare Lage des Sees. Für das Abendessen hatte Egi Horhog, das Essen aus der

Kanne, bestellt. Leider musste dafür ein Schaf sein Leben lassen. Das Tier, egal ob Schaf oder Ziege, wird auf den Rücken geworfen. Dann öffnet ein Mann mit einem Messer, ca. 10 cm lang, den Leib des Tieres und greift blitzschnell hinein, um die Halsschlagader abzureisen. Der Tod tritt augenblicklich ein. Dieses Prozedere hat folgenden Grund: Weil das Blut im Körper des Tieres verbleibt, kann es anderweitig verwendet werden. In der Steppe kann dies außerordentlich wichtig sein.

In der Zeit bis zum Essen baute Egi ein Spiel mit kleinen Knöchelchen auf und erklärte, wie es funktioniert. Uns wurde mongolischer und auch grüner Tee gereicht. Das Essen fand allgemeine Anerkennung. Weit verbreitet finden sich hier Schwertlilien, nicht die sibirischen sondern die gelben, wie sie auch bei uns blühen. Wahrscheinlich ist dieses üppige Wachstum dem feuchten Gelände zu verdanken.

Am nächsten Tag ging die Fahrt zum Uran Togoo-Vulkan. Diese Vulkane hier haben nichts mit unseren Vorstellungen eines Vulkans gemein. Eigentlich sind es nur Erdlöcher und natürlich nicht mehr aktiv. Allerdings liegen sie auf einer Anhöhe, von wo man einen grandiosen Ausblick genießt. Meine körperlichen Aktivitäten blieben auch weiterhin eingeschränkt. Und Egi? Sie war schon ein Goldstück. Sie sorgte sich sehr um mich und erinnerte mich an Tabletten und Inhalation. Auch besorgte sie einen Gasbrenner, damit ich heiß inhalieren konnte. Allein, es half nicht viel. Wir kamen an einem riesigen Ovoo vorbei. Hier mussten wir auf jeden Fall anhalten und unsere Runden drehen, sowie einige Steine auf den Ovoo werfen. Zunehmende Schneefelder signalisierten die erreichte Höhe von immerhin 3000 Metern. Nun waren die Lilien nicht mehr gelb, sondern lila, eben wie die auch uns bekannten sibirischen Schwertlilien. Gelboranger Mohn blühte massenweise und ab und zu konnte man auch ein Knabenkraut sehen. Wir nächtigten wieder in einem Jurtencamp. Als besonderen Service wurde uns am Morgen der Ofen eingeheizt. Am Abend gesellte sich eine Motorradgruppe zu uns, ausgesprochen nette Polen. Mittagessen gab es meist im Schatten des Busses, wo wir unser „Mobiliar" an Tischchen und Stühlchen aufgebaut hatten.

Am folgenden Tag erreichten wir den Khovsgool-See. Er war so ganz anders, als ich ihn in Erinnerung hatte. Jetzt war er immer noch zu großen Teilen zugefroren und das im Juni. Dabei hatten wir eine Schifffahrt eingeplant. Als Ausweichprogramm wollten wir in die nahe liegenden Berge fahren. Ging auch nicht, da die Zufahrtstraßen wegen Schnee gesperrt waren. So blieb uns nichts anderes übrig, als uns die Zeit im Camp zu vertreiben. Das Camp selbst war in gutem Zustand. Hier gab es sehr schöne Tipis, und das ohne Aufpreis. Die sanitären Einrichtungen waren erträglich. Ich hatte schon wesentlich Schlimmeres gesehen. Das Restaurant war ein sehr großzügig gebautes Blockhaus. Hier konnte man in gepflegter Atmosphäre ausgezeichnet speisen. Zwangsläufig legten wir hier einen echten Urlaubstag ein. Das Wetter war gut, so dass man den Tag genießen konnte. Das nächste Etappenziel sollte der Urantogoo-Vulkan sein. Wir wussten, hier in der Gegend arbeitete vorübergehend auch Enkhtuya, die Audiologin, die mit Baajii hier im Außendienst tätig war. Sie arbeitete in einer EMJJ-Außenstelle und wir wollten uns mit ihr treffen. Auch wollte ich sie gerne mal in unsere malträtierten Hälse schauen lassen. Egi telefonierte mit ihr. Wir würden in Kürze ein kleines Städtchen erreichen, dort wollten wir uns mit Enkhtuya und Baajii treffen. Enkhtuya inspizierte uns und versorgte uns mit irgendeinem Spray, das aber auch nicht die große Hilfe brachte! Inzwischen waren sogar weitere Leute erkrankt. Bis zum Urantogoo-Vulkan schafften wir Erkrankte es dann nicht mehr. Wir blieben daher beim Bus. Hier ging es ziemlich bergauf. Ein schöner Lärchenwald und viele Walderdbeeren trösteten uns. Eine Traumlandschaft, die uns hier umgab. Dann, nach der Rückkehr unserer Vulkanbesteiger, wir saßen bereits alle im Bus, geschah das, womit niemand rechnete. Wir saßen fest. Der Bus grub sich mit den Hinterrädern in den Boden. Auf Grund des Permafrostes war die Oberfläche mit Wasser gesättigt, was sich wie Glatteis auswirkte. Das Wasser konnte nicht in das Erdreich abfließen. Alles Schieben half nichts, der Bus saß fest. Egi bemühte sich um einen Handykontakt zu einem naheliegenden Camp, was ihr schließlich gelang. Schnell war Hilfe da in Form eines Allradfahrzeuges. In diesem Camp übernachteten wir dann auch. Am nächsten Tag ging es weiter Richtung Süden. Unser Ziel, der Amarbaysgalant-Tempel. Hier war ich bereits gewesen. Erinnerungen kamen hoch, als ich das letzte Mal mit Erka hier gewesen bin. Damals war die Welt noch in Ordnung. Der Stein, durch den Erka damals gekrochen ist und der längeres Leben versprach, hatte leider nichts geholfen. Jetzt krochen Egi's Söhne durch den Stein. Leider war die Besichtigung der Anlage sehr eingeschränkt, da gerade Dreharbeiten stattfanden. Der nächste Stopp war an einem riesigen Hotel, das einsam in der Steppe stand. Hier hatte Egi für uns das Mittagessen gebucht. Schön an dem Hotel war vor allem, man konnte sich wieder einmal richtig gut die Hände waschen und saubere Toiletten gab es auch. Aber wir wollten ja weiter Richtung Ulan Bator. Dann endlich waren wir da und Egi hatte etwas ganz Feines für uns geordert, Pizza!!! Jeder freute sich darauf und geschmeckt haben die Pizzen auch. Wieder einmal ein richtig schönes Bett, in einem richtig schönen Zimmer mit einer richtig schönen Badewanne und einer richtig schönen Toilette. So schön wie unterwegs auch alles war, das hier war unsere Welt.

Die Abschiedsfeier gestaltete sich wieder zu einem besonderen Event. Wie konnte es auch anders sein. Jack ließ es sich nicht nehmen. Er hatte zahlreiche Gäste eingeladen, sogar Tungaa, die mit EMJJ eigentlich nichts zu tun hatte. Ich habe mich sehr gefreut diese Gäste am vorletzten Abend zu sehen. Zum Abschied wurden mir Geschenke überreicht. Von Chimgee bekam ich den Bausatz einer originalen Jurte mit Möbeln. Zaya schenkte mir ein original mongolisches Shirt. Ausnahmsweise passte es sogar. Ich war tief gerührt.

Der nächste Tag bedeutete für die Gruppe ein weiteres Highlight mit dem Besuch des Staatstheaters. Luki und ich blieben fern, waren wir doch schon oft dort. Wir besuchten stattdessen das EMJJ und hier hauptsächlich den neu eingerichteten OP. Aus Platzgründen war der OP-Saal verlegt worden. Ich bemerkte gegenüber Jack, dass diese Arbeiten aber nicht durch Mongolen bewerkstelligt worden waren. Er gab mir recht, es waren Südkoreaner. Der OP-Saal beanspruchte jetzt absoluten westlichen Standard.

Für den Abend hatte Egi in den Blue Sky Tower eingeladen. Diesmal ganz unten im Erdgeschoß. Auch Egi's Mann war gekommen. Bei einem guten Essen ließen wir die Reise Revue passieren. Einige Vorkommnisse sollten uns noch lange in Erinnerung bleiben.

Damit war aber unsere Reise noch nicht zu Ende. Die Rückreise gestaltete sich unproblematisch, zumindest für uns als Passagiere, denn einige Koffer gingen irgendwie in Moskau verloren und wurden uns erst am nächsten Tag von Aeroflot nach Hause gebracht.

Meine Stimme war auch am Ende dieser Reise nicht wieder zurückgekommen. Nach einer Woche Deutschland war auch dies Geschichte.

Natürlich waren auch wieder für 2020 und 2021 Reisen in die Mongolei geplant. Aber dann kam Corona, und damit brachen schlimme Zeiten an. So hoffe ich, dass im Jahr 2022 alles anders sein wird und ich meine mongolischen Freunde wiedersehen werde. Natürlich werde ich den Kontakt zu meinen Freunden aufrechterhalten. Weiterhin werde ich, wenn auch in abgeschwächter Form, in Sachen Mongolei tätig sein. So hatte ich z.B. größte Probleme mit Medikamenten für EMJJ, die ich in Würzburg geordert hatte. Da wegen Corona keine Flugzeuge mehr flogen, versuchte ich zunächst, auf dem Landweg mit der Transsibirischen Eisenbahn und dann mit LKW-Transporten die Medikamente nach UB zu bringen. Alles ohne Erfolg. Nach neun Monaten endlich konnte ich meine Pakete nach UB schicken. Solche Aktionen wiederholen sich, es mögen nur kleine Aktivitäten sein, aber dennoch sehr wichtig. Leider sind durch Corona auch meine Mongolei-Bildervorträge weggebrochen, sodass es auch immer schwieriger wird, für die CI-Schule Spenden zu generieren. Glücklicherweise finden sich trotzdem immer wieder Menschen, die meine Spendenbox füttern, vor allem natürlich zur Weihnachtszeit oder wenn wieder einmal in der Presse über mein Engagement berichtet wird.

Inzwischen ist nun auch der Krieg zwischen der Ukraine und Russland ausgebrochen. Leider wurden dadurch auch meine Planungen für eine Mongoleigruppen-Reise 2022 betroffen. Zum jetzigen Zeitpunkt ist daher eine Planung wieder nicht möglich.

So hoffe ich für die Zukunft auf das, was wir uns alle wünschen, auf das Verschwinden von Covid 19 und Frieden, damit unser aller Leben wieder seinen gewohnten Gang nehmen kann.

**Erläuterungen**

Das Land

Die Mongolei grenzt im Süden an China und im Norden an Russland und liegt somit in Zentralasien ohne Zugang zu einem Meer. Mit ca. 1500 m ist es ein Hochland und ist ca. 4,5 mal so groß wie Deutschland. Die Mongolei ist das am dünnsten besiedelte Land der Erde mit ca. 2,5 Millionen Einwohnern. Hier gibt es sehr viele Bodenschätze. Statistiken besagen, dass die Mongolei gemessen an der Fläche, die weltweit größten Rohstoffvorkommen der Erde hat. Wie ich auch oft beschrieben habe, die Straßenverhältnisse außerhalb von UB sind in der Regel katastrophal, meist sind gar keine Straßen vorhanden sondern bestenfalls ausgefahrene Pfade. Wenn man hier unterwegs ist, muss man immer mit vielerlei Schwierigkeiten rechnen. So einfach mal von A nach B fahren, sollte man tunlichst lassen.

Klimatische Verhältnisse

Da die Mongolei ein Kontinentalklima hat, sind die Temperaturunterschiede extrem. Minus 45°C im Winter, sowie plus 35°C im Sommer, sind absolut normal. Niederschläge, egal ob Regen oder Schnee sind eher spärlich. Trotzdem, Schnee und Hagel im Sommer sind keine Seltenheit ebenso wie heftige Gewitter. Die Luftfeuchtigkeit ist sehr niedrig. Man muss immer Wasser zum Trinken dabei haben. Viele Touristen, so auch ich in diesem Buch, klagen in diesem Klima über einen trockenen Hals oder verlieren gar ihr Stimme. Ulan Bator ist die kälteste Hauptstadt der Welt. Die Durchschnittstemperatur im Januar liegt bei -25°C. Ich würde als beste Reisezeit Mitte Mai bis Mitte September sagen. Wobei es im Mai noch kühl sein kann und im September bereits sehr kalt. Ich habe Ende August schon Eisglätte in Ulan Bator erlebt.

Die Einreise

Da sich die Bestimmungen ständig ändern, würde ich Selbstorganisierern eine Auskunft in der mongolischen Botschaft in Berlin empfehlen. So benötigt man zur Zeit kein Visum. Dies kann sich allerdings auch wieder ändern.

# Ein Dankeschön

Von der Mongolei kann ich sagen, dass mich sehr viele Freundschaften dorthin verbinden. Dies alles zu verdanken habe ich in erster Linie meinem leider verstorbenen Freund Prof. Bat Erdenechuluun sowie seiner Familie, die ich in mein Herz geschlossen habe. Aber auch meiner liebgewonnenen Freundin Enkh Amgalan, Egi genannt. Sie ist immer und überall behilflich und wenn nötig, hilft auch ihr Mann B. Purevsuren oder kurz Puje. Ohne Egi wäre ich in der Mongolei ziemlich verloren. Sie war meine Dolmetscherin und Hilfe in allen Lagen, ja selbst bei den Fernsehinterviews. Sie ist die Vorort-Organisatorin meiner Gruppenreisen. Sie ist das „Mädchen für alles".

Ein herzliches Danke an dieser Stelle an Oyunchimeg, Oyuntsetseg, Prof. Dr. Jargalkhuu, Prof. Dr. Ralph Dieler, Prof. Dr. Jan Helms, Sara Byamba, Muugii, Micki, Tungaa, Odnoo und natürlich Egi, sowie viele andere, die mir Tipps und Ratschläge gegeben haben oder als Dolmetscher fungierten.

Ohne die Hilfe der hier genannten Personen, hätte ich mir wesentlich schwerer getan. Wahrscheinlich wäre die Erstellung dieses Buches gar nicht möglich gewesen.

Bild 1

Bild 2

Bild 3 Sukh-Bataar-Platz

Bild 4

Bild 5

Bild 6

Bild 8

Bild 9

Bild 10

**Bild 11**

**Bild 12**

**Bild 14**

Bild 7

Bild 13

Bild 25

Bild 27

Bild 15

Bild 16

Bild 17

Bild 18

Bild 19

Bild 20

Bild 21

Bild 22

Bild 23

Bild 24

Bild 26

Bild 30

Bild 28

Bild 29

Meine lieben mongolischen Freunde,
ich habe mich unheimlich über euer Kommen zur Feier am 04. Juni 2019 gefreut. Es hat mir unglaublich viel bedeutet euch alle wieder zu sehen und mit euch gemeinsam ein paar Stunden an diesem Abend zu verbringen. Vor allem auch die Kinder die Chimgee mitgebracht hat und die so schön, vor so vielen Menschen gesungen haben. Dabei können sie noch gar nicht lange hören und sprechen. Viele erwachsene Menschen könnten das nicht. Sehr berührt hat mich auch die Aussage von Jargalkhuu, die neue CI-Schule mit meinem Namen zu benennen. Das alles liebe Freunde, ist tief in meinem Herzen und ich freue mich, wenn ich euch hoffentlich im nächsten Jahr wieder sehen kann.

Tschuess, euer Mani

Хайрт монгол найзууд минь

2019 оны 06 сарын 4 нд та бухнийгээ уулзалтанд хүрэлцэн ирсэнд маш их баярласан. Та бухнийгээ дахин харж, хэдэн цагийг хамтдаа өнгөрүүлсэн энэхүү орой маш их утга учиртай байсан. Үүнээс Чимгээгийн хамт ирсэн хүүхдүүд олон хүмүүсийн өмнө дуулж өгсөн нь маш сайхан байсан. Хамгийн гол нь энэ хүүхдүүд дөнгөж сонсож, ярьж сурч байгаа юм. Олон насанд хүрсэн хүмүүс ингэж сурч чаддаггүй. Үүгээр ч зогсохгүй шинээр баригдах "Дун" сургуулиа миний нэрээр нэрлэнэ гэж хэлсэн Жаргалхүүгийн хэлсэн үг маш их сэтгэл хөдөлгөсөн. Энэ бүхэн миний сэтгэлийг маш ихээр хөдөлгөж, зүрх сэтгэлд гүнзгий хүрч баярласан. Би та бүхнийгээ дараа жил дахин харах байх гэж итгэж байна.

Баяртай. Баярлалаа. Мани нь.

Bild 52

Bild 31

Bild 32

Bild 33

Bild 34

Bild 35

Unsere Reiseroute 2011

Ulan Bator

Bild 36

**Bild 37**

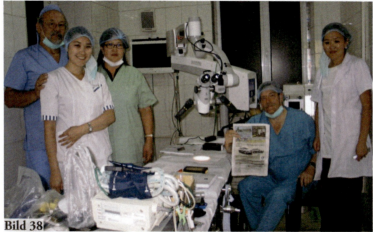

**Bild 38**

**Bild 39**

Bild 40

Bild 41

Bild 42

Bild 43: DHL in Ulan Bator/Mongolei

Bild 44

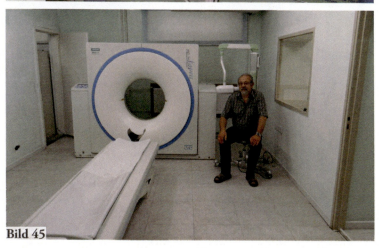

Bild 45

Bild 46

Bild 47

Bild 48

# Erinnerungen

an meinen großen Freund Prof. B. Erdenechuluun, der in seinem Leben so viel für das Gesundheitswesen in der Mongolei getan hat. Ständig war er bestrebt, die Technik und die Mitarbeiter in seiner EMJJ-Klinik auf dem neuesten Stand zu halten. Er hat mir oft davon erzählt, was er noch alles machen wollte. Es war ihm nicht mehr vergönnt.
Ich bin stolz, dass ich sein Freund sein durfte. Ruhe in Frieden lieber Erka.

**Bild 49**

# Эргэн дурсахуй

Монголын эрүүл мэндийн салбарын хөгжилд өөрийн амьдралаа зориулсан эрхэм найз профессор Б. Эрдэнэчулуунаа дурсахуй.
Найз маань ЭМЖЖ эмнэлгийн техник, тоног төхөөрөмж, эмч, сувилагч, ажилчдаа дэлхийн хөгжилтэй эн тэнцүү хөгжүүлэхээр үргэлж зүтгэж ажилласан билээ. Тэр маань үргэлж цаашид яаж хөгжих, юу хийх хүсэлтэйгээ надад ярьдаг байсан. Түүнд маань гүйцээж амжаагүй ажил маш их байсан.
Би түүнтэй найз байсандаа их баярлаж, бахархаж явдаг билээ. Тайван нойрсдоо хайрт найз Эрка минь.

**Ein großer Mann ist gestorben. Sein Sohn und seine Familie werden in seinem Sinne weiterarbeiten.**

Олон түмэнд үнэ хүндтэй хүн таалал төгслөө. Түүний хүү болон гэр бүлийнхэн нь энэ хүний дуусгаагүй үйл хэргийг нь үргэлжлүүлж, гүйцээх болно.

**Bild 50**

Beratung: Enkh-Amgalan (Egi) Lkhagva
зөвлөгөө өгсөн: Enk-Amgalan (Egi) Lkhagva
Übersetzung: Enkh-Amgalan (Egi) Lkhagva
орчуулга хийсэн: Enk-Amgalan (Egi) Lkhagva
Bildauswahl: Manfred Haas
зураг сонгон шалгаруулах: Manfred Haas
Musikwahl: Manfred Haas
зураг сонгон шалгаруулах: Manfred Haas
Layout und Gestaltung: Manfred Haas
загвар ба дизайн: Manfred Haas
Laufzeit: 35 Min.
хүчинтэй хугацаа: 35 Min.

An dieser Stelle ein herzliches Dankeschön an Enkh-Amgalan (Egi) Lkhagva für ihre große Hilfe bei der Erstellung dieser Dokumentation!
Энэ бичиг баримт бичихэд гүн туслалцаа үзүүлсэн Лхагваагийн Энх-Амгалан-д талархсанаа илэрхийлье

Bild 51